科学之光
LIGHT OF SCIENCE

世界因他们而改变

西门子自传

[德] 维尔纳·冯·西门子◎著
崔家岭◎译

中国科学技术出版社
·北 京·

图书在版编目（CIP）数据

西门子自传 /（德）维尔纳·冯·西门子著；崔家岭译．-- 北京：中国科学技术出版社，2024.11
（世界因他们而改变）
ISBN 978-7-5236-0595-0

Ⅰ.①西…　Ⅱ.①维…　②崔…　Ⅲ.①西门子（Siemens, Werner von. 1816–1892）– 自传　Ⅳ.①K835.165.38

中国国家版本馆CIP数据核字（2024）第067884号

总 策 划	秦德继
策划编辑	周少敏　郭秋霞　李惠兴
责任编辑	张晶晶　孙红霞
装帧设计	中文天地
责任校对	邓雪梅
责任印制	马宇晨

出　　版	中国科学技术出版社
发　　行	中国科学技术出版社有限公司
地　　址	北京市海淀区中关村南大街16号
邮　　编	100081
发行电话	010–62173865
传　　真	010–62173081
网　　址	http://www.cspbooks.com.cn

开　　本	787mm × 1092mm　1/32
字　　数	180千字
印　　张	11.875
版　　次	2024年11月第1版
印　　次	2024年11月第1次印刷
印　　刷	北京长宁印刷有限公司
书　　号	ISBN 978-7-5236-0595-0 / K·387
定　　价	68.00元

前　言

“我们的一生有七十年，若强壮可以到八十年”，对于一个到了这个年龄但仍有很多事情要做的人来说，这是一个重要的提醒！一般来说，一个人可以安慰自己：我不做的事情自会由别人来做。但也有一些事情不适用于这种安慰，因为别人无法完成。这就是我向家人和朋友承诺的写自己的回忆录。我承认，做出这一决定对我来说非常困难，因为我既没有历史学家的天资，也没有作家的禀赋，而且与缅怀过去相比，我对现在和未来的兴趣更大。此外，我对名字和数字的记忆力也不是很好，跌宕起伏的生活中的许多往事随着岁月流逝在记忆中消失了。但是，我又希望通过我自己的描述来厘清自己的志向和活动，以免它们很久之后才为人所知并且产生误解。我相信还有一点也能教育和激励年轻人：一个青年即使没有继承的财富，没有强大的背景，甚至没有适当的培训，也可以通过工作来提升自己，有所作为。我不会在呈现形式上花太多力气，而是将回忆写下来，如同我意识到的那样，毫无其他顾虑，只考虑它们是否清晰、真实地描述我的生活，并忠实地反映我的感受和信念。同时，我会尝试揭示内在和外在的力量，这些力量指引着我在人生道路上体验快乐和苦痛，实现我所追求的目标，并使我的晚年无忧无虑，充满阳光。

在位于哈尔茨堡的僻静别墅里，我希望找到这样一种对自己生活进行回顾所必需的、最好的精神平静。因为在柏林（我经常工作的地方）和夏洛滕堡，我会受到工作干扰，无法平心静气地写回忆录。

维尔纳·冯·西门子

哈尔茨堡

1889 年 6 月

目录

第 1 章

童年与青年

我对童年最早的记忆是一件小小的英雄事迹，可能因为它对我的性格发展产生了持久的影响，所以深深地铭刻在我的记忆中。我出生在汉诺威附近的伦特，父亲在那里租下了一位领主的地产，在我八岁之前我们一直住在那里。大概 5 岁的时候，有一天我在父亲的房间里玩耍，比我大 3 岁的姐姐玛蒂尔德（Mathilde）大声哭泣着被妈妈带进房间。她本来应该去牧师家里上编织课的，但她哭诉说，一只凶恶的公鹅一直咬她，阻止她进门。尽管妈妈极力劝说，姐姐还是不肯在无人陪伴下去上课，就连父亲劝解她也不听。父亲把看起来比我还高的手杖递给我，对她说："让维尔纳带你去，希望他比你更有勇气。" 起初，我似乎还有顾虑，后来我父亲教给我一个秘诀：“当公鹅来的时候，只要大胆地迎上去，用棍子不停地打，它就会跑掉！”事情就这样发生了。当我们打开院门，那只公鹅高高地昂着脖子向我们冲来，发出可怕的嘎嘎声。姐姐尖叫着转身，我也很想跟着她跑掉，但我相信父亲的建议，闭着眼睛，朝着“大怪物”走去，勇敢地挥舞着棍子。果然，那只公鹅害怕了，嘎嘎叫着逃回了鹅群。

很显然，这第一次胜利在我幼小的头脑中留下了多么深刻而持久的印象。即使在将近 70 年后的现在，与这一重要事件相关的人和景物在我的脑海中仍然鲜活清晰，如在眼前。这也是我唯一留下带有父母年轻时样子的记忆。在后来无数次生活的艰难处境中，这次无意中战胜公鹅的胜利一直激励我不要逃避那些危险，而是勇敢地面对和战斗。

我父亲的祖辈居住在哈尔茨山北坡，自“三十年战争*”以来一直生活在那里，主要从事农业和林业。据一个古老家族的传说，我们家族的祖先在“三十年战争”中与蒂利的军队一起来到德国北部，与他们一起攻克了马格德堡，在大火中救出一位市民的女儿，并与她

* 1618 年至 1648 年发生在德意志的多国参与的战争。——译者注

结婚，然后和她移居到哈尔茨山。现代家族史学家认为这一说法未经证实。正如可信的家谱——这在资产阶级家庭中很少见——所证明的那样，西门子家族一直有着稳固的联系。最近，在哈尔茨山镇每五年举行一次的家族聚会和 1876 年成立的家族基金会，这些都有助于加强家族内的联系，这个家族现在已经很庞大了。

像大多数西门子族人一样，我父亲为他的家族感到非常自豪，经常向我们这些孩子们讲述家族成员的光辉事迹。我从这些故事中得知：我的祖父有 15 个孩子，我父亲最小；其中有一个人担任了军事顾问，他在自由市戈斯拉尔的议会中担任职位，就在那时这座城市丧失了帝国直属地的地位。我的祖父租用了帝国男爵格罗特（Reichsfreiherr von Grote）的庄园，包括哈尔茨山北麓的绍恩和华瑟雷宾庄园。我父亲就出生在华瑟雷宾庄园。父亲喜欢给我们讲孩子们喜欢的故事，有两个故事让我至今记忆犹新。

大约 120 年前，一个惊人的消息传到帝国男爵格罗特的直属地多德日霍夫，普鲁士国王腓特烈二世（Friedrich Ⅱ.）从哈尔伯施塔特到戈斯拉尔的旅程中要穿越格罗特男爵的领地。这位古老的帝国男爵盛装等待着他强大的邻居，他唯一的儿子带领他的帝国士兵作为前导，并由他的封臣——我的祖父和他的儿子们陪同，所有人都骑在马上。当老国王带着他的护卫骑兵接近边境时，帝国男爵骑着马朝他走了几步，“在他的领土上”正式地欢迎他。普鲁士国王可能已经完全忘记了这个邻国的存在，他似乎对这个问候感到惊讶，但随后非常正式地回应了他的问候，并对他的随从说：“先生们，两位国王在这里会面了！”老帝国男爵的滑稽画面一直留在我的记忆中，从小就激发了我们这些小孩子在未来建立统一而强大的国家的愿望。

我所描述的事件之后，很快发生了另一个对格罗特这个小国具有更深远意义的事件。我父亲有五个姐姐，其中一个名叫萨宾（Sabine），非常漂亮、可爱。年轻的帝国男爵很快就意识到了这一点，爱上了她并向她求婚。我不知道老男爵对此是什么态度，但是我的祖父拒绝了这位年轻的绅士，他不希望女儿进入一个门户不相当的家庭，而是坚持他那个时代的观点，即只有那些门当户对的结合才能获得救赎和祝福。他禁止女儿与年轻的男爵有任何进一步的接触，并决定搬家。但这对年轻人显然已经被新时代的精神所影响，因为在计划出发的早上，我的祖父收到了可怕的消息，年轻的男爵夜间拐走了他的女儿。这造成轩然大波。我祖父和他的五个成年儿子开始追赶这对逃跑的年轻人。他们一直追到布兰肯堡，来到当地的一座教堂。当他们强行闯入时，发现这对年轻人站在祭坛旁边，牧师刚刚为他们举行了合法的结婚仪式。

我不记得这个家庭戏剧之后是如何发展的。不幸的是，年轻的丈夫仅仅过了几年的幸福婚姻生活就去世了，他们没有孩子。因此，绍恩庄园的统治权落到了亲戚身上，当然他们也有义务向萨宾姑妈支付她作为男爵遗孀的法定抚恤金近半个世纪之久。作为一名年轻的炮兵军官，我曾多次到图林根州科勒达（Koelleda）拜访这位可爱而睿智的老太太——她已经搬到那里了。“格罗特姑妈”晚年依旧很美，是我们家当时公认的焦点。她对我们年轻人有着几乎无法抗拒的影响，听她谈论对我们来说已经很遥远的她年轻时代的人和观点，是一种莫大的享受。

我的父亲是一个聪明人，受过高等教育。他曾就读于哈尔茨山的伊菲尔德的学校，然后就读于哥廷根大学，为他之后从事农业做了充分的准备。我父亲从里到外都是那种在法国大革命的风暴中长大的德国青年，对自由和德国统一充满热情。一到卡塞尔，他就几乎落入了拿破仑的手中，因为他和一些热血青年在普鲁士战败后仍要尝试反抗，虽然这些反抗微不足道。我祖父去世后，我父亲到汉诺威附近波根哈根的戴希曼区议员那里学习农业知识。在那里，他很快就爱上了议员的长女——我亲爱的母亲埃莉诺·戴希曼（Eleonore Deichmann），在接手伦特庄园的租约后娶了她。当时父亲很年轻，还不到 25 岁。我的父母在伦特过了 10 年的幸福生活。然而不幸的是，德国的政治局势，特别是汉诺威再次落入英国统治，让我父亲这样的人非常沮丧。当时汉诺威宫廷的英国王子并不关心国家的福祉，完全把这里当成了猎场。当地狩猎的法律非常严格，以至于人们普遍认为，在汉诺威，杀鹿的刑罚比杀人要重得多！我父亲被指控使用非法驱虫剂毒害野生动物，这也是他离开汉诺威在梅克伦堡寻找新家的原因。

伦特的奥巴古特庄园位于树木繁茂的本特尔山山脊上，该山与绵延不绝的德斯特山脉相连。在王子狩猎中幸免于难的鹿和野猪为了确保它们不会再受到伤害，特别喜欢成群结队地光顾伦特的田野。就算全村夜以继日地看守保护庄稼，成群的野生动物常常几个小时就把农民辛苦一年的希望毁掉了。严冬时候，树林和地里没有什么食物，野生动物常成群地在村中觅食。一天早晨，农庄管家向我父亲报告，院子里来了一群鹿，院门已经关了，应该怎么处置它们？我父亲让人把它们赶到一个马厩，然后派特快信使到汉诺威的皇家高等狩猎管理局，报告所发生的事情，并询问是否应该将鹿送到汉诺威。这是一个大麻烦！不久之后，一个大型调查委员会来了，该委员会释放了这些鹿，并在持续数天的刑事调查中确定这些鹿是在违背它们意愿的情况下被赶进马厩的事实。最后，我父亲还为自己只支付巨额罚款而倍感幸运。

这是当时“英国皇家汉诺威省”状况的缩影，我亲爱的同胞们喜欢用这个名字自豪地称呼他们的国家。但是，尽管发生了法国大革命和光荣的自由战争，德国其他地方的状况也并不好。今天幸福的年轻人如果不时地把父辈的痛苦和无望的悲伤与自己的痛苦进行比较，就不会那么悲观了。

我父亲在属于梅克伦堡—施特雷利茨公国的拉策堡找到了他所寻求的更自由的状态，在那里他获得了梅岑多夫大公国领地的长期租赁权。在这片福地里，除了领地和农庄，只有一处贵族庄园。虽然那时农民还有在领地服劳役的义务，但在我们搬来后的几年里就取消了，农民的地产几乎没有任何负担和税收。

我和兄弟姐妹们在梅岑多夫度过了快乐的青春时光，和村里的年轻人一起自由而野蛮地生长着。在最初的几年，我们大一点的孩子——我姐姐玛蒂尔德、我和我的弟弟汉斯（Hans）、费迪南德（Ferdinand）——毫无约束地在树林和田野里游逛。我的外祖母，自从她丈夫去世后就和我们住在一起。她接管了我们的教育，教我们阅读和写作，并通过背诵无数首诗来锻炼我们的记忆力。父亲和母亲忙于生计，母亲还要忙于照顾我的弟弟妹妹们，孩子的数量快速增加，她还要尽可能多地关心我们的教育。我的父亲心地善良但脾气暴躁，当我们中的一个人不履行职责、不诚实或做了不光彩的事，他会毫不留情地惩罚。出于对父亲的恐惧和对母亲的爱，我们不想让她为难，我们这个有些野蛮的小团队变得井然有序。兄长的首要任务是照顾年幼的弟妹。这一点还包括，如果其中一个年幼人犯错受罚，那么年长的也会受到惩罚。作为长子，这对我来说尤其沉重，很早就唤醒和强化了我照顾弟弟妹妹的责任感。因为连带受罚，我对弟弟妹妹就无比严厉，这经常导致他们联合起来反对我，从而引发激烈的战斗，直到分出胜负，这些战斗总是在没有父母干预的情况下进行。我记得当时发生的一件事，我想讲述它，因为它是我们年轻生活的印记。

我的弟弟汉斯和我用自制的弓箭猎杀乌鸦和猛禽，我们对此非常有信心，而且经常取得良好的战绩。在一次争执时，我摆出强者的架势，要求弟弟顺从。后者宣称这件事不值得顺从，要求通过决斗来结束这场争吵，我认为这很公平。父亲曾经偶尔说起过他学生时代的决斗故事，我们根据听到的规则进行了一场真正的弓箭决斗。相距十步，在我的“放箭”口令下，我们都向对方射出了自己的羽毛箭，箭头是用织针做的。汉斯射得很准。他的箭射到我的鼻尖，穿透皮肤直到鼻梁。随之而来的一阵尖叫把父亲引了过来，他拔出了我鼻子上的“箭”，然后抽出烟斗来惩罚“肇事者”，这不符合我的正义感。我毅然走到父亲跟前，说道：“爸爸，汉斯没有错，伤是我们决斗造成的。”父亲很是不解，平心而论，他不能惩罚他自己曾经做过并以之为荣的行为。他淡定地把烟斗放回盒子里，说道：“那就让这种蠢事继续吧。”

当外祖母戴希曼——她的娘家姓氏是萨艾特

（Scheiter），她签名时从不落下她的姓氏——教不了我姐姐和我时，父亲亲自给我们上了半年的课。他口授给我们的世界历史和民族学纲要诙谐而新颖，是形成我后来观念的基础。我 11 岁时，姐姐上了拉策堡的一所女子寄宿学校，而我上的是在梅岑多夫邻近的勋伯格镇的公立学校。如果天气好，我需要步行大约一小时。在恶劣天气时，路很糟糕，我骑着一匹小马去学校。城里的学生不断地嘲弄我，我则是毫不犹豫地回击，这很快导致了我与城里学生的战争状态，他们一群人阻挡在我回家的路上，我一般是用一根豆蔓的细杆作为长矛开路。这场战斗游戏持续了整整一年，我村里的农民男孩有时会来助战。这对于我的体质来说是一个很好的磨炼，但是在学业方面毫无帮助。我年轻时的一个决定性转折点是在 1829 年的复活节，我父亲做了一个非常明智的选择，他为我们聘请了一位家庭教师。国家神学考试的候选人施蓬霍尔茨（Sponholz）是一个年轻人，他受过高等教育，但他的教会导师对他的评价很差，就像我们今天所说的那样，他的神学太理性了，不够积极。在最初的几个星期里，他就建立了对我们这些野孩子的主导权，这在今天对我来说仍然是一个谜。他从不惩罚我们，几乎没有一句责备的话，但经常加入我们的游戏，而且知道如何在实际游戏中发展我们的好品质，压制我们的坏品质。

他的教学极具激励性并富有启发性。他总是知道如何为我们的学习设定可实现的目标，通过实现既定目标的快乐来增强我们的能力和好胜心，他还坦诚地与我们分享这一快乐。在短短几周内，他成功地将那些粗鲁的、逃避学习的男孩变成了最积极、最勤奋的学生，他完全不必强迫我们学习，而是不得不阻止我们学习过度。尤其是在我身上，他唤醒了我对有效学习的永不停歇的幸福感和真正去行动的强烈冲动。他的一个重要方法是讲故事。晚上，当我们在学习时眼皮下垂，他会向我们招手，让我们到旧皮沙发上来，我们课桌旁的这个沙发是他辅导我们时坐的。我们依偎在他身边，他会为我们描绘我们未来的生活，要么我们通过奋斗和崇高的道德到达中产阶级生活的巅峰，这是我们正在做的，不仅可以带给我们现在拥有的一切，还能让父母宽心。在那个时期，农民生活极度艰难，父母总是忧心忡忡。如果我们懈于奋斗，又无法抗拒邪恶的诱惑，就会掉进痛苦生活的深渊。不幸的是，我青年时期最快乐的时光并没有持续多久，甚至没有一整年。施蓬霍尔茨经常陷入深深的忧郁，这很大部分源于他神学职业和生活的失败，部分源于我们这些孩子无法理解的原因。在一个漆黑的冬夜，他陷入极度忧郁，带着猎枪离开了房子。经过长时间的搜索，人们在庄园的一个偏僻之处发现了他。他已饮弹自尽，头骨被打碎了。我们对于失去挚爱的朋友和老师的痛苦是无尽的。直到今天，我对他的爱和感激一直未变。

施蓬霍尔茨的继任者是一位老先生，他在贵族府邸担任了多年的家庭教师。他几乎在所有方面都与他的前任相反。他的教育系统在本质上是相当正式的。最重要的是，他要求我们凡事要听话并且举止规矩。少年的激情，绝对让他反感。我们应该注意，在规定的时间，做好我们的功课，在他散步的时候老实地跟着，不要在课余时间打扰他。后来，这个可怜的人病了，两年后在我们家因肺结核去世。他对我们没有什么激励或塑造性的影响，如果没有施蓬霍尔茨对我们的持久影响，那两年会毫无意义地过去，至少对我和我的弟弟汉斯来说是这样。然而，就我而言，履行自己的义务和好好学习的意愿被施蓬霍尔茨牢固地建立起来了，以至于我不允许自己被误导，而是反过来，在学习中我走在了老师前头。在后来的几年里，我常常后悔，我经常在下课后还要在课桌上学习几个小时，无视他用来摆脱我的各种努力，从而剥夺了这个可怜的病人所需的休息时间。

在第二位家庭教师去世后，父亲决定将我和弟弟汉斯送到吕贝克的文科中学，即凯瑟琳学校，我在吕布湖教区的教堂完成坚信礼之后就执行了这个计划。通过入学考试，我被分到了五年级，我的弟弟汉斯在四年级。我们没有自己的住所，就搬进了一个吕贝克人的家里，他为我们提供食宿。我父亲对我绝对信任，让我全权监督有放松倾向的弟弟，他以前的野性已经恢复了，他在学校的绰号是“疯狂的汉斯”。

凯瑟琳学校实际上由文科中学和实科中学组成，两者都在同一位主任之下领导，并形成平行的班级，直到文科中学的高年级。当时，文科中学享有很高的教育盛誉。学校基本上只教授古代语言，数学课很糟糕，我并不满意；在这门课上，我被安排在一个更高的平行班，虽然在那之前我只是私下学习过数学，因为两位家庭教师对此一无所知。另外，我发现学习古代语言非常困难，因为我缺乏有条理的、坚实的基础。尽管我对学习经典有兴趣和动力，但我讨厌学习语法规则，因为它没有什么可思考或学习的东西。在接下来的两年时间里，我认真学习，在转班之前成绩为优秀，但我发现在古代语言的学习中找不到什么乐趣，于是决定学习建筑专业，这是当时唯一仅有的技术学科。所以我放弃了中学的希腊语学习，转而参加数学和土地测量的私人课程，为进入柏林建筑学院做准备。然而，不幸的是，仔细询问后发现，建筑学院学费很高，当时的农村经济很困难，1舍非尔小麦才能卖1个金马克①，我的弟妹又多，我父母不堪重负。

我的土地测量老师、吕贝克特遣队中尉布尔津斯洛文男爵（Freiherr von Bülzingslöwen）的建议使我摆脱了这种痛苦。他曾经在普鲁士炮兵服役，他建议我加入普鲁士工程兵团，在那里我将有机会学习在建筑学院教授的内容。我把这个计划告诉了我的父亲，他完全同意这个计划，并给出了另一个重要的理由，这在近代德国历史中已经清楚地揭示了这个伟大的真相。他说："德国现在这个样子是不可能继续下去的。总有一天，一切都会

① 80磅小麦可以换2个金马克，当时1个学生1个月的生活费约是40金马克。本书圈码标注均为原文注释。

动荡不定。然而，德国唯一的支柱是腓特烈大帝和普鲁士军队。在这种情况下，做锤子总是比做铁砧好。”因此，1834 年复活节之后，18 岁的我告别了文科中学，口袋里装着很少的钱来到柏林，准备成为未来的国家栋梁。

第2章 当兵的日子

我步履沉重地告别了家乡，告别了因过度辛劳和忧虑而身患重病的亲爱的母亲，以及对我恋恋不舍的众多弟弟妹妹，我被父亲带到了什未林，从那里我踏上旅程。我越过普鲁士边境之后，沿着一条笔直的尘土飞扬的公路前行，穿过一片荒芜和贫瘠的沙地，我被一种巨大的孤独感所征服，这种孤独感因这里的悲惨景象与家乡形成鲜明对比而更加强烈了。在我离开之前，该地区最受尊敬的村民来找我父亲，让他不要把我这个“好孩子”送到饥饿的普鲁士，在家乡我能吃饱！他们不相信我父亲的话，在普鲁士贫瘠的边境沙地后面有肥沃的土地。尽管我决心在世界上闯一番事业，但现在看来，村民们是对的，迎接我的是一个悲惨的未来。因此，当我遇到一个活泼、有教养的年轻人时，我倍感欣慰，他和我一样，背着背包步行到柏林[1]。他对柏林已经很熟悉了，建议我和他一起去他住的旅馆，对这个旅馆他赞不绝口。

纽扣制造商旅馆是我在柏林住的第一家旅馆。旅馆老板的父亲很快意识到我不属于他熟悉的阶层，向我表示了他的善意。他让我免受年轻纽扣制造商的戏弄，第二天还帮助我找到了远亲冯·休特少尉（Leutnants von Huet）的地址，他是近卫军的一名马队炮兵军官。休特表哥热情地欢迎了我，但当他听说我住在纽扣制造商旅馆时，大吃一惊，立即吩咐他的勤务兵去旅馆取我的行李，并在新弗里德里希大街的一家小旅馆为我订了房间，还提出让我略微整理一下，就带我去找当时的工程兵团长冯·劳赫（General von Rauch）将军，并告诉他我的想法。

这位将军极力劝阻我，既然已经有那么多培训生在等着报考炮兵工程学校，那么四五年内我很难达成愿望。他建议我当炮兵，炮兵的候补军官和工程师就读同一所学校，前景也不错。所以我决定当炮兵碰碰运气，

① 1835 年，柏林市有大约 237000 名居民。

由于去近卫队希望不大，我带着冯·休特少尉的父亲（退役的上校冯·休特）写给第 3 炮兵旅旅长冯·沙恩霍斯特上校（Obersten von Scharnhorst）的推荐信，兴致勃勃地前往马格德堡。

这位著名的普鲁士军队组织者的儿子一开始很为难地告诉我："军官报名人数很多，已经有 15 人申请，只接受考试成绩最好的 4 个人。"然而，他最终还是答应了我的要求，并保证让我参加考试，如果国王陛下会批准我作为外国人加入普鲁士军队。他显然是喜欢我稚嫩、果敢的举止，但有一个情况可能是决定性的——他从我的证件中看到我母亲的娘家姓是来自波根哈根的戴希曼，与他父亲的农庄是邻居。

入学考试要到 10 月底才举行，所以我还有 3 个月的准备时间。于是我继续前往哈尔茨山北坡的罗登，我父亲的一个弟弟是那里的农场主。在那里与亲戚惬意地待了几个星期，他的两个漂亮可爱的成年女儿给我留下了特别深刻的印象；特别让我高兴的是她们用心教育我这个有些野气的堂弟。然后我和小我几岁的堂弟路易斯·西门子（Louis Siemens）一起去了哈尔伯施塔特，勤奋地准备入学考试。

冯·沙恩霍斯特上校给我的考试大纲让我很担心。除了数学，还有历史、地理和法语，这些科目在吕贝克文科中学的教学内容是非常肤浅的，很难在几个月内填补缺口。我仍然没有获得在梅克伦堡服兵役的豁免，这需要我父亲支付一笔钱。同时，我也没有得到加入普鲁士军队的国王许可。因此，在 10 月中旬，我忧心忡忡地来到马格德堡，在那里我仍然没有收到我所期待的从家里寄来的信和必要的文件。然而，当我想在指定的时间去考试时，我父亲给了我一个大大的惊喜，他乘坐一辆轻便的马车来到马格德堡，直接送文件给我，因为邮件在那个时候太慢。

第一天的考试比我预想的要好。在数学方面，我明显优于我的 14 个竞争对手。我在历史考试中很幸运，做得还算满意。我在现代语言方面比其他人差，但我的古代语言知识得分较高。在我看来，地理上的情况更糟。我很快注意到他们中的大多数人比我知道的要多得多。但一个特别有利的巧合帮助了我。考官是梅尼克上尉（Hauptmann Meinicke），他以博学多才出名，做事不循常规。我后来发现，他被认为是托凯（Tokay）葡萄酒的专家，这很可能是他要考托凯葡萄酒产地的原因。

没人知道答案，这让他很生气。幸运的是，作为最后的应试者，我记得有一种托凯酒，我曾经给我生病的母亲买过，这种酒也叫匈牙利酒。当我回答说："在匈牙利，先生！"他的眼睛亮了起来，惊叹道："先生，您一定知道托凯葡萄酒！"他给了我地理最好的成绩。

我是 4 个成绩最好的幸运儿之一，只是国王入伍特许文件 11 月底才会下发到，让我焦急地等了 4 个星期。但我还是不能马上入伍，因为我于 1816 年 12 月 13 日出生，当时 17 岁，他们专门给我指派了一位教官，他在马格德堡大教堂广场上让我穿便服刻苦地训练。

我的表现很快就得到了这位严肃的炮兵下士的认可，只有一点差点让他绝望。我有一头非常卷曲的浅棕色头发，完全不符合头发紧贴在鬓角的要求。检查时，上尉批评说新兵头发太乱，于是对我的头发进行各种实验，以改正这个"军事错误"，至少在某种程度上是这样。当时流行的啤酒"马格德堡白啤"（Magdeburger Bräuhahn）的沉渣似乎对我卷曲的头发最适合。我不得不弄来很多瓶这种啤酒，不幸的是，我只能用沉渣。在反复使用之后，它成功地使我的头发变得光滑，但很快头发就造反了，在检阅时，叛逆的卷发从光滑的头发中钻了出来，直接导致了这位炮兵下士被撤职。

直到今天，回忆起我的新兵时光，我还是很愉快，尽管它夹带着极度的辛劳及教官训练时的粗暴和刻意的吹毛求疵。粗暴是一种风格，与侮辱无关。因此，它不会让人内心受伤，相反，它有一些充实和刺激的东西，尤其是与幽默相结合时，那些有名的军队的粗暴典型事例几乎总是如此。服役结束时，这些粗暴就被忘记了，战友情义又回来了。这种从上至国王下至新兵的贯穿整个普鲁士军队的战友情义，让严苛的纪律可以忍受，它们往往到了人们对辛劳和痛苦承受能力的最大极限；痛苦和快乐被这种情义黏合成一个整体。因此，长期服役的士兵通常很难在军队之外的工作中找到感觉，因为那里根本没有那种战友情义上的毫无约束的粗暴。

6 个月的训练之后，到了晋升炮兵下士的重要时刻。现在站在十万人面前，接受全体人必需的敬礼，是一种令人振奋的感觉。随后我去骑炮兵队，进行有趣的射击训练。在此期间我第一次意识到自己的技术天赋，因为所有对多数人来说难以掌握的东西，对我而言似乎都是信手拈来。最后，在 1835 年秋天，我收到了期待已久的命令，来到柏林的炮兵和工程兵联合学校，由此实现了我的夙愿，得到了学习有用东西的机会。

从 1835 年秋天到 1838 年夏天，我在柏林炮兵和工程兵联合学校度过的 3 年是我一生中最幸福的时光。与同龄、同道的年轻人建立了战友情义，在优秀的老师指导下共同学习，其中我想提到的是数学家欧姆[①]，物理学家马格努斯（Magnus）和化学家艾德曼（Erdmann），他们的课为我打开了一个崭新的、有趣的世界，让我极为享受这段时光。此外，我在我们旅行时遇到了一位真正的朋友，威廉·迈耶（William Meyer），我们一直保持着一种亲密无间的友谊，直到他去世。

我在吕贝克文科学校曾经有过一段非常亲密的友谊，因为我相信我找到了一个真正的朋友，他是我的一个同学。但是当我想去看他时，他却拒绝了，我清楚地看到他明明在家，却躲着不见我。在我看来，这是对真正友谊不可原谅的背叛。我怀着极大的痛苦把他从我身边推开，不会向他再次伸出友谊之手。我在堡垒的马队炮兵里认识了威廉·迈耶，他在我之前就被分配到了那里。他外表普通，也没有什么特别的才华和天赋，但头

① 马丁·欧姆（Martin Ohm，1792—1872），几本数学基础教科书的作者，物理学家格奥尔格·西蒙·欧姆（Georg Simon Ohm，1789—1854）的弟弟。

脑清晰，他那直接、坦率的天性和永远不变的真诚和可靠吸引了我。我们在学校黏在一起，一起生活和学习，搬到了同一个宿舍，后来的日子里，只要条件允许，就继续这种状态的生活。我们俩友谊深厚，我最先反抗“候补军官的暴政”，并导致了我与宿舍长的决斗时，迈耶是我决斗的副手。这使我和迈耶在学校的第一年里所有的决斗中互为副手。

这些决斗很少造成严重的伤害，反而对培养年轻人的文明社交非常有用。我们班是第一个在相当严格的入学考试的基础上，以很有限的数量招募候补军官。然后他们在完成一年的服役后，被命令去上学。过去，不区分军官和士官候选人，往往是服役几年，其中一些不得不在军营里熬，那些最有能力的，或者是被强烈推荐的学生被派去学校。长期与未受过教育的战友混在一起的年轻人语言粗鲁，决斗是他们找到的最好和最有效的解决办法。

3 年的学校生活对我来说没有什么特别的。虽然我患上了严重的疟疾，也曾经因为胫骨受伤不得不在军队医院躺了几个月，但我还是通过了 3 门考试：候补军官考试、军官考试，最后是炮兵军官考试，很幸运，但成绩也不出众。我用无坚不摧的勤奋把考试所需的记忆材料填进大脑，考试之后便快速地忘记它们，而把所有的空闲时间都花在了我最喜欢的数学、物理和化学上。对这些学科的热爱贯穿了我的一生，并构成了我后来成功的基础。

尉官证书

普鲁士国王陛下，我们最仁慈的国王和领主决定任命第 3 炮兵旅的候补军官恩斯特·维尔纳·西门子为少尉，任职并加入该旅；国王此做法和颁布此命令的目的在于：他对国王陛下和王室，同样忠诚、热爱和服从，忠于职守，履行职责，日夜忠实勤勉，在战斗中勇敢并绝对服从，并享有与这项职责相应的所有特权和优先权。此证书已获得国王授权并盖章。

1837 年 9 月 29 日于柏林，颁发此证书并生效

完成学业后，我有 4 个星期的假期，可以和我的朋友迈耶一起回我的家乡度假，真是太让人高兴了。我的弟弟妹妹——他们已经有 10 多人了——和我的父母几乎认不出我了。整个村子都为“牧稣”（是人们过去对

领主儿子的传统称呼）回来而欢欣鼓舞。与我们村和邻村善良的人们团聚的场面真的很感人，顺便说一句，他们对普鲁士军官非常尊重，毕竟他们看不出普鲁士军队会像他们一样面临饥荒的威胁。

作为炮兵军官的维尔纳·冯·西门子，1843 年前后

因为没有经济支持，西门子无法进入大学，他加入了普鲁士军队以获得科学技术培训。从 1835 年 11 月起，他作为一名军官候选人在柏林的炮兵和工程兵联合学校学习了电气工程的基础知识，该学校按照大学水准授课。

那时，我最大的姐姐玛蒂尔德与来自哥廷根的卡尔·希姆利（Karl Himly）教授（他一直是我的挚友，直到去世）正举办婚礼。汉斯和费迪南德成了农场主。我的第 3 个弟弟威廉（Wilhelm）在吕贝克上学，要做一名商人。接下来两个弟弟奥古斯特·弗里德里希·西门子（August Friedrich Siemens）和卡尔·海因里希·西门子（Carl Heinrich Siemens），也在吕贝克上学，他们住在我舅舅——商人费迪南德·戴希曼（Ferdinand Deichmann）那里，由他提供食宿。

对于威廉要成为商人的事我不太满意。一方面，我和普鲁士军官一样厌恶当时的商人阶层，而且我也对威廉奇特的、有点孤僻但聪明的天性和他头脑清晰的特点很感兴趣。因此，我要求父母在我驻扎于马格德堡之后将他交给我，以便他可以在那里就读受人尊敬的贸易和商业学院。我父母同意了，所以把他带到了马格德堡。我把他安置在一个小宿舍里，因为根据规定，第一年我必须住在军营。

这年年底，我全身心投入的、严格的兵役一结束，我和朋友迈耶就搬到了一个住处，把当时 16 岁的威廉也带了过来。对于他的快速发展我有着父亲般的喜悦，并在空闲时间帮助他完成学业。那时我还让他放弃了学校里他不喜欢的数学课，转而学习英语。这对他以后的生活很重要。我每天早上 5 点到 7 点亲自给他上数学课，很高兴他后来的数学考试成绩特别好。

这个课程对我个人很有帮助，也帮助我成功地抵制了军官生活的一切诱惑，让我积极地继续我的科学研究。

不幸的是，这种兄弟间的相濡以沫被我们敬爱的母亲健康状况的消息打破了。1839 年 7 月 8 日，她辞世而去，留下身患重病的父亲和一群还未受教育，处于最悲惨境地的孩子。忧虑和沉重的经济压力已经把我父亲压垮了。我避免描述失去母亲的深刻痛苦。对她的爱，是维系家庭的牢固纽带；不让她难过，始终是我们兄弟姐妹克制自己行为最有效的理由。我得到了短暂的假期，回家安葬母亲。不幸的是，早在那时，我父亲身体虚弱的情况让我对继续维持有序的家庭生活、让弟弟妹妹们能够茁壮成长缺乏信心。我模糊的预感很快就被证实了。仅仅6个月后，在1840年1月16日，我们也失去了父亲。

父母去世后，监护法院指定了弟弟妹妹的监护人，梅岑多夫庄园的管理权委托给了我的弟弟汉斯和费迪南德。我最小的妹妹索菲（Sophie）被吕贝克的戴希曼舅舅收养，而最小的弟弟费迪南德·沃尔特·西门子（Ferdinand Walter Siemens）和奥托（Otto）一开始住在梅岑多夫，由外祖母照顾。

（后来3个弟弟的监护权转交给维尔纳·西门子）

我特此请求把特别监护权转交给柏林的第3炮兵旅的普鲁士王室中尉维尔纳·西门子先生，3名被监护人是他的3个弟弟，奥古斯特·弗里德里希·西门子、卡尔·海因里希·西门子和费迪南德·沃尔特·西门子，由他接管我的权利和义务，以便安排培训我的这些监护人所需的教育，指导他们的活动，为他们可能进行的任何假期旅行授予必要的许可，照顾他们，如同我本人在柏林会依照自己的职责所做的那样。

西门子中尉在这方面所做的任何事情，我在此预先完全同意。

J.G. 艾克格伦（J.G.Ekengren）是瓦尔索的梅岑多夫前庄园承租人西门子先生的子女的法庭指定监护人。日期，1845 年 11 月 10 日。

我现在以更大的热情投入科学和技术研究中，在接下来的夏天却让我近乎糟糕透顶！我听说我的堂兄，汉诺威的炮兵军官 A. 西门子（A.Siemens），用摩擦炮栓来点燃加农炮，而不是用当时仅有的引燃的导火线。我很清楚这项发明的重要性，我决定自己朝这个方向进行实验。由于我尝试的点火装置工作不够可靠，缺乏一种更好的设备，我在底很厚的碗里放了磷和氯化钾，搅拌成糊状，因为要去训练，我把碗放在了阴凉的窗角。

我回来以后，有些担心地看了一下试剂，令我满意的是，它仍然在那个角落里待着。但当我小心翼翼地取出它，碰了一下搅拌用的那团火柴，猛烈的爆炸把我头上的军帽掀翻下来，把所有的窗玻璃和窗框都震碎了。整个瓷碗的上半部分炸成细粉洒在房间里，而它厚实的底部则深深地嵌入了窗台中。这次意外爆炸的原因是我的勤务员在打扫房间时顺手将碗放在炉膛里了，等打扫完放回原处时，碗已经被干燥了几个小时。我奇迹般地保住了命，只是巨大的爆炸伤到了左手，食指和拇指都起了大血泡。不幸的是，我的右耳膜震裂，我立刻意识到两耳都透气了——我的左耳膜在前一年的射击练习中爆裂。我一下聋了，听不到声音。突然，我房间的门开了，整个前厅里挤满了惊恐的人。谣言立即传开，说住在宿舍的两名军官中的一人开枪自杀了。

由于这次事故，我长期患有听力迟钝，直到现在我都会时不时遭受这种痛苦，当封闭的鼓膜裂缝偶尔再次裂开时。

1840 年秋天，我被调往维滕贝格，在那里，我在一个驻军小镇享受了一年令人难以置信的快乐生活。在这里，我更加勤奋地继续我的科学研究。在那一年，雅可比（Jacobi）的发明在德国已经广为人知，金属形式的铜通过电流从硫酸铜溶液中解析出来。这个过程引起了我极大的兴趣，因为它显然是打开了一扇通向一大类前所未有的现象的大门。当我成功解析铜时，我尝试以同样的方式解析其他金属，但由于我的手段和设备有限，结果很不理想。

我的研究被一件事打断了，该事件的后果从根本上改变了我的人生轨迹。不同兵种之间的争执，在较小的驻军城镇中很常见，这导致了一个步兵军官和我的一个炮兵军官朋友之间发生了决斗。我不得不充当朋友的副手。虽然决斗中步兵军官只受了轻伤，但由于特殊原因我们被举报并交由军事法庭处理。当时普鲁士法律对决斗的处罚非常严厉，正因为如此，处罚之后几乎总是紧随着赦免减刑。事实上，在马格德堡举行的军事法庭审判决斗者和副手时，前者被判处十年监禁，后者被判处五年监禁。

我将在马格德堡的要塞服刑，一旦军事法庭的判决得到确认，我就必须到那里报到。一想到至少 6 个月被关起来无所事事，我就很不愉快，但我安慰自己说我会有足够的空闲时间来学习。为了好好利用这段时间，我在去要塞的路上去了一家化学商店，为继续电解实验购买了必需的设备。店里一个好心的小伙子答应我，不仅要把这些东西偷偷带进要塞，而且以后的任何需求都会及时办理，他信守了自己的诺言。

于是，我在封闭但宽敞的牢房里建立了一个小实验室，我对自己的状况很满意。在研究中，幸运女神奖赏了我。我记得在使用达盖尔摄影法制作照片的实验中，在哥廷根我和我的姐夫希姆利在不久前就已经知道，使用硫代硫酸钠溶解不溶的金盐和银盐。因此，我决定沿着这一线索，跟踪并检验这种解决方案对电解的适用性。令我难以形容的喜悦是，实验以一种令人惊讶的方式成功了。我认为这是我一生中最大的乐趣之一，我将一个镍银茶匙连接到丹尼尔电池的锌极，将它浸入装满次亚硫酸金溶液的烧杯中，同时用金路易币连接铜极作为阳极，在几分钟内茶匙变成了金汤匙，带着最美丽、最纯净的黄色光泽。电解镀金和镀银当时仍然是全新的东西，至少在德国是这样，因此在我的战友和熟人中引起了轰动。紧接着，我与马格德堡的一位珠宝商签订了合同，他听说了这一奇闻，到要塞来看我，用 40 个金路易购买了我的方法，这给了我进一步实验所需的资金。

与此同时，我一个月的监禁期满，我想我可以继续安静地工作至少几个月。我改进了我的设备并写了一份专利申请，很快就获得了一项为期五年的普鲁士专利。

炮兵中尉西门子的专利申请书

下面的签名人谦虚地请求高级部门授予他发现的一项应用以专利：尚不为人知的金盐技术，特别是通过电解电流将金盐溶液中的金子在连接板上沉淀出来……

1842年1月8日，维滕贝格

接着，看守的军官出人意料地出现了，递给我一道国王的特赦令。我必须承认这令我大吃一惊，突然地离开如此富有成效的工作对我来说真的无法接受。根据规定，我必须在当日离开要塞，既没有可以放物品和设备的住所，也不知道要被调到哪里。

于是我写了一封申请书给要塞的指挥官，请求他允许我再使用几天我的牢房，这样我就可以整理我的东西并完成我的实验。但事与愿违！大约午夜时分，我被进来的看守军官叫醒。他告诉我，他已接到命令，要我立即离开要塞。司令官认为，我要求延长拘留期限，是对国王赦免令没有感恩之心。于是我在半夜带着自己的物品离开要塞，不得不在城里找地方安身。

幸运的是，我没有被派往维滕贝格，而是被派往斯潘道的烟花厂。我众所周知的发明让我在上级眼中显得不太适合实际事务！烟花厂是旧时代的遗留物，当时“炮兵行业”还是一门艺术，其中最高的荣耀是制作烟花。我对分配给我的工作很感兴趣；我兴高采烈地搬到了斯潘道，并“占领”了要塞里用来放烟花的房间。

我的新工作确实很有趣，烟花部门接到一份大订单，俄罗斯皇后生日那天要在波茨坦附近的格列尼克的卡尔王子公园燃放烟花，我更为兴奋了。当时化学的进步提供了产生非常美丽的彩色火焰的方法，这是老炮兵所不知道的。在格列尼克附近的哈维尔湖上的烟花给我带来了很多荣誉和认可，尤其是烟花绚丽的色彩。我被带到王子的餐桌旁，被要求与年轻的弗里德里希·卡尔（Friedrich karl）王子一起参加帆船比赛，因为我驾驶的帆船从斯潘道到格列尼克速度非常快。后来我与他一起在战争中取得胜利，因此他的果敢、精力充沛和果断让我印象深刻，正如今天人们对他的印象一样。

这些烟花燃放之后，我在烟花厂的使命结束了，令我高兴的是，我被派到柏林的炮兵车间服役。这次调动实现了我最大的愿望，有时间有机会进一步开展科学研究并增加我的技术知识。

但还有其他原因使我非常期望这种改变。在我父母去世后，我有义务照顾我的弟弟妹妹，我最小的弟弟奥托在母亲去世时只有 3 岁。土地的使用权在家族手中保留了很多年，但农业仍然处于令人难以置信的糟糕时期，汉斯和费迪南德两个弟弟在农业上的收入不足以抚养孩子。所以我不得不寻求机会开辟自己的收入来源，以便能够履行我作为家里长子的义务*，我感觉在柏林似乎比在其他地方更容易。

此时，我的弟弟威廉从马格德堡学校毕业，然后在我的建议下，去哥廷根的姐姐玛蒂尔德那里学习了一年的自然科学。然后，他作为学徒进入马格德堡的斯托尔贝格机械制造所学习。在那里，他以极大的热情投身于实用的机械工程，该行业在当时的德国随着铁路建设的开始而迅速发展。我经常与威廉通信，让他告诉我他参与的任务。其中一项任务是蒸汽机的精确调节，蒸汽机

* 维尔纳并不是真正的长子，真正的长子是路德维希，因为行为不端，很年轻就被他们的父亲逐出家门，此后路德维希与家族的联系基本断绝，不再被家族成员承认。——译者注

为风车或水车提供辅助动力。我不赞成威廉的方案，我建议他用一个重的、自由摆动的圆形摆作为调节原理，它通过差动装置与被调节的机器连接，使其运动达到绝对均匀，而不是减少其不规则性，就像当时仍然非常不完善的瓦特的调节器一样。从这个建议中发展了差动调节器的结构，我稍后会谈到。

在柏林，我用自己的发明很快赚到了钱，尽管作为一名军官，我在经商方式上的选择非常有限。我与 J. 亨尼格尔（J.Henniger）的德国银厂成功签订合同。根据合同，我使用我的专利设立了镀金和镀银的工厂，并参与分红。这是德国第一家如此操作的机构。在英国，埃尔金顿（Eikington）先生已经建立了一个类似的企业，通过另一种当时普遍使用解析氰化金和银的工艺，并迅速达到了相当的规模。

我的弟弟威廉在我这里度假时，在柏林设备谈判和工厂的建立中给了我很大支持，同时他还说服了柏林的一家机械厂应用差动调节器。由于他表现出了卓越的谈判才能，并且希望亲自了解英国，我同意他去英国尝试应用我的发明，为此他从工厂请了长假。当时我无法让他随身携带足够的钱，让我很惊讶的是他仍然达到了他的目的。他以适当的方式直接找到了我们的竞争对手埃尔金顿，埃尔金顿起初驳回了他，说我们无权在英国使用我们的工艺，因为他的专利权限限制，别人不能使用伏打电池或感应产生的电流来电镀金和银。威廉镇定自若地告诉他，我们使用的是热电流，所以我们没有侵犯他的专利。事实上，我很快就成功地用铁和镍银制成了一个多对的热电堆，用它可以成功地从次硫酸溶液中沉淀出金和银。接下来，威廉设法以 1500 英镑的价格将我们的英国专利卖给了埃尔金顿。按当时的标准，这是一笔巨款，暂时结束了我们的经济困难时期。

从英国回来后，威廉重新进入了他在马格德堡工厂的工作。但是，在他看到英国工业的辉煌并喜欢上英国的生活以后，他就对小家子气十足的当地工厂失去了兴趣。因此他打算彻底搬到英国，我同意了他的计划，在那里我们为共同进一步开发的差动调节器申请了专利，来推动其在英国的应用。

在此期间，我还做了两项其他发明，威廉也想在那里推广使用。第一项发明是电解实验的扩展，使我从硫酸镍和硫酸铵的复盐溶液中获得了良好的镍沉积物。镀镍对于雕刻铜板似乎特别重要，镀镍后的铜板可以承受更多的印痕，而不会因镀镍而损害雕刻的线条。我与柏林的一家公司签订了应用这一工艺的合同，期待从中获得巨大的收益。然而不幸的是，随后不久就发明了从相应的铁溶液中解析铁的方法，与镍涂层相比具有很大的优势，即当铁涂层磨损时很容易翻新，可以用稀释的硫酸将铁涂层溶解，然后将板子重新镀上铁。这使得我的镀镍工艺没用了。几年后，它被伯特格尔（Böttger）教授重新发明并推广应用，但直到近几年才在工业中得到更大的应用。

第二项发明是将当时广为人知的锌版印刷应用于旋转高速印刷机。在熟练的机械师、钟表匠莱昂哈特（Leonhardt）的帮助下，我制造了一台这种印刷机的模型，它用可弯曲的、圆筒式的锌版取代石印，其结果令人完全满意。但后来，当威廉在英国大规模应用它时，出现了锌版印刷不能承受高速重复使用的问题。大约在150～200次印刷后，机器不得不长时间中断，否则滚筒的转印会变得模糊。

当我在英国的弟弟遇到这些困难时，我请了6个星期的假去伦敦看他，在靠近市长官邸的一条狭窄的小巷里，他租了一个小地方来做我们的实验。尽管我们尽了最大的努力，但我们并没有成功解决难题。然而，我们找到了别的办法。我们甚至可以通过再生过程——如果我没记错的话，通过在重晶石盐溶液中长时间加热——转印百年之久的印刷品，我们将这一工艺命名为“凸版印刷”，它在英国被广泛关注，并使威廉在英国广为人知。然而，我们很清楚，发明创意是一个非常不确定的事情，如果没有充分的专业知识和充足的资金支持，只有在极个别的情况下，才能成功。

就个人而言，英国之行给了我很大的启发，同时也为我进一步的努力提供了一个更严肃和批判性的方向，更多地为了一个牢固的基础而不是期待眼前的成功。在我返程路过巴黎的路上更坚定了这一点，当时正值路易·菲利普（Louis Philippes）统治的鼎盛时期，第一届法国工业博览会正在那里举行。

不幸的是，我在巴黎的逗留因一个不愉快的意外事件而受到极大的干扰。我准备在布鲁塞尔决定去巴黎还是直接回家，所以我和威廉约定，如果我在布鲁塞尔请他寄钱，他就把需要的钱寄给我，以补充我去巴黎的旅费。当我决定去巴黎时，我把我的巴黎地址写信给他，再请他寄钱，然后我把信交给了布鲁塞尔旅馆的老板来处理。

在邮车高高的座位上坐了两天，我来到巴黎，发现这座城市因举办博览会而人满为患。我好不容易才在旅馆的 8 楼找到一间小阁楼，只有当窗户支开时，我才能站起来。由于这次旅行让我的钱包已经瘪得不能再瘪，在预期从英国寄来的钱到达之前，我没想过换旅馆。邮寄款项超期了快 2 周。一位来巴黎参加展览的柏林年轻人和我同病相怜。我们俩不得不深入研究没有钱如何在巴黎生活的技巧。因为我们在这个城市没有熟人或其他帮助，最终我们陷入了极其困难的境地。最后我们决定同时利用我们最后的钱向伦敦和柏林发信。然而，在邮局，我的钱已经不够发信了。这位柏林的年轻人——施瓦茨洛泽（Schwarzlose）慷慨地帮助了我，但他的信不得不放弃邮寄，因为他的钱也不够用了。

他的慷慨得到了回报，威廉寄的钱在当天晚上就到了，而不是像我担心的那样在一周之后。由于旅馆的服务员侵吞了我的邮费，因此邮政局没有寄出我给威廉的信，而是写信给收件人：如果他想要这封信，他就要寄来邮费。我的弟弟寄了邮费之后才收到带有我地址的信，他才将我想要的钱寄了出来。

我们的窘境就这样消除了，但我的巴黎之行已经被毁掉，因为我的假期已经结束了。我切实体会了没钱的艰难。那个时候，我对巴黎街道的体验远没有饥肠辘辘更为深刻。

回到柏林后，我认真审视了自己的人生道路，意识到：第一次发明的轻易成功让自己沉醉了，这可能会导致我和我弟弟的毁灭。因此，我放弃了我所有的发明，卖掉了我在柏林建立的工厂的股份，重新投入到非常严肃的科学研究中。我到柏林大学（今洪堡大学）听课，但不幸的是，在著名数学家雅可比的讲座中，我很快就意识到，我之前的教育让我无法听懂他的课。令我痛苦的是，这种薄弱的科学基础一直阻碍着我，影响了我的成就。所以我更加感谢我以前的一些老师，其中我想特别提到物理学家马格努斯、多弗（Dove）和里斯（Riess），感谢他们充满活力的圈子对我的接纳。我也非常感谢年轻的柏林物理学家让我参与了物理学会的创立。这是一个由才华横溢的年轻自然科学家组成的充满活力的圈子，他们后来几乎无一例外地因其成就而闻名。他们的名字是杜·博伊斯－雷蒙德（du Bois-Reymond）、布吕克（Bruecke）、亥姆霍兹（Helmholtz）、克劳修斯（Clausius）、魏德曼（Wiedemann）、路德维希（Ludwig）、毕兹（Beetz）、柯瑙布劳赫（Knoblauch）。与这些才华出众、努力奋斗的年轻人互动、共事，加强了我对科学研究和工作的偏好，并使我未来只从事严肃的科学研究的决心逐渐清晰。但环境比我的意愿更强大，我与生俱来的天性不是让我获得科学知识就睡大觉，而是尽可能地实际应用它，这让我一次又一次地回到技术领域，在我的一生中一直如此。我的爱好一直是科学本身，而我的工作和成就主要是在技术领域。

在柏林，这一技术趋势得到了理工学会的特别关注和支持。作为一名年轻的军官，我热心地投身于该学会。我参加他们的讨论，回答从问题箱中取出的问题。回答和讨论这些问题很快成为我日常活动的一部分，成了一个很好的学习机会。科学研究让我受益匪浅，我意识到只有在技术人员之间传播科学知识才能实现技术进步。

那时，科学与技术之间存在着一条不可逾越的鸿沟。诚然，功勋卓著的博特（Beuth）无疑是北德科技的奠基人，他在柏林工业学校创建了一个机构，主要用于在年轻技术人员中传播科学知识。这所学校（后来成为工业学院，最后成为夏洛滕堡工业大学）持续影响的时间太短，无法提高当时工业界从业者的教育水平。

那时的普鲁士还只是一个纯粹的军队－官僚国家。只有公务员阶层才受过教育，这就形成了这样一个事实，即使今天也是这样，即公务员头衔，作为受过教育和受人尊敬的外在标签被人们认可，也是人们追求的目标。在产业部门中，只有农业受到军队和官员的尊重，因为他们自身几乎无一例外都是出身农村。那个时候，在这个被无数次战争蹂躏的贫困的国家里，已经没有一个依赖教育和财富的中产阶级来抗衡军队和公务员。部分由于这种情况，在有远见的霍亨索伦王朝统治下，在普鲁士一直备受推崇的科学家认为，对技术进步的个人兴趣与他们的地位并不相符。制造业也是如此，从业者过去认为，利用他们的一部分创造力来推动技术产业的发展并不是什么体面的事，我认为现在他们也是这种观点，至少部分是。

通过我在理工学院的工作，我深信运用自然科学知识和科学研究方法可以把技术发展到远超人们想象的程度。它还让我有机会熟悉柏林的工厂主，了解当时工业的成就和弱点。工厂主经常向我征求意见，这让我深入了解了他们所使用的设备和工作方法。我很清楚，技术不会像科学那样不能突飞猛进，而科学往往是由单个杰出人物的创造性思维来创造。一项技术发明只有在技术本身已经发展到可以实施并有了需求时才具有价值和重要性。这就是为什么人们经常看到一些重要的发明沉睡了十几年，直到它们的时代到来才突然变得非常重要。当时我主要忙于的科学技术问题当中——它们同时也是我发表第一篇文章的诱因——第一个问题源于我弟弟威廉的一封信，信中提到了他在苏格兰的敦提看到的一台工作中的有趣的机器。从他的简略描述可以看出，这台机器不是由蒸汽驱动，而是由热空气驱动。我对这个想法非常感兴趣，因为它似乎为整个机器技术的有利转型奠定了基础。1845 年我在《丁勒斯理工杂志》（*Dinglers Polytechnischem Journal*）上发表的一篇题为《论热空气动力》的文章中，描述了这种空气机器的理论，并按照我的想法给出了一个结构草图。我的理论几乎就是力的守恒定律（能量守恒定律），这一当时由迈耶提出并由亥姆霍兹在他的著名著作《论力的守恒定律》（*Über die Erhaltung der Kraft*）中给出数学形式，他首先在物理学会做了相关报告。后来，我的弟弟威廉和弗里德里希针对这一机器做了很多工作，做成了一些不同形式的机器。不幸的是，他们最终的体会是：技术的发展还无法应用这项先进的发明。在这个原理的基础上制造的小型机器运转良好；对于大型机器，根本没有适合建造加热容器的材料，现在也是如此。

同一年，我在《丁勒斯理工杂志》上发表了对前述差动调节器的论文，这是我和我的弟弟威廉一起获得的样式最丰富的细化模型。

我思考了很长时间的一个问题是精确测量子弹速度。以熟练技工著称的钟表匠莱昂哈特受炮兵测试委员会委托，制造了一款表，当指针使用电磁连接时，指针会以极快的速度转动。然而，研究飞行子弹与指针的耦合和解耦遇到了很大的困难，尽管我付出了种种努力，还是无法克服。我想使用比较容易进行的电火花测速的方法。我在波根多夫（Poggendorff）的《年鉴》（*Annalen*）上发表的一篇题为《关于电火花在速度测量中的应用》的文章中，描述了通过快速旋转的抛光钢圆柱体测量子弹在其轨迹上任何阶段的速度的可能性，电火花会在钢圆柱体上留下清晰的标记。这篇文章还包含了一个我多年后才实施的计划，即用同样的方法确定导体中电流本身的速度。

在参与莱昂哈特的一项工作时，激发了我对电学实验最为浓厚的兴趣。当时他忙于陆军总参谋部委托的有关光电报是否可以被有线电报取代的实验。在枢密顾问佐尔特曼（Soltmann，我的一个关系亲密的、同旅的战友的父亲）的房间里，我有机会看到了惠斯通指针电报的模型，并参与了下面的实验：分别在他们的住宅和一个生产人工矿泉水的房子里操作，中间隔着一个大花园。实验一次也没有成功，我很快就找到了失败的原因。根本原因在于设备的构造原理，它要求用手匀速地转动曲柄，使产生的单个电流脉冲始终有足够的强度来驱动接收设备的指针。在室内操作机器就已经不一定做得到，如果当大部分电流通过当时还不完全绝缘的线路导致大量电流丢失时，那么就根本无法实现。莱昂哈特试图通过时钟机制在非常规律的时间间隔内，发出电流脉冲来解决委员会委托的任务中的困难，结果确实有所改善，但考虑到不断变化的电流损耗，这还不够。之后我恍然大悟，如果把指针电报机做成自动机器，使每个机器都能自动中断和恢复电流，这个问题就可以完全解决了。如果将两个或更多这样的电机放在一个电路循环中，则只有在所有连接设备都完成其冲程并由此再次连通电路时才会出现新的电流脉冲。后来证明，这对于无数的电工应用来说是一个非常有用的原理。今天使用的所有自动闹钟或电铃都是基于一个循环结束后的自动中断。

我将这个指针电报的自动中断任务委托给了一位名叫哈尔斯克（Halske）的年轻机械师，他是我在物理学会认识的，当时他在柏林经营着伯蒂歇尔 - 哈尔斯克公司的一个小型机械公司。由于哈尔斯克最初对我的设备能否正常工作表示怀疑，所以我用雪茄盒、马口铁、一些铁片和一些绝缘铜线为自己制作了几个自动电报机，它们工作得非常稳定。这一出乎意料的结果使哈尔斯克对使用如此简陋的工具制造的这套系统充满了热情，他以极大的热情投入到第一台设备的建造中，立即宣布自己离开了原来的公司，和我一起完全投入到电报实验中。

这种成功，以及我对弟弟妹妹日益增长的关心，使我内心的一个决定逐渐成熟，那就是离开军队，并通过电报——我清楚地认识到它的巨大价值——开创一种新的终身事业，能让我有能力照顾我的弟弟妹妹们。因此，我接下来热切地推动我的新电报事业，这是通向新生活的桥梁。然而，后来发生了一件事，差点打乱了我所有计划。

约翰·乔治·哈尔斯克（Johann Georg Halske），1855 年

哈尔斯克深信指针式电报有可能成功，同意于 1847 年共同创立“西门子－哈尔斯克电报机制造公司”，而在几个月前哈尔斯克和西门子才相识。该公司在电气工程领域设立了新标准并取得了巨大的成功。然而，正是公司的成功和快速的跨国扩张导致哈尔斯克在 1867 年从联合企业中退出，回归到私人生活。哈尔斯克认为工作流程日益工业化和机械化是不可接受的。

那个时代狂热的宗教和政治运动席卷了整个欧洲。在德国，最早的反映是自由宗教运动，该运动既反对天主教，也反对当时占主导地位的严肃的新教。约翰内斯·容格（Johannes Ronge）来到柏林，在缇弗丽酒吧进行了大量公开演讲，吸引了很多听众，引起了轰动。尤其是年轻的军官和公务员，他们当时几乎无一例外地持自由主义观点，并崇拜约翰内斯·容格。

就在这种对容格崇拜达到高潮的时候，我和炮兵车间的所有军官一共 9 人在工作完成后去了蒂尔加滕的长廊。在“帐篷下”，我们发现许多人聚集在一起聆听激情的演讲，所有志同道合的人都被敦促支持约翰内斯·容格，反对蒙昧主义者。演讲很好，但他们如此有说服力和迷人的原因很可能是，普鲁士直到那时公开演讲还不太常见。因此，当我离开时，我收到一张签名表，上面几乎已经写满了一些已知的名字，我毫不犹豫地写上了自己的名字。其他军官，有些年长得多，也和我一样签了名。没有人认为这有什么不好，公开表达自己的信念和立场是正当的。

但是第二天早上我喝咖啡时扫了一眼《福斯日报》（*Vossische Zeitung*），把我吓到了：头条文章是《抗议反动和奴颜婢膝》，我的名字，我朋友的名字，在签名的最前头。

我随后来到工厂院子里，在工作开始前的半小时，我发现同事们都非常兴奋地聚集在一起。我们不得不担心我们一定是犯了严重的军事罪行。这一假设很快就被车间指挥官的出现证实了，他是一个善良且非常和蔼可亲的人，他非常不安地向我们解释说，我们都被这件事毁了，他自己也一样。

我战战兢兢地过了几天，接着，内阁下来了一道口头命令：工厂督查冯·耶尼兴（Von Jenichen）将军要给我们传达一个内阁命令。内阁命令虽然进行了严厉谴责，但比我们所预期的还要仁慈。这位将军给我们做了一个冗长的演讲，向我们解释了我们的行为中哪些是违规的，哪些是应受谴责的。我着急地等待着这篇演讲的结尾，因为我和这位受过高等教育且非常人性化的将军在基欣根共事了整整一个月，并且非常清楚他的观点与那些我们签名支持的人的观点并无不同。“你知道，”最后将军看着我说，“我相信每个人，尤其是每个军官，都可以坦率地表达自己的想法，但你没有考虑到坦率和公之于众是有区别的，天壤之别！”

我们很快知道了，作为惩罚，我们都将被调回我们原来的旅（现在叫团）。这对我来说是一个几乎无法承受的打击，打乱了我所有的人生计划，使我无法继续照顾我的弟弟妹妹们。因此，我必须找到一种方法来阻止调回，要有一项我留在柏林才能完成的重要的军事发明才能达成这一目标。电报，我已经在做了，但是还无法提供服务，因为当时只有少数人相信它的美好未来，而我的项目仍在开发之中。

幸运的是，我想到了火棉，它是苏恩贝恩（Schönbein）教授不久前在巴塞尔发明的，但还不能应用。在我看来，改进后它可用于军事，这是毫无疑问的。因此，我立即去找我的老师、皇家兽医学院的化学教授艾德曼，向他解释了我的需求，并请求他允许我在他的实验室里进行火棉实验。他痛快地答应了，于是我投入到了紧张的工作之中。

我的想法是，通过使用更强的硝酸，并通过更仔细的浸透和中和，可以获得更好且不易分解的产品。虽然我使用了最高浓度的发烟硝酸，但是所有的尝试都失败了；结果总是油腻的、容易分解的产品。当我用完高浓度硝酸时，我尝试加入浓硫酸来代替，令我惊讶的是，获得了具有完全不同特性的火棉。浸透后，它是白色的，像没有处理过的棉花一样紧实，但爆炸剧烈。我很高兴，制作了大量这样的火棉直到深夜，并将它们放在实验室烤箱中。短暂的睡眠后，我第二天一大早就赶往实验室，结果发现教授难过地站在房间中央，周围一片狼藉。烤箱加热时引爆了火棉，并毁坏了烤箱。这场景的原因显而易见，同时也表明我的尝试圆满成功了。我兴奋地拉着教授在房间里又蹦又跳，教授起初还以为我精神错乱了。我费了好大劲才让他冷静下来，并说服他尽快恢复实验。上午 11 点，我已经打包了相当数量的完美无缺的火棉，并直接将其与一封正式信函寄给了战争部长。

结果是辉煌的。战争部部长在他的大花园里进行了一次射击测试，因为效果很好，部里的领导安排了一次完整的手枪射击测试。就在同一天，我收到了来自战争部部长的直接的官方命令，要我去斯潘道的火药厂进行更大规模的实验，并指示其为我提供全部支持。很少有向战争部提出申请后能如此迅速得到处理的！没有人再提我调回军队的事情。不久，我成了唯一一个没有因为自己的“劣迹”而离开柏林的人。

我指导下的斯潘道弹药厂进行的大规模实验，并没有实现我一开始所希望的火棉可以代替火药的目标。虽然用步枪和大炮进行的射击测试给出了非常好的结果，但事实证明，火棉本身并不是一种足够稳定的化合物，因为它在干燥环境中会逐渐分解，并且在某些情况下也可能自燃。此外，射击的有效性取决于火棉的压缩程度和点燃方式。所以我的报告指出：用硝酸和硫酸的混合物制成的火棉具有优良的炸药性能，看来可以代替炸药用于军事目的，但它一般不能代替枪药，因为它不是一种结合足够稳定的化合物，而且效果也不够确定。

当不伦瑞克的奥托教授重新发明并发表了实用火棉的生产方法时，我已经提交了这份报告。我早先对此事的参与及我向战争部提交的报告中也是保密的，因此奥托被认为是实用火棉的发明者，因为他是第一个公布其制造方法的人。这种事在我身上多次发生。这似乎太冷酷，而且有失公平：有人通过发表早获得一项发现或发明的荣誉，而其他人长期以来满怀热情、富有成效地工作，只是想在问题彻底解决之后发表。然而，也必须承认，就优先权建立一些明确的规则是必须的，因为对科学和世界而言，重要的不是人，而是事情本身，以及将它公之于众。

从柏林调回军队的危险幸运地解除之后，我可以更加安心地研究电报了。我给陆军总参谋部下属的光学电报负责人冯·埃策尔（Von Etzel）将军邮寄了一篇关于当时电报状况和预期改进的文章。结果，我被任命到总参谋部的一个委员会中任职，该委员会负责引进电报代替光学电报。我成功地赢得了将军和他的女婿多夫（Dove）教授的信任，以至于委员会几乎总是赞同我的建议并委托我来执行。

当时人们认为，一条安装在柱子上、触手可及的电报线能提供安全服务是完全不可能的，因为会被人破坏。因此，在欧洲大陆无论哪里需要引入电报，首先都需要进行地下线路实验。最著名的是圣彼得堡的雅可比教授，他曾使用树脂、玻璃管和橡胶作为绝缘材料，但始终没有取得令人满意的结果。柏林委员也进行了这类实验，同样没有获得足够持久的绝缘效果的材料。

我在伦敦的弟弟威廉碰巧寄给我一种稀奇古怪的东西的样品——英国市场上刚刚出现的古特胶。这种物质

指针电报（复制品），1847 年

电气化使信息传输发生了革命性改变。西门子通过他的发明，奠定了“西门子－哈尔斯克电报机制造公司”的成功基础。

有一种优良特性，在加热时可塑性强，冷却后是良好的电绝缘体，这引起了我的注意。我用加热过的化合物制造了一些电线样品，发现它们的绝缘性非常好。在我的建议下，委员会下令对这种古特胶绝缘电线进行大规模实验，这次实验从 1846 年夏天一直持续到 1847 年。在 1846 年安海特铁路（Anhaitischen Eisenbahn）路基中铺设了压制了古特胶的电线。然而，事实证明，随着时间的推移，电线上压制的接缝会裂开。因此，我设计了一台螺旋压线机，用高压将加热的古特胶压在铜线上而没有接缝。事实证明，在哈尔斯克制造的这种压线机的帮助下，涂敷的导体具有良好的绝缘性，并能长期保持。

1847 年夏天，我铺设了从柏林到格罗斯贝伦（Großbeeren）的第一条更长的采用这种方式绝缘的地下线路。由于它很稳定，使用古特胶和我的压线机看来已经顺利解决了地下线路绝缘的问题。事实上，从那时起，不仅是地下的陆上线路，海底电缆线路几乎无一例外地以这种方式绝缘。该委员会设想使用古特胶压制的线路及我的指针和按压电报系统为基础在普鲁士建造电报线路。

我全身心地投入到开发电报系统中。因此，在 1847

年秋天，我说服机械师哈尔斯克——因为共同工作我们变得更加密切——将他以前的业务留给了合伙人，成立电报公司，我保留离开军队加入公司的个人权利。由于哈尔斯克和我一样，都一次性拿不出多少钱来，我们求助于我的堂弟，住在柏林的高等法官约翰·乔治·西门子*（Johann Georg Siemens，1804—1878）借给我们6000塔勒[①]来建立一个小工厂，我们给他的回报是6年的利润分红。1847年10月12日[②]工厂开业了，在旭恩贝格大街的一栋不临街的房子里，我和哈尔斯克也住在那儿。在没有吸收外国资本的情况下，柏林的西门子－哈尔斯克公司迅速发展成为世界著名企业，在许多欧洲大都市设立了分支机构。

由于我在电报委员会中占据主导地位，很有可能成为未来普鲁士国家电报负责人。但是，这一诱人前景我没有接受，因为这种雇佣关系对我没有吸引力。而且，我确信，如果我获得了完全的个人独立，我才能发挥更大作用，对于世界和我自己都是如此。当电报委员

---

* 约翰·乔治·西门子，德国律师、政治家。他投资的西门子公司的资金1858年撤回，他的儿子格奥尔格是德意志银行的首任主席。——译者注

① 1塔勒相当于3马克，准确地说是6842塔勒和20银便士。

② 西门子－哈尔斯克公司成立的协议日期为1847年10月1日。

会完全完成其任务，并且未来的电报系统有了一个明确规范的时候，我就会离开军队，离开电报委员会领导的位置。

当时我在委员会中呼吁公众也应该被允许使用将要建立的电报线路，军界对此有很大的反对声音。我的指针－按压式电报机在普鲁士获得了专利，在柏林和波茨坦之间的地上线路，以及柏林和格罗斯贝伦之间的地下线路运行的速度和安全性都非常高——与先前的信号相比，这是一项无可比拟的成就——对于形成一个电报可以造福大众的观念贡献不菲。这些实验出人意料的良好结果在柏林的上流社会圈子中传扬开来，并让我收到了普鲁士

位于柏林旭恩贝格大街 19 号的西门子－哈尔斯克公司的第一个工厂

10 名员工，主要有锁匠和机械师，1847 年 10 月他们开始在西门子－哈尔斯克电报机制造公司工作。到 1849 年，由于良好的订单状况，员工人数翻了一番。

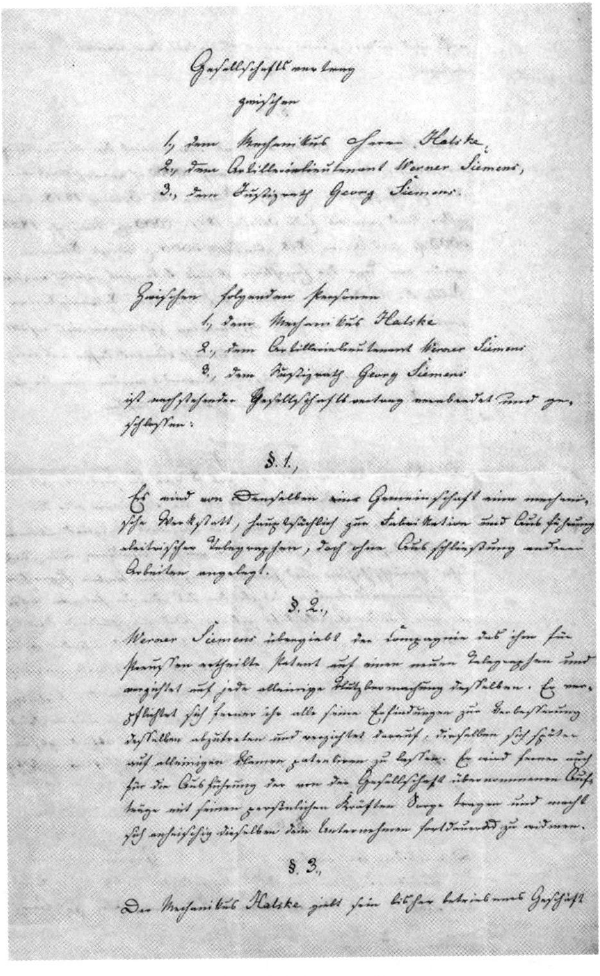

Gesellschaftsvertrag
zwischen
1, dem Mechanikus Herrn Halske,
2, dem Artillerielieutenant Werner Siemens,
3, dem Justizrath Georg Siemens.

Zwischen folgenden Personen
1, dem Mechanikus Halske
2, dem Artillerielieutenant Werner Siemens
3, dem Justizrath Georg Siemens
ist nachstehender Gesellschaftsvertrag verabredet und geschlossen:

§. 1.

Es wird von Denselben eine Gemeinschaft eine mechanische Werkstatt, hauptsächlich zur Fabrikation und Ausführung electrischer Telegraphen, doch ohne Ausschließung anderer Arbeiten angelegt.

§. 2.

Werner Siemens übergiebt der Compagnie das ihm für Preußen ertheilte Patent auf einen neuen Telegraphen und verzichtet auf jede alleinige Nutzbarmachung desselben. Er verpflichtet sich ferner ihr alle seine Erfindungen zur Verbesserung desselben abzutreten und verzichtet darauf, dieselben sich später auf alleinigen Namen patentiren zu lassen. Er wird ferner auch für die Ausführung der von der Gesellschaft übernommenen Aufträge mit seinen persönlichen Kräften Sorge tragen und macht sich anheischig dieselben dem Unternehmen fortdauernd zu widmen.

§. 3.

Der Mechanikus Halske giebt sein bisher betriebenes Geschäft

公司章程，1847 年

协议规定：三位创始人根据自己的优势对公司做出贡献。维尔纳·冯·西门子的社会关系和技术创新、哈尔斯克的“建设性才能”和约翰·格奥尔格·西门子的启动资金为 6842 塔勒。

王后的邀请，让我在波茨坦给她的儿子——我们未来的王储弗里德里希·威廉（Friedrich Wilhelm）和皇帝弗里德里希做关于电报的演讲。这次演讲，伴随着柏林到波茨坦线上的实验，以及一份相关的备忘录——我在备忘录中解释了如果电报为人民所共有，它会有更重要的意义。我的演讲显然有助于高层圈子赞同电报向公众开放。

应我的要求，委员会宣布 1848 年 3 月举办公开竞赛，并确定了电报线路和设备应满足的条件。获奖者会收到奖品，他们也因此获得后续供应商的资格。在 1848 年 3 月 15 日开幕的这场比赛中，我有很大把握可以凭借我的方案获胜，然而 3 月 18 日发生的事情使比赛和委员会[①]都突然停顿下来。

---

① 根据 1899 年的出版物：中断只是暂时的，因为 1848 年 6 月开始，（普鲁士）国务部收到了委员会关于其活动结果的详细报告，这促使国王发布了内阁命令，在 1848 年 7 月 24 日建立柏林 - 法兰克福和柏林 - 科隆到比利时边境的电报连接。

第 3 章

大革命时期

我沉浸在有趣的工作之中，几乎没有时间参与自巴黎“二月革命”以来在德国蔓延开来的疯狂的思想运动。在政治骚动的洪流强力涤荡之下，所有脆弱的、阻碍它盲目和胡作非为的堤坝都被撕得粉碎。对当时社会现状的不满，以及认为不依靠暴力颠覆无法改变这一状况所导致的绝望情绪，在整个德国人民中弥漫，直至普鲁士文官及军队的高层。政治和民族言论对民众有着强大的影响力，当时德国异常晴朗的夏天对于它的宣传有很大的帮助，它的空洞无物却只有通过后续事态才能显露出来。

柏林的街道上到处是躁动的人群，他们交流着关于德国运动进展的最为夸张的传闻，到处聆听即兴的流行演说家们的演讲，传播并鼓励他们采取同样的行动。警察似乎从城市中消失了，而始终忠于职守的军队庄重的、严肃的存在感也完全消失了。接着，是德累斯顿和维也纳革命胜利的激动人心的消息。不久之后银行大楼前的警卫被枪杀，最后是宫廷广场的误会。这也将那些老实的市民——他们已经组成中间立场的国民卫队——推向了革命的一边。从我的窗子里，我看到了这个国民卫队的一个支队是如何从王宫广场上怒气冲冲地跑来，在安海特门前的广场上扔下绶带和木棍，他们大喊："被耍了！士兵向我们开枪了！"几个小时后，街道上布满了路障，国民卫队被攻击并部分被击溃，与卫戍部队——他们主要集中在防御上，且非常忠诚——的战斗迅速蔓延到了大部分城区。

那时，我本人因负责一个特别委员会而与部队失去联系，正在焦急地等待这场可怕的战斗结束。第二天一早，恢复秩序的皇家公告出现了。

为感谢国王的公告，1848 年 3 月 19 日上午，市民们聚集到了王宫广场。我也不愿意再待在房子里，所以我穿着便服加入了游行队伍。我发现整个广场全是人，他们兴高采烈地表达着对和平公告各个方面的深刻印象。但很快就有了变化。随着长长的队伍到来，死难者的尸体被带到了城堡广场，据说，只有这样国王才能确信他的士兵多么的残暴冷血。可怕的一幕发生在城堡的阳台上，王后在看到脚下堆积如山的血淋淋的尸体后，昏倒了。随后，更多的队伍带来了尸体，国王出现了，但是对于人们的尖叫未做任何表示，跟随来的人群骚动起来，准备冲进宫殿的大门，让国王看看这些尸体。

这是一个关键时刻，一场新的杀戮将不可避免地爆发，因为在王宫里留有一个营的军队，但是结局很难说，因为市内其他的军队都被国王调走了。危急关头，年轻的利奇诺夫斯基亲王*（Fürst Lichnowsky，1814—1848）成了救世主。站在城堡广场中央的一张桌子上，他用响亮、清晰的声音向人群讲话。他说国王陛下以他伟大的善良和仁慈结束了战斗，撤回了所有军队，完全信任市民们对他的保护。所有要求都已获得批准，大家可以放心回家了！讲话很有效果。当人们问是否一切都真的得到批准时，他回答说："是的，所有要求，先生们！""抽烟也行？"另一个声音传来。"是的，也能吸

---

* 利奇诺夫斯基亲王，普鲁士人，右翼政治家，出身于西里西亚 - 波西米亚的贵族家庭。1848 年 5 月成为法兰克福国民议会的成员，同年 9 月在骚乱中死亡。——译者注

烟。”他回答道。“在蒂尔加滕也行吗？”有人进一步问道。“是的，先生们，在蒂尔加滕您也可以吸烟。”问题就这样解决了。“嗯，那我们可以回家了”，每个人都说。很快，欢快的人群从广场上消失了。年轻的亲王可能是出于自己的责任心，他授权了在城市街道和蒂尔加滕自由吸烟，避免了进一步的严重伤害。

宫殿广场上的这一幕给我留下了无法消除的印象。它形象地表现了躁动人群的变化无常和他们行动的不可确定性。此外，它也告诉我们，把大众鼓动起来的通常不是大而重要的问题，而是每个人长期以来都感到压抑的不满。城市街道上的禁烟令，尤其是蒂尔加滕的禁烟令，以及与宪兵和警卫的小规模冲突就会造成不满，实际上可能是柏林广大民众真正理解的唯一不满，对他们来说就是在为这些东西而战斗。

随着革命的胜利，柏林所有正式的活动都结束了。整个政府机器似乎都石化了。电报委员会也只是停止了运作而没有被废除甚至暂停。尽管根本没有订单，但我们的工厂在此期间，以及随后的困难时期一直安静地继续运转并制造电报机，这要归功于我的朋友哈尔斯克。一方面，就我个人而言，我的处境很艰难，因为我的公务活动已经停止，但还没有分配给我任何其他工作。另一方面，当人们普遍认为对外战争迫在眉睫时，我的退役要求是不可能被接受的。

然后，就像我生命中经常发生的那样，发生了一件事情，给了我一个新的、最终对我非常有利的方向。

在石勒苏益格－荷尔斯泰因，反对丹麦统治的起义已经成功。这极大地激发了民族问题，在德国各地成立了志愿军，为与外国压迫者做斗争的最北端的同胞们提供帮助。另外，丹麦人正准备重新征服这个地方，哥本哈根的报纸一致呼吁政府通过炮击来惩罚作为革命运动中心的基尔市。我的姐夫希姆利去年被任命为基尔的化学教授，并且住在靠近港口的地方。姐姐玛蒂尔德怀着极大的恐惧给我写信，在她的脑海中她的房子已经成了一片废墟，因为它暴露在丹麦军舰的炮口之下。斯巴特里－弗里德里希炮台，作为当时基尔港入口处的小堡垒，仍在丹麦人手中，因此港口的入口是对丹麦舰队完全开放的。

这给了我用电点火的海底水雷来保卫港口的想法，这在当时还是很新的想法。水雷的导线被压制了古特胶来绝缘，这提供了一种可靠的方法，可以在适当的时候在岸上通过电路引爆这些水雷。我把这个计划告诉了我的姐夫，我姐夫大受鼓舞，立即将其提交给负责防卫工作的临时政府，他们批准了该计划，并派特使前往普鲁士政府请求执行该计划。然而，由于普鲁士和丹麦之间没有宣战，为了避免刺激丹麦，派我前去或者批准我请假都会遭到拒绝。但我得到承诺，如果情况发生变化，我可以马上行动，正如人们所预期的那样。

我利用这段等待时间做了准备工作。大袋子是用强力帆布制成的，外面涂橡胶防水，每个袋子能装大约 5 公担[①] 的火药。此外，还匆忙制作了绝缘电线和点火装置，并采购了电点火所需的伏打电池。当部门主管冯·赖厄（Von Reyher）将军（我每天都在他的前厅等待决定）告诉我，他刚刚被任命为战争部部长，对丹麦的战争已经确定，他已经批准了我的计划，这是对丹麦的第一次敌对行动。我的准备工作几乎全部完成，当天晚上我就出发前往基尔。

在骚动不已的阿尔托纳，我姐夫希姆利已经在等我了；一辆专门的机车把我们送到了基尔。在基尔，普鲁士已经宣战的消息早已广为人知，但仍受到广泛质疑。

① 德国质量单位，1 公担为 50 千克。

我身穿普鲁士军人制服无疑被视为人们所期待的事实的证据，在去基尔的途中和到达之后都引起了无数的欢呼声。

与此同时，在基尔，我的姐夫已经做好了一切准备，以便我到达后可以迅速布雷，因为预计丹麦舰队随时都会出现。一船火药已经从伦茨堡运来，一些密封完好的大木桶准备好临时用来代替未完成涂橡胶的帆布袋。这些木桶很快装满了火药，配备了雷管并锚定在浴场前面的对大型船只来说非常狭窄的航道上，它们在水位以下约 20 英尺 * 处悬浮。点火线被引到堤岸上的两个隐蔽之处，并且电路的连接方式使得如果两个点同时闭合其线路的触点，水雷就会爆炸。每个水雷的两个观察点都放置了标尺，并指示当敌舰进入相关标尺之内时应关闭触点，并保持到船只完全超出标尺线。只要两条标尺的触点同时闭合，则船应该刚好在水雷上方。通过对小型水雷和船只的测试，确定该点火装置完全可靠。

与此同时，巴乌的战斗已经打响，石勒苏益格 – 荷尔斯泰因州的体操运动员和德国志愿军被丹麦人击败，一些人被俘。令人惊讶的是，原本平和的石勒苏益格 –

* 1 英尺 =0.3048 米。——译者注

荷尔斯泰因人的民族仇恨和战争激情现在爆发得如此迅速和强烈，尤其在女性的情绪中表现得最为明显。我经历了一个典型的例子。

在一次聚会中，一位美丽可爱的年轻女孩让我解释了为保护基尔市而铺设的水雷的建造和引爆方法。当她听说在最好的情况下整艘船会被炸飞，全体船员都见阎王时，她激动地问我是否真的相信有人会做出如此可怕的行为，动一下手指就让数百人死于非命。当我做出肯定回答并试图以军事必要性为借口时，她愤怒地转身离去，此后还故意避开我。不久之后，当我在一次聚会上再次见到她时，巴乌的战斗已经打响了。弗兰格尔试图带领普鲁士军队进入石勒苏益格－荷尔斯泰因时，人们的大脑已经被战争的愤怒所支配。令我惊讶的是，我漂亮的“反对者”一看到我就跑过来问我的水雷是否还好。我说是的，并说我希望很快能在敌舰上展示它们的效果，因为丹麦舰队据说正在来轰炸基尔的路上。我试图再次激起她的愤怒，这对她很有帮助。然而，令我大吃一惊的是，她脸上带着憎恨的表情说：“哦，我很高兴看到几百个这样的人渣在空中挣扎！”她的未婚夫在巴乌战争中受伤并被俘虏，在军舰“玛利亚女王”号上和其他俘虏受到丹麦人的虐待。因此，她的仁爱之心突然发生了大反转！

事实上，当时有传闻哥本哈根决定在基尔被德军占领之前轰炸基尔。我有些担心这座城市，因为通过我仔细调查后发现，航道足够中型船舶行驶。丹麦舰队也可以静静地在弗里德里希索特停靠，然后很轻松地用炮艇进行轰炸。因此，我认为至关重要的是弗里德里希索特的要塞不应该留在丹麦人手中。据说这里只有极少数的丹麦军队的伤残人员，占领它似乎并不困难。

我把我的观点告诉了新任命的基尔指挥官，一位来自汉诺威的少校。他完全同意我的看法，也收到了丹麦的一个舰队正在来基尔的路上，准备占领弗里德里希索特的消息。但很遗憾，他没有队伍，什么也做不了。当我提醒他基尔民兵很愿意这样做时，他对此表示怀疑，但他同意敲响集合军鼓，向民兵阐述我的建议。这里很快聚集了相当多的人，我试图向他们表明，要保护基尔市民的生命和财产绝对有必要占领弗里德里希索特，这在今天仍然很容易做到，但也许明天就不行了。我的演讲点燃了大家的热情。经过简短的协商，民兵同意，如果我当指挥的话，第二天晚上就可以占领弗里德里希索特，我当然非常乐意。城市警备司令为我们提供了紧急帮助，虽然他手上没有人，但有装得满满的弹药库，150 个民兵组成了一支行动队，还有 50 人的预备队。

快到午夜时分，我们正在前往霍尔特瑙的路上，对要塞的冲锋将从那里发起。我的部队悄无声息地行进并勇敢地冲向吊桥，幸运的是，吊桥已经放下，我们在大声欢呼中占领了要塞。遗憾的是，对方没有任何形式的抵抗。我在司令官的大楼里设立了我的指挥部。由 6 名老消防员和中士组成的丹麦驻军，显然被丹麦人完全遗忘了，他们作为俘虏很快被带到我面前。这些人被暂时逮捕，并在第二天作为第一批战俘被送往基尔；他们都出生在石勒苏益格－荷尔斯泰因州，显然他们很高兴以这种方式从丹麦军队中退出。

黎明时分，我收到消息说有一艘丹麦军舰停靠，不久之后，一名间谍被带进来，他从城墙上向船发送信号。被带到我面前的是一个颤抖的老人，强壮的手臂被捆绑着。审讯时，我发现他是一名驻军牧师，在原本寂静的要塞废墟中变得焦躁不安，因此向港口入口另一侧的拉博村的渔民发出了约定好的发船信号。

这艘小军舰静静地停泊在锚地，派了一艘小船到拉博，在小船返回后回到了海里。我在要塞处悬挂了一面巨大的黑红金三色旗帜，派人占领了城墙，这样船就可以向哥本哈根传递消息：弗里德里希索特海上炮台已被德国军队占领。很快丹麦报纸上就登出了这样的消息。

要塞里相当紧张的生活开始了。我的民兵小队认真地履行着职责。令我惊讶的是，在组织服务时，我发现有的队员来自石勒苏益格－荷尔斯泰因的知名贵族家庭和基尔市有名望的家庭。然而，他们都无条件地服从了我这么一位毛遂自荐的年轻的普鲁士炮兵军官的指挥。我让人清理了城墙，修复了缺口，并将我发现的旧大炮放在还能用的炮座上。整理好了火药库，基尔的工匠们建造了一个炉子，用于锻造炮弹。一个名叫汉普的小伙子做我的副官，他在没有柏林命令的情况下跟随我，在这项工作中给予了我很大的支持。他是一个聪明能干的人，后来陪伴我完成了所有电报的铺设，最终成为印欧电报线的总工程师，他担任这个职位直到 1888 年。在他的帮助下，操作人员接受了大炮的基本训练，在占领后的第三天，我们进行了试射，这进一步宣告了我们对弗里德里希索特的军事占领。

在接下来的几天里，我们接待了许多来自基尔的访客。不仅城里的指挥官，甚至临时政府的一名成员也来看望了我们，民兵的妻子和亲戚也大批前来，亲眼看看他们的情况。然而，一周后，我的人员开始大量减少，因为妻子们在拜访时，令人信服地向她们的丈夫们表明，男人在家里是不可或缺的。一方面，我意识到，将那些难以逃避家务的民兵长时间留在弗里德里希索特是不可能的。另一方面，荷尔斯泰因州全境仍然没有军队，石勒苏益格－荷尔斯泰因剩余的少量军队在与再次侵入北石勒苏益格的丹麦人对峙。

因此，我面临着选择，要么放弃我的征服，要么找人替代民兵。弗里德里希索特要塞对面的一个地方——基尔港南岸的普罗普思泰，在我看来，那里的农村青年似乎是特别适合的替代人选。因此，我在一小队民兵的陪同下，带着旗帜和鼓前往普罗普思泰的主要城镇苏恩贝格，召集村里的老人，向他们解释说，为了他们自己的安全，他们绝对有必要派遣他们的成年儿子去占领要塞。随后与农民和他们的妻子进行了一场漫长而艰难的谈判。妻子们站在男人后面，是直接参与者。男人们觉得，如果“先生们”即政府认为他们的儿子有必要去，他们可以下达命令，人们就知道该怎么做了；如果丹麦人来了，真正入侵普罗普思泰时，没有命令他们也会自卫。但是，他们不想自愿去“水的那边”。

女人们赞成出兵，男人们却止步不前。我愤怒了，我用我从小就知道的低地德语说他们是愚蠢的驴子和胆小的懦夫，并告诉他们，德国的女人比这里的男人还要勇敢。作为证据，我给他们读了一则报纸上的消息：巴伐利亚已经组建了一支娘子军，以保护国家免受丹麦人的侵害，因为那里的男人也缺乏勇气。我会等着娘子军，和他们一起保卫要塞！

这一招很有效果。当我刚想带着我的民兵小队离开时，一个老人的代表来了，让我等一下，他们想重新考虑这件事，因为他们觉得让女人保卫自己的土地不太合适。我表示同意他的做法，但要求至少提供 50 人，否则这件事就不值得做。我们得到了很好的招待，一个小时后，已经有 50 名年轻人准备出发了，后面还有满载各种食物的车辆。“这样他们的孩子在要塞里就不会挨饿了。”村长的妻子解释说。就这样我们从一个村庄到另一个村庄，取得了类似的成功。傍晚时分，我带着 150 名强壮的农家小伙子和一个食物车队回到了要塞。

然后我解散了民兵队伍，留下了一些支持我管理和训练的农民志愿军的民兵志愿者，我很高兴看到一个非常有用的部队在短时间内被训练出来。我从基尔市总是乐于助人的指挥官那里收到了武器、弹药和军徽，可惜现今我忘记了他的名字。我的志愿军被临时政府承认，也得到了适当的薪水。我任命的炮兵司令和前面提到的副官汉普，在军事训练中提供了出色的服务。这些炮又老又差，但一门 24 磅的短程炮和一门榴弹炮还是可以用的。这艘从未离开港口码头的丹麦封锁船一进入射程我们就会开炮，它似乎对我们向她发射的炽热炮弹很有敬意，立刻溜之大吉。

一天早上，有消息称三艘丹麦大型军舰停在港外，让我们很震惊。事实上，考虑到它的状况和装备都很强，似乎很有可能攻击要塞。要塞最薄弱的地方是通往内港的大门。吊桥已经坏了，护城河已无水，保护入口的半月堡只剩下一个轮廓。与此同时，我姐夫希姆利（Himly）用从柏林运来的橡胶袋替换了一些先前装炸药的桶，我将其中一个多余的桶拖到弗里德里希索特用作地雷来保卫要塞大门。警报响起的前一天，我在旧半月堡的中间挖了一个深坑，把桶埋了进去。由于天已经黑了，坑没有填埋，于是我派了哨兵看守。当第二天早上警报响起时，我委托我的弟弟弗里德里希（后来他跟着我来到基尔和弗里德里希索特，晚些时候我的弟弟威廉和卡尔也来了）准备好导火线，以便冲锋的时候可以从城墙上引爆地雷。

这些军舰现在已经真的接近要塞的射程了。我的3门能用的炮已经有人值守，用于给炮弹加热的炉子也在全面运转。但我禁止在船只强行进入之前开火。我把所有的人员聚集在要塞的院子里，把他们分成几个小组，鼓励他们要勇敢。突然，一束强大的火焰在要塞门前升起。我感到一股强烈的压迫感，胸腔猛烈地扩张；第一种感觉是要塞所有窗户的玻璃都咔咔地碎了，第二种感觉是屋顶的所有砖块都升起一英尺高，然后又轰然落下。

当然，这一灾难很有可能是地雷爆炸造成的。一想到我可怜的弟弟弗里茨（Fritz，即弗里德里希），我就深受打击。我跑到门口看，在要塞里面遇到了他，他毫发无伤。他准备好了地雷，将电池架在城墙上，一根引爆线连接到电池的一极，另一根线固定在树枝上，这样他就可以一边用手引爆，一边同时向我报告。风相当大，将第二根点火线从树上吹落，直接落到电池另一极上，从而引爆了地雷。空气的压力把他从城墙上抛到要塞里面。

当爆炸发生时，站在半月堡的尖角栏杆上的哨兵更糟糕。我发现他躺在爆炸坑另一边的地上，看起来似乎已经死了，步枪的刺刀朝下，有一半插进地里。坑里的地雷由于没有用土掩埋，爆炸引起的猛烈气流显然将这个人甩到空中，抛到了弹坑上方。幸运的是，他紧紧地抓着枪，这减轻了坠落时的冲击。一个小时以后，他才苏醒过来，嘴、鼻子和耳朵都在流血，全身淤青，但除此之外没有其他伤，几天后又可以工作了。受伤更严重的是基尔的军医，报告丹麦舰队出现时，他就前往弗里德里希索特，在通过吊桥的瞬间，爆炸就在他旁边发生了。他和马车掉进了护城河里，身上有几处瘀伤。厨师被严重烫伤，当时他正端着一大盆热汤上楼，因为爆炸从楼梯上摔了下去。

最显著的是爆炸在大范围内产生的力学效应，这一爆炸可以认为是从一个由土制成的开口管中发射出来的5公担火药的威力。整座要塞里的所有房间都被冲开了。要么是门或墙壁受到了空气压力的冲击，要么是它们经受得住冲击，但是随后而来的真空使它们爆裂。甚至拉博村和霍尔特瑙的窗玻璃都爆裂了。要塞内部的气压差，肯定至少有一个大气压，否则在这么远的距离，也不会产生这样的效果。

当我回到我刚才离开的地方，发现那里空无一人，我担心那些起初被吓坏的人会分散躲藏起来。然而，令我高兴的是，我很快就看到每个人都在他们指定的位置。他们以为，丹麦的炸弹已经打了过来，袭击已经开始了。

与此同时，丹麦军舰停止前进，回到了外面的泊位，然后很快离开了——除了那艘封锁船。此后不久，哥本哈根的报纸报道说，在基尔港口铺设的一个海底水雷在弗里德里希索特附近因意外爆炸，摧毁了要塞。实际上，从船上看到的景象一定非常骇人。要塞内所有建筑的红瓦屋顶耸立在低矮的城墙之上，看起来色彩鲜亮。然而，爆炸发生后，所有的瓦都掉了下来，再也看不到房子。

尽管基尔港的炮兵防御是出了名的薄弱，但在石勒苏益格－荷尔斯泰因的两次战役期间，丹麦人都没有入侵的事实，表明丹麦人对水雷给予了极大的重视。虽然这些首批海底水雷并没有炸毁军舰，但它们仍然发挥了显著的军事作用。因此，我要为自己鸣不平，在全世界瞩目之下的海底水雷防御港口成功了，并被大众广泛谈论，但是多年以后却被军事作家完全忽略。甚至德国军事作家后来也将海底水雷的发明归功于圣彼得堡的雅可比教授，尽管他在喀琅施塔得附近的实验是在多年后进行的，而他本人从未想过我会对这项发明和战争中的首次实施提出异议。和平协议达成后，这些水雷已在海水中泡了两年，当被打捞和吊起时，橡胶袋中的火药是完全干燥的。因此，毫无疑问，如果有机会，这些水雷完全会一鸣惊人的。

所描述的弗里德里希索特爆炸后不久，普鲁士的大部队在弗兰格尔的指挥下进入石勒苏益格 - 荷尔斯泰因。不久之后，我收到了总部的直接来信，信中称赞我用海底水雷保卫港口并占领弗里德里希索特的海上炮台。我还被告知，克罗恩（Krohn）中尉领导下的一个新组建的石勒苏益格 - 荷尔斯泰因营的一个连将接管要塞，并长期驻军。我被指示与我的农民志愿军一起行军到施莱河口，在一个合适的地方过河，敦促安格尔恩省 * 的农民接收丹麦难民，在石勒苏益格附近的预定战斗后这些

* 石勒苏益格 - 荷尔斯泰因的一个地方。——译者注

难民将出现在那里。被石勒苏益格－荷尔斯泰因连队接替后，我在规定的时间向米松德进发，黎明时分越过施莱河，带领勇敢的部队向弗伦斯堡进发。一大早，我们在石勒苏益格附近听到了炮声。当地人都很平静，似乎根本不想被打扰。丹麦人没有出现，但晚上我们从农民那里听说丹麦军队已经被击败，被普鲁士人追击，正在从弗伦斯堡撤退。这个传闻在弗伦斯堡附近被证实，普鲁士先锋队已经占领了这座城市。

由于我的志愿军没有其他任务，并且在他们被招募保卫的要塞被军事接管后，我认为不须再保留这些人，所以我将他们解散回家。我自己去了弗伦斯堡汇报。然而，事实证明这非常困难，因为弗伦斯堡仍然乱成一团。街道上到处都是各种路障、战车，找不到任何军事或民事管理机构。最后，在人群中，我遇到了在柏林认识的普鲁士上尉冯·扎斯特罗（von Zastrow），向他抱怨了我的困境。他告诉我，他已受命指挥一支新组建的石勒苏益格－荷尔斯泰因部队，配备一个连队，并于次日随其前往滕德尔。然而，他缺少一位军官，建议我加入并指挥该连队。他将与最高统帅部正式安排此事，并将我的报告转交上去。我非常喜欢这个建议，因为现在我并不愿意从战区回到和平区的柏林。因此，我写了关于命令执行情况的报告，并说明已经解散了农民志愿军，在没有任何指示的情况下，将暂时接管石勒苏益格－荷尔斯泰因连队的指挥权。

因此，第二天，我骑着马走在连队的最前头，越过“被海环绕”的贫瘠山脊，前往滕德尔。但喜悦并没有持续多久。到了行军宿营区，我接到了司令官的命令，是总部通过传令兵送来的，我必须前往向总司令那里报到。于是我征用了一辆马车，半夜时分回到弗伦斯堡后立即向总部报告。我被带到弗伦斯堡最好的旅馆的一个大房间里，在那里我发现一群不同级别和兵种的军官围坐在一张长桌旁边。两个年轻的王子坐在桌子前头的沙发上，而弗兰格尔将军坐在桌子长边的沙发旁边的第一个座位上。当我做完报告后，将军站了起来，全体人员都站了起来，因为总司令站着而其他人还坐着是不礼貌的。

将军对我的到来表示惊讶，因为他几个小时前才给我下了命令。当我解释说行军一结束我就折返回来了，他说我辛苦了，请我先喝杯茶。他命令我坐在他的位置上喝茶，而所有的高层军官们都站着，这让我非常不安。令我印象深刻的是，总司令想借此机会表明他尊重的是工作能力而不是军衔。在随后的谈话中，将军对水雷保护基尔港和占领弗里德里希索特要塞表示赞赏。他还表示，现在有必要尽可能加强对基尔港的保护，并用水雷保护埃肯福德港，因为他打算带着整支军队进入日德兰半岛。我反对说：埃肯福德港太开阔、航道太宽而不能以地雷为基础进行防御，一些装备精良的炮台更有可能做到这一点。整个屋子的人就舰炮对岸炮的优势地位展开了长时间的讨论，我说出了我的观点：一个由 8 门 24 磅炮组成的炮台，位置优越，被保护墙遮挡，可以发射炽热的炮弹抵御最大的军舰。军舰的几门侧舷炮就能磕掉岸上炮台的说法在战争史上从没有得到证实，没有一艘木船能长期承受炽热的炮弹的轰击。

这次会见的最终结果是：基尔和埃肯福德港口的防御工事被正式委托给了我。我被任命为弗里德里希索特的指挥官，并收到一个给伦茨堡要塞指挥官的公开命令，指示他满足我为弗里德里希索特要求的枪支、弹药和人员，并为埃肯福德港配备的炮台做准备。伦茨堡遵循了这一命令，尽管很勉强，因为要塞本身的防御装备很差。为弗里德里希索特配备了可用的大炮，并尽最大可能满足防御要求。在埃肯福德，我在城镇以东的平坦河岸上建造了一处装配重型 12 磅和短程 24 磅炮的大型炮台，并在港口以北的丘陵地带建造了一处榴弹炮炮台。

弗里德里希索特和埃肯福德在这次战役中都没有任何重大行动，但在第二年，我在埃肯福德建造的炮台因与丹麦一个中型舰队的战斗取得胜利而闻名，其中“克里斯蒂安”8 号巡洋舰被击中后起火，驱逐舰“格丰”号被击中后丧失战斗力并被俘获。

在完成弗里德里希索特的防御工事和埃肯福德的炮台建设后，我的工作开始变得有些单调。它本质上仅限于监视停泊在弗里德里希索特前方的敌方封锁船，并控制通过港口的船舶交通。基尔的军事长官禁止商船在未经特别许可的情况下离开港口，并命令弗里德里希索特的海上炮台在必要时使用武力阻止。这导致了一次小小的军事行动，为我们一成不变的生活带来了一些波动。

一天晚上，我乘着指挥官的船穿过海港入口，去视察在对岸的拉博炮台，这时，一艘满帆的荷兰帆船向我们驶来，显然打算在没有许可下驶离港口。我大声叫船长停下来报告，否则他会被要塞中的人射杀。船上只有荷兰人和他的妻子，他们没有把我的警告当回事，而是宣称他们不会遵守禁令。就在交涉的时候，城墙上闪出亮光，一发警告炮打在船头很近的水面上，就像规定中要求的那样。尽管如此，这艘船仍然满帆继续航行。然后，拉博炮台也在要塞之后一炮一炮地射击，不久之后，驻扎在岸边的一个军事哨所激烈的步枪火力也加入进来。然而，勇敢的荷兰人异常清醒，侥幸通过了入口后，消失在夜色之中。

第二天早上派出的渔民发现这艘船停泊在港口入口外，船员们正忙于修复子弹造成的损坏。荷兰人的勇敢很容易解释，因为当他真正听到子弹、炮弹呼啸而来的时候，他已经固定好船舵，并带着妻子小心翼翼地躲到吃水线以下，两人都非常安全。与此同时，我自己和我的船员却暴露在炮火之下，以致我以后可以吹嘘说我曾经站在炮火下毫不动摇！顺便说一句，我必须承认，炮弹呼啸而过的声音让我心有余悸。

丹麦的封锁舰也为我们带来了夏末单调要塞生活的一支有趣的插曲。

我从总部收到消息，巴伐利亚少校冯·德·坦恩*

* 冯·德·坦恩，生于达姆斯塔特，1871 年普法战争中的英雄，被授予普鲁士一级铁十字勋章。——译者注

（von der Tann，1815—1881）指挥下的志愿军将对封锁舰进行夜袭，并下令动用要塞内的所有资源支持这次行动。之后不久，冯·德·坦恩带着他的副官伯恩斯托夫伯爵（Crafen Bernstorff）来见我，并在弗里德里希索特住下来。志愿军在霍尔特瑙附近集结，在那里组织了执行夜间攻击的小艇中队。执行任务的前一天，志愿军在要塞的院子里举行了检阅，这并没有增加我对这次冒险成功的信心。或许这些人并不缺乏大胆和勇气，但他们确实缺乏纪律和冷静的决心。冯·德·坦恩和他的副官努力控制疯狂的混乱转变为军事秩序，但完全是白费力气。

突袭计划出自一个曾在丹麦海军担任过一些下层职务的人。他是个大力士，粗壮的身躯穿着自己想象中的金色海军上将制服，用响亮的声音激励人们要勇敢。所以他问队列中的人，上船后遇到丹麦人会怎么做？一个人说他会刺死丹麦人，另一个觉得射杀更合适，等等。“上将”静静听着，随即站得挺直，眼睛闪着光，附带着手势问道：“你知道我会怎么做吗？我要把那的两个丹麦人磨成粉末！”但这并不能激发人们对未来行动的信心。

突袭船队要在晚上 11 时 30 分，悄无声息地并且在没有任何灯光的情况下通过要塞，如果要塞发出的信号表明敌船还是像以往一样保持安静，则突袭继续。信号按时发出，但在第一批船只抵达要塞的时候，已经是大约凌晨 1 点钟了。近 2 个小时之后，什么都没有发生。最后，整个船队乱哄哄地回来。“海军上将”起初没能找到封锁舰，后来他声称观察到这艘舰已收到警报并安装了反登船网，显然袭击计划已经被泄露。突袭队高喊着“有奸细”返回到霍尔特瑙，很快就完全解散了。第二天早上，这艘舰仍停在了原来的位置，用最好的望远镜也看不到有什么应对紧急攻击的特别装备。

正如冯·德·坦恩透露给我的那样，这次行动因为缺乏纪律和饮酒过多而失败了，他自己也失去了再试一次的信心。因为这次失败，我为这位能干、和蔼可亲的巴伐利亚军官深感遗憾。作为我的客人，冯·德·坦恩在要塞中又逗留了几天，在后来的岁月里，当冯·德·坦恩将军声名鹊起的时候，我时常愉快地回忆起当时的那些快乐时光。

随着我被正式任命为弗里德里希索特的指挥官，并负责安装炮台来保卫埃肯福德港，我的职位已经失去了此前的冒险精神。因此，此前它对我的吸引力也消失了很大一部分。尤其是当我完成任务时，和谈开始了，进一步的战争活动似乎不太可能时，我更加渴望恢复我在柏林的科技工作。

第4章

铺设电报线

与此同时，发生了重大变化。引进电报的军事委员会正式解散，电报业务隶属于新成立的商务部。曾在电报委员会担任管理工作的政府官员诺特博姆（Nottebohm）被任命为该部门的负责人。委员会起草了下一步工作的决议，当务之急是建造一条从柏林到法兰克福（德国国民议会所在地）的地下线路。很快就有人问我是否愿意根据我曾向委员会提出的建议来领导这条线路的建设。如果我有此意愿，就申请把我的工作由战争部调到商务部。虽然我不喜欢被政府官员诺特博姆领导，但我接受了任命，因为它让我从现在单调的小军事要塞生活中解脱出来，有机会将我的建议大规模地付诸实施。

在柏林，我发现哈尔斯克已经忙于建造线路。人们已经决定将线路完全铺设在地下，以防止在政治动荡时期架在空中的线路被破坏。压制了古特胶绝缘的电线在没有外部保护的情况下被铺设在铁路路堤 1.5 英尺深的沟中。我建议用铁丝、铁管或陶管将电线保护起来，但是由于费用高昂，未获批准。我已经与柏林橡胶制品厂富恩罗贝特－普鲁克纳（Fonrobert & Pruckner）签订了进一步生产地下管线的合同。这就是我转让古特胶包覆成型铜线的模型专利的那家工厂，它利用该模型制造了压缩成型机器，并对所生产的导线进行了从柏林到格罗斯贝伦的测试，因为要求确保线路具有尽可能好的绝缘效果。然而，由于突然出现对古特胶的大量需求，良好绝缘质量的古特胶很快出现了市场短缺的情况。

为了尽可能排除障碍，推进工作，人们决定使用不久前在英国发明的硫化古特胶，即让古特胶与硫混合发生反应，这使质量较差的古特胶的绝缘性和耐磨性都得到提升。不幸的是，后来证明硫化是一个错误，因为硫与导体中的铜结合，使得里层的古特胶和铜结合而导电。因此在铺设时绝缘性完美的线路在几个月后就不再绝缘。

在工厂检查导线时要特别小心。哈尔斯克为此制造了电流计，其灵敏度远远超过了当时所有已知的电流计。在1847年用这些灵敏的电流计进行测试时，我第一次观察到一个惊人的现象，即完全绝缘的电线放在水中，当接通电池时也会产生短暂的电流，断开电池时产生同样强度的电流，且方向相反。这是我第一次观察到由电池链引起的静电充电。起初我倾向于将此视为一种极化现象，因为当时人们认为电流计不能指示静电的通过。然而，较长且绝缘良好的线路上的现象很快让我明白，我们处理的是静电瓶充电，而不是极化现象。

我能够通过以下方式在较长的线路中找到有缺陷的绝缘点。将涂有古特胶的干燥的导线拉过一个与地球绝缘的充水容器，而缠绕内夫锤电磁铁的第二个细包线圈把绝缘铜线和大地连接起来。如果一个与大地连接的工人将一根手指浸入绝缘容器的水中，压制古特胶的电线有绝缘缺陷的部分浸入水中时，他会有触电的感觉。通过这种方式，可以找到所有其他方法无法检测到的小的绝缘缺陷，并在消除它们后，获得具有极高绝缘水平的电缆。

关于刚刚描述的内夫锤的改进，后面还有一些说明来确定它的地位。我已经在 1844 年进行了这种改进，并将其命名为电压感应器。这让我有机会观察这种电压感应器的第二个线圈感应产生的交流电的医疗效果。那时我的弟弟弗里德里希患有风湿性牙痛，这影响了他所有健康的牙齿，医生开的任何药都没有效果。我的新电压感应器实验让我们想到，它产生的交流电如果连通至牙根是否能消除或至少缓解难以忍受的疼痛。实际上，这个想法在门牙疼痛时得到验证。起初这牙疼痛很剧烈，通电治疗后完全停止了。我弟弟弗里德里希凭借一直以来具有的强大意志力，立即用交流电连通至牙根治疗了他的所有牙齿，然后享受了牙痛消失的快乐——这快乐几周以来都未曾有过。不幸的是，到了第二天，疼痛又慢慢恢复了。虽然疼痛可以通过反复通电再次去除，但随后的无痛期却越来越短，最终完全没有了效果。据我所知，这是第一次尝试将电流用于医疗，让我对这种应用产生了一定的不信任。在我看来，电疗的效果是暂时的，而不具有长期康复的作用。

接下来 1848 年的秋天对我来说尤为有趣和活跃。美茵河畔的法兰克福是全德国民议会和临时元首的驻地，出于政治原因，这里的线路铺设要尽快完成。然而，一方面是不稳定的政治局势，另一方面是地下完全出乎意料的状况，使这一切变得极为艰难。这些状况首先出现在我的朋友哈尔斯克身上，他负责在完成线路上安装信号收发设备，而我正忙于铺设埃森纳赫和法兰克福之间的线路。我决定采用地上线路，因为铁路仍在建设中，在某些地段甚至土地还没有收购呢。

哈尔斯克首先发现，用较短的线路，会使我们的自动断续指针电报的发送速度比线路的电阻所对应的理论速度要快得多。当从柏林到科滕的线路建成时，长度约为 20 德里 *，发送装置以双倍速度运行，而接收装置静止不动。这种现象在当时是非常奇怪的，线路的绝缘性能越好，这个现象就越明显，哈尔斯克采取补救措施，通过安装人工分流器来降低线路的绝缘性能。

地上线的铺设也有意想不到的困难。在未来铁路用地尚未购置的地方，土地持有人不允许安装柱子。这种抵抗在黑森 - 卡塞尔和黑森 - 达姆施塔特等非普鲁士州最为突出，当时普鲁士政府与帝国政府之间的对抗因为从石勒苏益格 - 荷尔斯泰因调回的军队进驻柏林并恢复秩序后加剧。那时，我只能通过从临时元首约翰大公

* 1 德里等于 7422 米。——译者注

（Erzherzog Johann）那里获得公开命令来执行我的任务。技术上的难题也出现了。这条线路装配的是铜导线，因为当时德国没有合适的铁线，人们对这些线路有些不信任。去年我们在柏林－波茨坦线上的糟糕经历，尽管使用了所有绝缘手段，但在雨天的绝缘效果很差，以至于干扰了设备的正常使用，这导致我使用了陶瓷制成的钟形绝缘罩。它的好处是，即使在雨天，钟罩的内表面也能始终保持干燥，从而确保在任何情况下其良好的绝缘性。事实上，通过这种方式可以实现近乎完全的隔离。不幸的是，当时我认为没有必要将铜线的末端焊接起来，将它们扭在一起似乎就足够了。后来发现这是一个错误。在平静的天气里，该设备工作得很好，但大风天，线路的电阻发生了明显的变化，以至于设备停止了工作。只有将所有连接端焊接之后才了结了这个麻烦。

大气放电也非常令人困扰。在从平地到山区的过渡中，线路上常有电流流过，而且方向是变化的，这使仪器无法正常工作。一场秋末的雷雨对其造成了严重破坏，促使我制造避雷针来保护线路和设备。为了确定最有效的避雷针形式，我在两条平行导线之间等距放置了金属的针、球和板，然后观察了一组莱顿瓶的放电火花对这 3 个并排避雷针的穿透情况。事实证明，非常微弱的放电火花穿透了针，较多的放电火花穿透了球，而非常多的放电火花才能完全击穿板。真实的闪电反过来证明，并排的粗糙金属板避雷效果特别好。北极光的影响也更为频繁，影响特别明显，尤其是在从东到西的地下线路上。1848 年秋天的北极光大爆发期间，由于线路中快速变化的强电流，柏林和科滕之间有好几天无法通信。这是对地球电流、磁场干扰和北极光之间联系的首次观测。

当地下线路推进到埃尔福特时，哈尔斯克安装分流器的措施已经无效。然而，与此同时，我确信地下线路的特殊现象只能归结于工厂测试期间已经观察到的静电荷积聚，这样就形成了导线作为内层，潮湿的土壤作为外层的“莱顿瓶”。对此具有决定性意义的事实是，绝缘线上的电量可以通过自由摆动的磁针的摆幅测量，与连接的电池的电动势和导线的长度成正比；此外，根据欧姆定律，闭合线中任一点电荷的电压对应于闭合电路相应的电压。在我认识到这一点之后，通过适当的设备，即使不能完全消除，在较长的地下线路上影响通信的障碍也可以在实际使用中毫无影响。那就是在线路上装配没有自感应的金属电阻作为分流器和自动转换器——可以把几个连接起来的线段连接成一条大回路。

我关于闭合线路和开放线路的静电荷理论最初并没有被接受，即使在科学界也是如此，因为它与当时的流行观点相冲突。在今天，人们很难想象一个在文明世界生活的人没有铁路和电报怎么活。很难置身于当时的场景来理解我们当时遇到了哪些困难，它们现在看来已经是理所当然的。今天每个小学生都熟悉的概念和辅助工具，在当时往往需要通过艰苦的工作来实现。

我感到满意的是，这第一条大的电报线路，不仅在德国，在整个欧洲亦是如此。它在 1849 年冬天投入使用，因此在法兰克福举行的皇帝选举结果，在它的帮助下一小时内在柏林就广为人知了。这条路线的好处促使普鲁士政府决定立即修建一条从柏林到科隆，再到普鲁士边境最后到韦尔维耶 *（Verviers）的线路，然后再修建从柏林到汉堡和布雷斯劳的线路。为了它们的安全，所有这些线路都将依照柏林 – 埃森纳赫线路系统铺设在地下，尽管这条线路已经出现了明显的缺陷。这些缺陷

* 韦尔维耶，比利时的边境城市，早期为纺织工业城市，20 世纪 50 年代以后，轻工业消失，成为旅游城市。——译者注

有：埋在铁路路基大量松散的沙子中，只有一英尺半到两英尺深的线路很容易被工人破坏，并且在某些地方还被田鼠和鼹鼠破坏。因此人们决定，线路应该埋到两英尺半到三英尺深的地下，由于成本原因，外部保护也取消了。

我表示，如果能获得更多的军事休假，我也愿意接管科隆和韦尔维耶线路的建设，并且正式请我的朋友威廉·迈耶以后做我的工作助手，此前他一直在闲暇时支持我的工作。这两个要求都得到了满足，所以在 1848 年秋天，这条线路的铺设工作在多个点同时开始。迈耶具有很强的组织意识，特别适合领导需多方协调的工作。在穿过易北河和莱茵河时出现了一些困难，那里航运繁忙，因此有拖曳锚对线路造成损坏的隐忧。这种危险在莱茵河跨越口处尤其严重，因为几乎整个河道跨度上的线路都受到锚和渔民设备的威胁。用在易北河和小河跨越口的铁丝编织网对莱茵河来说看来无效，因为船长和渔民的设备上的尖刺能够穿过铁丝网碰到绝缘线并造成损坏，并且包裹的电缆还不足以抵御大型船只拖锚的伤害。因此，我专门为横跨莱茵河安装了一条由锻铁管制成的链环，绝缘线穿管而过，而管链则由一系列重船锚构成的锚链来固定，以抵御顺流航行的船只拖锚的伤害。第一条带有外部保护管的、长的水下导线保护得非常好。多年后，当建成坚固的铁路桥后重新回收这条线路时，保护链上挂满了船锚。这些船锚钩到了保护链，船只无法挣脱，只能剪断锚链脱困。这表明，这条链足够坚固，起到了应有的保护作用。

从科隆经亚琛到比利时的韦尔维耶的线路建设相当困难，也很有启发性。在韦尔维耶，该线路与当时已经开始的从布鲁塞尔过来的地上线路连接在一起。在这里要经过许多隧道，其中的线路要用固定在隧道壁上的铁管来保护。在大段的铁路路基上，埋线沟必须使用炸药爆破来完成。

在这条线路的建设过程中，我认识了经营科隆至布鲁塞尔之间的鸽子邮局的企业家——路透（Reuter）先生，他利润可观的生意被电报的安装无情地摧毁了。当陪同丈夫旅行的路透夫人向我抱怨他们的生意被毁掉时，我建议这对夫妇去伦敦，设立一个电报代理机构，就像此前提到的我堂弟西门子司法委员通过沃尔夫先生在柏林设立的那样。路透夫妇接受了我的建议，并取得了巨大成功。伦敦的路透社电报所及其创始人——富有的路透男爵，如今已世界闻名。

当同时完成的比利时电报线与韦尔维耶的普鲁士电报线连接成功时，我收到了去布鲁塞尔的邀请，给利奥波德国王（Könige Leopold）讲授电报。整个王室成员都聚集在布鲁塞尔宫，我给他们做了一个长长的演讲，其间还做了实验，他们听得全神贯注，理解得也很快，讲演之后相关的深入讨论证实了这一点。

现在我要选择我未来的生活方向。军事部门此前很不情愿地批准了我在商务部的延期服务，并明确地表示不会再次延长。我的选择是：要么回到部队继续服役；要么转到国家电报公司工作，在那里我会得到一个高级技术员的职位；要么辞去所有雇用工作，完全投入到个人科技活动中来。

我选择了最后一项。在经历了波折迭起和成功的生活之后，我完全不可能重返军队。政府工作对我根本没有吸引力，它不能缓解等级和权力阶层之间的压力；也没有让人易于承受的合作精神；它也缺乏那种与军队惯有的粗暴相协调的、毫不修饰地坦率。短暂的公务员工作经历让我产生了这样的观点。只要我的上司对电报一无所知，他们就允许我自由工作，仅限于干涉重要的财务问题。这种情况很快发生了变化，我的下一个行政上司——政府候补官员，后来的政府专员和建筑专员诺特博姆，在工作期间掌握了专业知识——把不需要的人指派给我，做出了我认为有害的技术指令。总之，有了摩擦和分歧，破坏了我工作的乐趣。

除此之外，在铁路路基松散的土壤中没有保护管的绝缘线路的弱点已经开始表现得非常明显。一些绝缘故障难以发现和排除；在绝缘性没有降低的情况下也发生了导线短路，通常只持续几个小时，因此很难确定其短路位置。大多数情况下是没有经验的人负责查找和修复错误，他们通过切断线路来排查错误，并且由于笨拙的挖掘和连接引发新的错误，这些又成为我和这个系统的负担。尽管如此，人们还是几乎盲目地信赖此类越来越新的系统。这很可能与当时的政治条件有关，人们要求迅速建立全国性的电报网络，即使导线依然不耐用。用铁管或缠绕铁丝对线路进行外部保护，就像我在莱茵河口建议的那样，科隆公司已经开始在我的建议下制造这种保护装置，但是成本太高，实施起来太慢。因此，这些早期的实验设备都是临时性的。

我与朋友哈尔斯克共同创办了电报设备工厂，有不少事情是我亲自参与的，在他的精明领导下，取得卓尔不凡的成绩，获得人们极大的认可。人们认识到电报对现实生活的重要性，特别是铁路管理部门开始安装用于消息和信号服务的电报线，以提高铁路的效率和运营的安全性。同时，出现了大量有趣的科学和技术问题，当然我觉得自己有责任解决这些问题。因此，我的选择是毫无疑问的。1849 年 6 月，我申请退役，很快又辞去了普鲁士国家电报局技术负责人的职务。我的朋友威廉·迈耶与我同时退伍，在我的建议下这一职务由他担任。

我服兵役 14 年，由于当时的晋升机会少，我以少尉军衔服役时间已过半，根据惯例，我以中尉军衔退伍，“允许穿军官制服，戴退役军人的特定徽章”。但是，我放弃了在军队服役 12 年以上应得的退役津贴，因为我觉得自己很健康，不想提交相应的残疾证明。在我的辞职申请获得批准的同时，军队还对我申请中的一个语法错误进行了批评。那时，政治上的倒退已经变得非常明显，因为我在丹麦战争中表现出的德意志情怀，导致我受到统治阶层的谴责。

尽管我服兵役的最终回报很低，但是回顾我的军旅生涯，我还是相当满意的。我最愉快的青年记忆都与它有关，它为我的人生铺平了道路，并且通过我所取得的成功让我有信心为更高的人生目标而奋斗。

尽管我的工作和抱负并没有因离开公职而发生根本改变，但它确实给了我一个更坚定的，完全关乎我个人努力的方向。现在，对于我来说就是通过勤奋努力将带有我名字的生意提升到尽可能高的水平，并且在世界上赢得我作为科学家和技术专家的个人荣誉。虽然我完全倾向于科学研究，但我认识到首先要把所有的精力都投入到技术工作中，因为它们的结果应该能为科学工作提供助力和机会，后来证明的确如此。

在这个繁忙的时期，我的科学和发明活动几乎完全由技术需求决定。例如，地下线路的充电现象在当时非常令人惊讶和困扰，需要详细研究。此外，还需要建立一个系统，通过线路末端的电流测量来确定地下线路中线路故障和绝缘故障的位置。电流测量的不确定性导致需要用电阻测量代替，从而建立固定的、可重复的电阻大小和电阻量度。为此，必须改进测量电流、电阻的方法和仪器，使其适应新技术应用。简而言之，一系列科学研究项目的出现，来源于解决这些问题的技术需求。

只要公司的技术工作安排允许，我就带着特别的偏好投入到这些任务中来，而我的合伙人哈尔斯克则以他的制造技术和机械天才为我提供有力支持。从那时起，电报设备和辅助设备的大规模改进（这要归功于我们的车间在哈尔斯克的指导下扎实而精确的实施）很快在电报技术中获得了普遍认可。西门子－哈尔斯克公司对电报系统的发展产生巨大影响，很大程度上是由于精细工人由精密机械师充当，而不是像过去那样由钟表匠来充当。

当时我没有时间在科学和技术期刊上发表文章，专利申请也不多。当时德国专利法还不存在，在普鲁士，专利被相当随意地授予三到五年的时间，因此没有实用价值。因此，在大多数情况下，我们当时所做的发明和改进都没有公布或获得专利授予的原始证明。

这一问题在好些年前曾经备受关注。在美国发现有人声称自己是地下线路的发明者，特别是那些压制古特胶绝缘的线路，并且声称对过去 25 年的技术拥有专利权，这会给美国电报公司带来相当大的损失。该公司派了一个由其主任埃克特（Eckert）“将军”领导的特别委员会前往柏林，从印刷出版物中寻找证据，证明我在 1846 年已经生产出用古特胶包覆成型的导线。我不得不回复这位先生的书面询问，没有找到任何相关的出版物，但总参谋部委员会和后来的电报局的档案中包含了完整的证据。然而，这对于打官司来说是不够的。美国人现在选择了另一种非常实用的方式来获取有关此事的文件资料。他们在许多德国报纸上登广告，宣称他们将为 1847 年关于安海特铁路的路基上铺设地下电报线路的报道支付一笔可观的费用。这很有帮助。仅仅几天后，带有所需描述的剪报从德国各地纷至沓来。委员会祝贺我成为不容置疑的古特胶导线的发明者，然后委员会返回美国。然而我所期待的专家报告并没有在美国发表，正如人们所说，因为与相关发明人的妥协给公司带来了更大的利益。

在德国，修建美茵河畔的法兰克福和科隆的线路以后，地下线路铺设成为潮流。从柏林到汉堡、布雷斯劳、柯尼斯堡和德累斯顿的国家电报线路是埋在地下两英尺深、没有保护的电线，而且铁路公司也愿意建造这样的地下线路，但是，这些线路即将消亡的迹象日益增加，特别是老鼠破坏的现象越来越频繁。在第一条线路上，这些线路铺设在沙质铁路路堤上一英尺半到两英尺深。超过两英尺深的导线，起初还算安全，但后来它们也受到了破坏。

我当时相信铅涂层可以完全解决这种问题。为了给导线涂上铅，我最初是这样进行的，铅管被拉直，然后用鼓风机将 1 根麻线吹过，在它的帮助下，将古特胶绝缘线拉入管中。然后将管子穿过模具，使其与导线的绝缘层紧密结合。后来，当铅加热到特定温度并持续保持时，可以将铅管直接压在绝缘线周围。热电装置克服了连续控制该温度的困难。

在 19 世纪 50 年代初期，我和哈尔斯克铺设了许多带有外部铅护套的线路。例如，我们为柏林市的警察局和消防队建立的电报服务系统。这些铅外包线路多年来一直运行良好。它们逐渐被电缆线取代，但直到 40 年后的今天，完美的铅包线路仍然存在。只有当铅与土壤中腐烂的有机物接触，从而易于形成铅的醋酸盐和碳酸盐时，它才会迅速损毁。

刚才提到的警察和消防队电报是将分布在柏林市内的 50 个站点与警察总部的中央办公室和消防队的中央办公室连接起来，以便将火灾警报同时传达给柏林的所有站点。同时，警方的通知只能在总部接收。我们的设施非常令人满意地解决了这个有趣的任务，并且已经完善且安全地运行了 20 多年，但后来被更简单的莫尔斯电报系统替代。

在德国，莫尔斯电报机因罗宾逊（Robinson）先生而为人所知，1847 年他在汉堡展示了一台莫尔斯电报机。莫尔斯电报机非常简单，学习字母表相对容易，每个学会操作它的人都感到自豪并成为它的拥护者，在短时间内取代了所有指针和老式字母按压机器。哈尔斯克和我立即意识到了基于手工灵巧性的莫尔斯电报机的优越性，因此我们的任务是尽可能在机械上改进和完善该系统。我们为设备提供了自行调节运行速度的装置、可靠的磁系统、可靠的接通和转换装置、改进的继电器，并引入了完善的转换系统。这包括一个设备，通过该设备，在电报电路中循环的所有电流都会自动传输到配备自有电池的相邻电路，因此整条线路被分成几个独立的电路，不需要中转站的电报员直接在终端之间通话的帮助。

1847 年，我已经为我的指针 - 按压电报设计了这样一个转换系统，并将我为此目的制造的一种设备，即所谓的中继器，给总参谋部的一个委员会做了演示。然而，只有通过应用到莫尔斯电报机上转换才获得了它的全部意义。第一次运用在柏林－维也纳线，并且在布雷斯劳和奥德贝格设有转换站。这里应该提到的是，该设备后来由教授施泰因海尔（Steinheil）博士接管，他当时是奥地利的电报局局长，他在写入设备驱动器上接入自动装置，使得性能得到了极大的改善。

长期以来，铁路部门一直坚持使用自中断指针电报。然而，在这个系统中，我们无意中培养了一个竞争对手，以后带来了很多麻烦。克莱默（Kramer）博士是诺德豪森的一名教师，那个时候他向电报委员会提交了一个由钟表匠制作的小型惠斯通指针电报机。克莱默设备的远程性能不如我的自动中断指针电报，因此被委员会拒绝了。然而，好心的冯·埃策尔将军和我都为这个可怜的人感到难过，因为他把所有的积蓄都用来制造这个设备了，但委员会对此没有资金支持，我决定用 500 塔勒买断克莱默的设备。然而，仅仅 6 个月后，克莱默带着一个新仪器出现了，他在其中使用了我的自中断系统，并且做了改善：他使用表的发条机械地移动指针。当时的专利局认为自中断系统的应用并不构成拒绝授予专利的理由。这种克莱默的指针式电报机，尽管构造简单，但像我们的设备一样自动运行，而且运行良好，同样可靠，因此对我们造成了很大的损失。

自从进入这个行业以来，我的时间完全被工厂的建设性工作和我公司承办的许多铁路电报装置所占据。然而，在1849—1850年的冬天，我找到了一段空闲时间，来整理我对电报线路和设备的经验，以便出版。1850年4月，我向巴黎科学院提交了《电报备忘录》（*Mémoire sur la télégraphie électrique*）。对我来说，一个幸运的巧合使这成为可能，我在巴黎遇到了我的朋友杜·博伊斯-雷蒙德，他要向科学院提交自己的作品，并在我的论文的法语修订方面给予了友好的帮助。每每回忆起紧张的、对我来说最新奇和富有启发性的在巴黎的这4个星期，我仍然非常高兴，与杜·博伊斯住在一起，与最著名的巴黎科学家交流。普莱特（Pouillet）和雷尼奥（Regnault）是科学院任命的委员会成员，负责审查我的工作。雷尼奥在一次科学院会议上报告了我的论文，杜·博伊斯和我被正式邀请参加。反对者是勒韦里耶（Leverrier），他支持的是贝恩（Bain）的电化学电报，该电报也提交给了科学院。然而，首席秘书阿拉戈（Arago）叫停了勒韦里耶的反对，他对将论文提交到科学院表示感谢，并决定将其收录到《外国科学家论文集》中。

世界一流科学机构的杰出成员对我在电报领域的第一部作品的公开审查，给我留下了深刻而令人振奋的印象。反对这种对科技成果进行官方审查的理由有很多，它形成了一种官方认证，很容易损害科学的自由发展，只有通过可行的完全公开的会议审查，科学才能得到有益和强烈的激励。

通过我的《电报备忘录》被收录进《外国科学家论文集》，以及同年在波根多夫的《年鉴》上发表的论文《论电气线路与设备》，完全再现了备忘录中关于地下线路的内容，我在某些科学和技术成就方面的优先权得到了无可争议的确立。尽管如此，后来一些人对于其中一些成果从其他方面提出了一些不合理的主张。这导致我对最近越来越明显的国际文献缺乏保护的问题发表了一些看法。首先，我们必须承认，在过去的几十年里，要全面浏览大量不同语言的科学和技术出版物变得越来越困难，实际上几乎不可能。这是很自然的，那些将全部兴趣投入到自己工作的人，尤其是那些积极参与我们科学技术进一步发展的人，很难有闲情逸致去深入研究在相同或应用领域工作的其他人的成就，即使他们已经掌握了相关语言，并且他们通常不大愿意关注过去。作为这方面的一个例子，我想用有史以来最聪明、最有创造力的物理学家法拉第为证。他是在古特胶发明多年后才知道压制古特胶绝缘的电缆，当时英国开始把它们用作海底电缆，绝缘导体的外部保护是在导线周围缠绕铁丝。法拉第在这些电缆上观察到令人惊讶的电荷加载现象，这促使他发表了一篇文章。然而，当杜·博伊斯－雷蒙德不加评论地寄给他一份我已提交给法国科学院的备忘录时，法拉第毫不犹豫地发表了他工作进展的第二篇文章，在其中他引用了我论文的相关内容，并宣布我对现象的观察和解释拥有毋庸置疑的优先权。其他英国作者，如惠斯通、詹金和其他许多人，当然没有注意到法拉第的这些声明或我发表的其他文章。

在德国，先前有一个好的传统，在叙述自己的科学或技术发现和发明之前，先陈述前人在走过的道路上的成就，由此对所描述的进展进行历史排序；不幸的是，这一传统在其他国家从未以同样认真的方式实施。迄今为止，德国人比其他国家的人更能承认他人的工作，并始终将自己的成就与前人的成就联系起来，这给德国人带来了荣誉。外语知识在德国比在其他国家更普遍，让这一做法变得相当容易。除此之外，德国科学始终认为对德国人和外国人平等地文献共享是其荣誉职责，而且人们完全希望这种情况在未来也是如此，因此我们将免受论文抄袭的影响。然而，这种抄袭已经在我们身边令人震惊地蔓延开来。

下面我会探讨最近一个时期流行的做法，这一做法让每个人自己确定和捍卫自己的实际或假设的贡献，因为这一过程对其他人来说太难了。在描述我生命中的各个阶段的结尾，我将简要总结那些我认为对科学技术的进一步发展具有重要意义的事项，并且确认那些我可以证明的发现、发明或首次应用的优先权。当然，我不可避免地会在这里或那里重复在另一个地方已经说过的话。如果我偶尔犯错，或者没有充分考虑别人先前的主张，我请求大家能宽容。

对于发表我的《电报备忘录》及在波根多夫的《年鉴》发表相关文章的这个时期，我将做一个概述。因为其中最重要的直接介入我的生活的部分，我已经做了详细的叙述。

当我在 1842 年申请我的第一个普鲁士专利时，德国还没有电镀金或银的方法。我用我所知的金盐和银盐进行了试验，除了次亚硫酸盐，还发现了适用的氰化物。只有前者获得了专利，因为当时埃尔金顿关于使用氰化物盐的英国专利已广为人知。尽管从次亚硫酸盐中获得了金和银的精细沉积物，但氰化物随后占领了这个领域，因为它们的溶液更稳定。

我弟弟威廉得到的任务是制造一个调节器，它能够精确地调节一个连接着水轮的蒸汽机，使水轮始终能够输出全部功率，但蒸汽机则一直提供所需的额外的功率，这让我有了所谓差分器的想法。它用一个自由摆动的圆形摆来产生一个完全均匀的旋转，并由此推动一个穿过摆体的螺杆转动，而一个安装在螺杆上的可移动螺母推动要调节的机器以同样方式转动。螺母必须在螺杆上左右移动，只要它比螺杆转动得快或慢，就可以完美地调节机器的速度，当机器的速度与圆摆精准相同时，螺母立即停止移动。根据这一原理设计的差速调节器或“精密调速器”——这是威廉后来在英国所称的名字，他在应用上改进并基本上完善了它，但在机器产业中未能普遍推广，因为它不像后来得到了很大改进的瓦特调节器那样简单和便宜，但他在差速器中添加了一个有益的构造元素，我们以最为多样化的形式推动了差速调节器的发展。

对子弹速度精确测量的研究——莱昂哈特巧妙的时钟并没有完全解决这个问题——让我意识到，只有不需要让物体运动起来和静止下来的方法才能实现这一目标。这让我有了使用电火花来解决这一问题的方法。我的建议如下：让一个尽可能快速且均匀转动的抛光钢圆柱体边缘的子弹细小尖端迸发出电火花，通过这些火花印记的间隔和圆柱体的已知转速，来计算子弹的速度。这种借助迸发的电火花在抛光钢圆柱体上烧出或者通过烟熏的钢表面的印记来测量子弹速度的方法被完全保留下来，直到今天仍然用于测量步枪和炮管弹头的速度。

1845 年从威廉兄弟那里收到的斯特林热机的描述引起了我的特别兴趣，我有了一个想法：将一次操作中未使用的热量储存起来，以便在下一次操作中重复使用。在我看来，这就是一个刚打开的，通往一个仍然未知的科学技术领域的大门。这一领域出现在这样一个时代——这个时代对于所有自然力量的全部因果关系的思想，贯穿和引导着当今科学，在人们的潜意识中占主导地位，直到不久前迈耶和亥姆霍兹将其提升为科学共识。斯特林热机促使我发表了文章《论热空气作为动力的使用》，对热机中的热循环和做功的热当量原理做了清晰的阐述。然而，我认为这篇文章的主要贡献在于它激励了我的弟弟威廉和弗里德里希后来在热机领域的开创性工作。

在我 1846 年的第一部指针式电报机中，设备本身和报警器上都应用了电流自中断的原理。该原理主要是通过插入一个可移动的接触件（所谓的滑块），根据需要来增加众所周知的内夫锤的电枢冲程。我的基于这一原理的指针－打字电报机与当时已知的惠斯通电报机的不同之处在于它们是自动运行的机器，它们彼此同步运行，直到按下其中一台机器上相关字母的字母键而停止，之后所有其他机器同样在相同的字母上停顿下来，打字机也会把这个字母打印出来。对该设备的描述，以及我在 1850 年之前对电报线路和设备的大部分进一步发明和改进的内容，都包含在我的文章《电报备忘录》中，并已转交至法国科学院。在这里，我非常乐意把最重要的科学和技术进步做一个概括性的汇总，它们的出版确保了我的优先权：

· 在规定幅度的每个电枢行程结束时引入电流的自中断。也可以说，通过与蒸汽机滑块相应的机制来增加内夫锤的冲程大小。所有没有发条的自动电警报器和许多其他结构都基于这个原理。

· 实现两个或多个电机的同步运行，即只有在所有自中断再次闭合时才能开始新的冲程，也就是所有接通设备的电枢运动全部完成。

· 用古特胶包覆成型生产用于地下或海底电报的绝缘电缆。

· 制造机器，将古特胶包覆成型在电线周围，以实现无接缝绝缘。

· 发现地下或海底绝缘导体上的电荷现象，并建立开放和封闭线路的电荷定律。

· 确定地下线路的导线和绝缘故障位置的方法、测量和公式列表。

与此同时，那些没有外部保护的地下线路，以及带有铅保护的地下线路，在德国境外的使用越来越广泛。在其他国家，如俄罗斯也采用了相同的系统，并通过地下线路将圣彼得堡与莫斯科连接起来。然而，在普鲁士，在第一条线路建设后不久地下线路就出现了恶化，并且趋势不可阻挡。这种情况最终导致线路完全损坏的原因已经提到了。由政治局势决定的近乎病态的努力，导致以最快的速度和最小的成本建立覆盖整个国家的地下线路系统，这使得导线无法配备配件并被埋得足够深，以保护它们免受工人的损坏和啮齿动物的攻击。用带铅皮的线来代替被证明无效，因为啮齿动物甚至吃掉了保护铅套。此外，缺乏经过适当培训的人员来维护线路网络的有序运行，并能在不损坏整个系统的情况下排除和解决问题。对故障的笨拙的查找和修复导致了无数新的焊点，又用加热的古特胶这种非常原始的方式将这些焊点包裹起来，导致新的问题不断出现。因此，人们担心地下线路很快将完全无法使用。

这种悲观的形势促使我写了题为《普鲁士地下电报线路的经验概述》的一本小册子，在其中我指出了当前的危险并提出了改进线路的建议，同时强力驳斥了当时各方对我在线路系统崩溃时所担负的责任的指责。很自然，这本小册子的出版使我与普鲁士国家电报局产生了分歧。事实上，几年来，与它之间的所有联系，无论是我个人还是我的公司，都完全停止了。普鲁士国家电报局的所有订单都从我们这里撤回了，甚至将我们设计的装置被作为样机转交给其他制造商。这给我们的年轻企业造成了严重的危机，它刚刚成长为拥有数百名工人的工厂。幸运的是，当时铁路电报和铁路本身国有化程度都不高，铁路电报为我们的产品提供了一个独立的市场。但是与国家电报局的决裂也极大地促进了我们转向国外，在那里寻找产品销售和更大发展的机会。

我下面必须要报告海外业务，由于我的弟弟在我公司的海外业务中扮演着非常重要的角色，所以在此之前，首先回顾一下这一时期我的家人，尤其是我的兄弟们。

相当有名的英国作家威廉·波尔（William Pole）先生详细地描述了我弟弟威廉的人生，非常细致和认真地使用了他可以得到的所有资料。因此，在下文中，我只需要讲述他生活中那些对我自己生活有后续影响的事。首先，在这里我想说的是，我与威廉一生保持着紧密的通信和私人交往，这对我们双方都很有帮助。我们分享我们生活中的所有重大事件、新的计划和目标，讨论我们有分歧的观点，如果我们不能通过书信达成一致，那么下一次当面讨论也会友好地取得共识，通常我们每年有两次会面。我在自然科学方面的造诣较深，而威廉则更多地成为一名技术专家和实际的工程师，这一情形使得我们相应地赋予了对方一定的权威，使得我们的合作变得更为轻松。事实上，我们并不嫉妒对方，而是很乐意帮助对方在各自的国家得到更多的认可，这一点强化并确保了我们良好、融洽的关系。

1846 年推广我们的发明合作业务取消以后，威廉加入著名的英国机械工程学院担任工程师，最初是为了维持生计。“猫不会放跑老鼠”这句德语谚语说得没错，没过多久，他和我一样，再次深深沉浸到自己的发明之中。但现在我们之间的不同之处在于，我仅限于解决电报和一般电学理论在实际生活应用中出现的众多问题，而威廉更偏爱艰巨的热力学问题。特别是，他为自己设定了一项任务，即通过引入蒸汽机中的热发生器来规避斯特林在敦提设计热空气发动机时遇到的难题。这些循环蒸汽机、循环蒸发器和循环冷凝器的实验占用了他多年的时间和资源，他的设计却没有在技术上得到普遍认可。幸运的是，他以实用的方式成功地解决了一个我在柏林也花费很长时间没有完全解决的问题，即水表问题。获得专利的西门子－安德森反应式水表多年来一直占据市场主导地位，并为威廉带来了丰厚的收入。直到后来，它们才被柏林人设计的冲击式水表或旋流式水表所取代，威廉随后也采用了这种设计。

我们柏林工厂的电报和其他电气设备取得了良好进展，得到人们高度认可，我们的设计受到各方的欢迎，表明威廉与西门子－哈尔斯克公司建立业务联系势在必行。他首先成为该公司的代理，以便为英国的订单供货，并且他非常擅长让英国技术人员关注柏林公司的产品。1851 年夏天，在伦敦举行的第一届世界博览会上极大地促进了这一点。西门子－哈尔斯克公司为博览会提供了丰富的展品，得到了普遍认可，并为公司赢得了最高奖项——理事会奖章。

我的弟弟汉斯和费迪南德继续从事农业。在放弃了

“西门子－哈尔斯克电报机制造公司”信笺抬头，约 1853 年

梅岑多夫土地的租约后，他们来到了柏林，在这里兄弟们逐渐聚集在一起——除了威廉之外，他们两个很快成功地在东普鲁士庄园找到了合适的职位。

弗里德里希很年轻的时候就从吕贝克出海了，几年来，他乘坐吕贝克的帆船参加了一系列大的海上航行。这在一定程度上满足了他最初对航海无法抑制的迷恋。有一天他给我写信说，他非常渴望学习一些东西。于是，我让他来柏林，以便通过私人补习为他进入海员学校做准备。他学习的热情很高，进步也很大，很快就对我的研究和实验产生了浓厚的兴趣。最后，他对这种新的精神生活的兴趣非常大，以至于航海对他的吸引力（他已经完全了解了航海生活中的问题）被新的东西取代了。此外，衣着、生活方式和气候的彻底改变让他患上了风湿病，他只能艰难地承受。此后，他开始支持我的技术工作，并渴望填补海员生涯给他造成的巨大的知识空白。

接下来是我的弟弟卡尔，他和弗里德里希一起在我们父母去世后的头几年跟着吕贝克的戴希曼舅舅生活，然后在柏林完成了学业。在那里，他很早就参与了我的工作，并在我的第一个技术工作中成为我忠实且始终可靠的助手，特别是他和我共同安装了第一条地下线路。

我已经提到过，我的弟弟威廉、弗里德里希和卡尔在1848年春天跟着我去了基尔和弗里德里希索特。复活后的强大的德国民族意识弥漫全国，也让他们非常兴奋。我委托威廉建造和指挥炮台，该炮台是我在弗里德里希索特要塞对面的拉博建造的，而弗里德里希和卡尔作为志愿兵加入新组建的石勒苏益格－荷尔斯泰因军队直到停战。利用这个机会，我们商定弗里德里希应该在威廉的指导下在英国继续他的技术教育。卡尔进入柏林附近的一家化学工厂工作，但是他很快就离开了，帮我修理电报系统和线路。1851年，他和弗里德里希代表柏林工厂参加了伦敦世界博览会，并熟练地与他们进行了有关的商业谈判。后来我们在巴黎成立了一家由他管理的分公司，虽然没有带来预期的成果，但对他的社会教育和业务培训起到了很大的作用。

两个最小的弟弟沃尔特与卡尔·冯·吕贝克（Karl von Lübeck）同时来到柏林，并在这里上学。我把奥托送到了哈勒的学校，因为我没有时间亲自深入关注他的教育。

在我们的两个姊妹中，年长的玛蒂尔德嫁给了基尔的希姆利教授，她已经是一位拥有一群漂亮孩子的幸福母亲。她总是真诚地和我分享她对兄弟姊妹的关心，并尽可能试图补偿早早就丧失的母爱。如前所述，我最小的妹妹索菲在父母去世后被吕贝克的戴希曼舅舅收养。19 世纪 50 年代初，戴希曼决定全家移居北美。促成这一决定的主要是政治原因。在德国和奥地利的革命被镇压之后，石勒苏益格 - 荷尔斯泰因被抛弃，以及普鲁士备受屈辱，绝望的气氛笼罩了德国。当时俄罗斯帝国的力量似乎很强大，以至于拿破仑在圣赫勒拿岛所说的，50 年后欧洲要么是共和化要么是哥萨克化的论断近乎成真。人们相信他的话已经在后一种意义上实现了。虽然我自己也对我们政治形势的悲剧性转折深感压抑，但我仍无法赞同这种悲观的观点。因此，我不仅拒绝了舅舅提出的和他一起去美国的恳切要求，而且还试图阻止我妹妹移居美国。特别是，在她的官方监护人埃肯格伦先生的积极支持下，我不同意索菲妹妹移民。不幸的是，我们无权阻止索菲，因为她被舅舅正式收养了。

在这种危机情况下，爱神赶来帮助了我们。吕贝克年轻的法学家，克罗姆（Crome）博士，满心欢喜地关注着这个渐渐长大的邻家女孩，想等到她成年以后向她求婚。然而计划移民的骇人消息让他提前做了决定。他向这位刚刚 16 岁的姑娘求婚了，在养父母离开前不久，他们举行了婚礼。我们年长的兄弟姐妹对此非常高兴，并从不后悔。据说年轻的新郎在结婚的最初几天醋意十足，因为年轻的妻子刻意锁住了她衣橱的某些隔间，甚至在他不经意间进来的时候，还急切地试图隐藏她手里正在忙的事。但随后，在他强烈的请求下，她流泪向他坦白，那是她最喜欢的洋娃娃的新衣服，仓促的婚礼让她没有及时完成这些衣服的制作。

值得一提的是，兄弟们的一些与生俱来的性格特征，早年就显现出来，一直到老年都保持不变，为他们的人生道路指明了方向。对于与我紧密相连、共同生活和奋斗的威廉、弗里德里希和卡尔 3 兄弟来说尤其如此。

还是一个孩子的时候，威廉就爱内省，或许还有些内向。他对家人非常依恋，但向来不想被人发现这一点。他从小就志向远大，略微有些嫉妒心。当年龄紧随其后的弗里德里希依仗母亲、外祖母和兄弟姐妹对他的偏爱而吵闹时，威廉对这位小竞争对手产生了深深的恨意，这种嫉妒我相信在他身上从未完全消失，尽管后来他多次表现出兄弟姐妹间的友爱，互相帮助。他的头脑非常清晰，领会意图很快，总是知道如何轻而易举地跟上别人的思路，掌握所学东西的精髓并将其灵活应用。他从一个好学生理所当然地成长为一个思维逻辑化、头脑系统而富有条理的工程师和商人。他在英格兰取得的巨大成功主要归功于他独特的天赋，快速、轻松地从对他敞开的德国科学宝库中获得暂时具有实用价值的东西，以及更多的天赋——掌握现有的科学知识，并且总是能在其中立即发现所面临的技术问题的支撑点，应用科学的杠杆来推动或解决它们。然而，还有一个重要原因：他来到英国的时候，科学教育只是非常零星地出现，尽管程度很高，而且那里仍然缺乏科学与实践之间的紧密互动，就像在德国一样。通过这种方式，他不仅贡献了自己的聪明才智，而且还积极有力地参与到高度发达的英国科技的社会生活，为它乃至整个英国工业做出了根本性的贡献。

在还在世的兄弟姐妹中，年龄紧随其后的弟弟的精神气质与威廉几乎截然相反。弗里德里希不是个好学生。一直以来，他都很难跟随别人的思路走到最后；他从小就是一个出色的观察者，并且有一种天赋，总是将他的观察联系在一起，使人易于理解。为了真正理解和吸收他人的想法，他必须自己重新发明或深入思考它们。这种牢固的、自发的和不受影响的思考和训练天性让他有了冥想者的特色，他的工作具有鲜明的独创性。弗里德里希是一位天生的发明家，最开始他只是有发明的想法，即使最初是一种在冥想中出现的非常模糊、不清晰的东西，但他都以永不休止的精力和孜孜不倦的勤奋来审查这个思想的基础，在此过程中获得任何他所欠缺的知识，并最终要么将他的想法视为错误或无法实现而放弃，要么将它完善成一个有用的、近乎完全原创的发明。此外，弗里德里希永远做不了外交官，也不是一个谨言慎行的商人。他总是沿着一条笔直的道路前行，现在还是，这条道路的方向完全由他天生的友善和热心的品质决定，通常也把他带到他期望的目的地，因为他总是对之深思熟虑并为之尽自己最大的努力，直至到达终点。

我要宣布比弗里德里希稍小的弟弟卡尔是我们所有人中最正常的。他总是忠诚可靠、责任心强，是一个好学生，是一个充满爱心、无比亲切的弟弟。清晰的眼光和训练有素的头脑使他成为一名干练的商人，并凭借他对技术的深刻理解和对事物的精准把握，成为一名杰出的企业领导者。卡尔是把我们四兄弟真正连接在一起的纽带，他用坚贞不渝的兄弟之情，把原本个性不同的我们永生结为一体。

说到我自己和上面对我弟弟们的性格的关联，我只想说，刚才描述的3个弟弟的所有好的方面和坏的方面我都有不少，但在我特殊的人生道路中这些个性的外在表现被压抑了。做好自己的事和全力以赴一直是我不懈的追求。虽然被人认可让我感到欣慰，但它往往走向反面，我不喜欢以任何方式走向前台，或者是把自己变成接受欢呼的对象。或许我不断努力，不让自己“徒有其表”，让别人认可我的贡献，只不过是虚荣心的一种特别表现形式。我会在文中尽可能克制它们。

第5章

在俄罗斯帝国的商业活动

1852 年是我个人生活和商业活动的重要转折点。

年初，我第一次踏上了俄罗斯帝国（以下简称俄罗斯）的土地。1849 年，我的公司与俄罗斯政府的业务联系已经由冯·吕德斯（von Lüders）上尉开启。他当时受政府委托环游欧洲，考察最好的电报系统，把我们的系统推荐给了在建的圣彼得堡 - 莫斯科线路。由于俄罗斯政府自己承担了地下线路的建设，因此只向西门子 - 哈尔斯克公司订购了设备——指针式电报机和检测仪器。更多采购则需要我在圣彼得堡当面谈判。

我的旅程经过柯尼斯堡，这个地方我已经向往了很长时间，但我一直没有决定去那里旅行。著名的历史学家德鲁曼（Drumann）就住在那里，他娶了我在克劳斯塔尔的舅舅梅利斯（Mehlis）的女儿，因此与我有姻亲关系。1844 年，德鲁曼夫人去克劳斯塔尔的途中到柏林拜访了我，与她的小女儿玛蒂尔德在那里住了几天。在这段时间里，我全力做好她们的导游，和她们一起度过了非常愉快、兴奋的日子。她们回程又经过柏林，我期待再次见到德鲁曼夫人和她漂亮又聪明的女儿。不幸的是，这一喜悦被极度的悲伤打碎了。

德鲁曼夫人抵达柏林时生病了，几天后在旅馆因肺炎去世。我是她在柏林唯一的亲戚，乃至是这个家庭在柏林唯一她认识的人，因此必须履行家人的所有责任。这个可怜的、孤独女孩无尽的痛苦深深煎熬着我。逝者弟弟（汉诺威的政府官员梅利斯）的妻子很快赶来，让落到我头上的这些艰巨和不熟悉的事宜轻松了一些，但那个痛苦而无助地偎依着我的年轻女孩再也没有从我的脑海中消失。8 年过去了，一开始热络的通信也慢慢冷却下来。在此期间，我弟弟费迪南德与玛蒂尔德的姐姐订婚，并在德鲁曼教授的帮助下在东普鲁士买了皮昂肯庄园。当他要把新娘带回家时，她患上了慢性肺病，尽管有她唯一的妹妹精心照顾，多年的严重病痛还是夺去了她的生命。现在是我完成一个多年夙愿的时候了，还不会打破我之前的决定，即只有在我自己的财产允许的情况下才结婚。哈尔斯克将公司经营得很好，我们在柏林买了一块相当大的地产，即马克公爵大街94号，在它的后面建造了一个宽敞、漂亮的车间，而新建成的前楼给我们提供了很好的住所。所以结婚唯一缺少的就是新娘。在我到达柯尼斯堡后不久，在我母亲生日那天，1852年1月11日，我向玛蒂尔德·德鲁曼（Mathilde Drumann）求婚了。这件事我克制了很久，她的肯定回答让我成为最幸运的新郎。

我的业务安排不允许我在柯尼斯堡长时间逗留，因为1月20日我应该到达里加，我们已经在那里架设了一条到波尔德拉港的电报线，用钢缆跨越宽阔的道加瓦河。

那个时候，俄罗斯除了特快邮车没有其他的旅行方式。当然，相对来说，这种方式在干道上很好。平均每隔20～30俄里*在驿道上建造带有马厩的坚固房屋，为人们提供住宿和马匹。如果要使用这些东西，你需要有政府给邮政所长的命令，上面规定了旅行者为特定旅程所用邮政马匹要支付的费用。如果人们有这样的文

* 1俄里≈1068.8米，1平方俄里=1.1381平方千米。——译者注

1880 年前后，位于柏林马克公爵大街 94 号的西门子－哈尔斯克工厂的庭院景观

公司位于旭恩贝格大街的车间很快就变得太小了。1852 年，公司迁至马克公爵大街，直到 1870 年前后，该地无法满足生产要求，部分生产不得不外包。

书——称作“波多罗日纳”——但没有自己的马车，将会得到一辆没有减震、车顶或其他奢侈装饰的小型四轮农用马车，马车由3匹通常还不错的马拉着，中间马拉着车辕，外边的2匹马拉着向外的绳套。在好的“三驾马车”中，强壮的中间马要小跑，而左右侧马则要快跑伴随。一般来说，旅行者用手提箱或一捆稻草作为座位，然后马车飞驰，直到下一站。如果旅行者知道给小费，那么就可以中途休息一下。坐这样的邮车必须事先学习和适应，人必须完全放松地坐在行李箱上，身体大幅度前倾，这样人的脊柱就会像一个弹簧，保护你的头免受因剧烈颠簸所造成的伤害。如果人们不小心谨慎，碰得头痛难忍将不可避免。然而，人们很快就适应了这种旅行方式，它非常刺激，甚至很快学会了在摇摆中沉睡，并本能地用适当的反向动作来抵消道路行进中的所有不适。当两个旅行者乘坐这样的“Telega”*时，他们通常用皮带将两人绑在一起，这样他们的摇晃就会受到控制，他们的头也就不会撞在一起。我还发现，如果旅途不太远的话，这种邮车旅行也还凑合。当然对于邮差来说，要在长达一周的时间里在邮车上昼夜不停地飞驰，

* 这种轻便的四轮马车的俄文称呼。——译者注

可能常常会有致命的危险。

乘邮车到里加的旅程还算愉快和有趣。但那里已经完全是冬天了，人们只能乘雪橇继续前行。俄罗斯的"Kibitken"是一种低矮的、相对短的，用作长途旅行的完全用席子封闭起来的雪橇。内部空间与车夫座位之间用席子隔开，在上面有两个小窗，只有很少的光透过来。雪橇两侧的席子可以翻上去，让人上下，但是相当麻烦。

因为我是第一次到俄罗斯来，完全不懂俄语，所以我不得不在里加找一个旅行伙伴。在一则报纸广告中，一个人说自己有带篷雪橇，并且德语和俄语都很好。旅途中我得知她是一位年长的里加商人的妻子，用这种方式让她年度的圣彼得堡购物旅行变得更为便宜。她用稻草和被褥把雪橇塞得很满，人只能躺在里面，篷顶的席子离脸很近。天气变得极度寒冷，我们离目的地越近，干燥、寒冷的东北风就越强劲，零下 18 列氏度 *（Reaumur）下，任何一件暖和的衣物都被吹透。在那里，我学会了用俄罗斯方式喝大量的热茶，一到车站就

* 1 列氏度约为 1.25 摄氏度，零下 18 列氏度等于零下 22.5 摄氏度。——译者注

喝，这样就能暖和起来。

第三天早上，当我们到达纳尔瓦车站时，我们成了邮政所所长以各种形式敲诈的对象。邮政所所长非常肯定地宣布，继续我们的旅程毫无意义，到圣彼得堡之前所经过的邮政所的所有马匹都被征收了，因为要举办一场盛大的皇家猎熊活动。显然他被我俄罗斯女伴的大声抱怨说动了，最终他提出给我们 2 匹特别强壮的马，当晚就可以把我们送到圣彼得堡。谈妥后，狡猾的所长认为通过编造猎熊活动他已经稳赚了我们前往圣彼得堡的旅费。我们接下来的旅程破坏了他的算计。

我们的车夫是一位没有皮毛外套和保暖鞋的小伙子。我们可以理解他经常停下来，因为他显然需要一杯热饮以免冻僵，最后一次他没有再回来；我不得不爬出雪橇，因为穿着两层皮毛外套，并且身体僵硬得厉害，行动很是不便。然后我在附近的一个小屋里找到了我们的车夫“伊兹沃什奇克”，他手里拿着一杯白兰地酒，小屋的犹太老板形迹可疑，热情满满地一再给他加满酒。当我把玩忽职守的车夫劝回雪橇时，我注意到他和酒屋老板之间有达成默契的明显迹象。所以当后面的事发生时我一点也不意外，在旅程继续后不久，我的旅伴突然大叫，向我喊道：她的行李箱刚刚从雪橇上掉下去了。她能很快发现自己的损失，是因为手提箱被固定在驾座上，挡住了一个小窗户。但是我们在极度狭小的空间里很难让车夫停下来。最后，我捅破了第二个小窗户，抓住车夫，把他从座位上扔下来。幸运的是，我们找到了行李箱；毫无疑问，用来绑它的绳子被人割断了。

很快，马车夫完全醉了，在路上反复把雪橇开进路边的沟里。实在别无他法，我只好爬上驾座，从车夫手中接过缰绳。后者随后就睡着了，再怎么责骂和推搡他都没有用。很快我发觉自己的脚冻僵了，想把缰绳换一下手，却发现两只手都冻僵了，无法动弹，只能用牙齿扯下手套，把雪橇也开到沟里了，雪橇停下来的时候，车夫从驾座上掉了下来，死猪一样躺在我的脚下。接下来我用雪搓他的头，同时也让我的手解冻。过了相当长的时间，我才感觉到手暖和了过来。很快，车夫也活了过来，做了个鬼脸，过了一会儿又开始抱怨和乞求。雪橇拉着行李，我们在雪橇边上徒步，在漆黑的夜色中继续前行，最后到达了克拉斯诺耶塞洛，邮政局局长给我们安排了住宿。第二天早上，邮政局局长草草处理了我们对纳尔瓦邮政所长和伊兹沃什奇克的投诉。他让我们支付了约定好的到圣彼得堡的车费，然后亲手打了伊兹沃什奇克一顿，直到打累了，并把他送回他的主人那里，没给任何报酬，而他则用自己的马把我们送到圣彼得堡。在圣彼得堡，商人海斯（Heyse）[诗人保罗·海斯（Paul Heyse）的叔叔]非常友好地接待了我。我认识马格德堡的海斯一家，我刚入伍的时候在声望很高的文法中学校长海斯（他是一位教育家，一部德语语法书的作者）的遗孀家中，她待我热情和善。圣彼得堡的海斯先生是海斯校长的儿子，他年轻时去了俄罗斯，成为一家名气很大的贸易公司的合伙人。他们仍然是完完全全的德国人，这让我与这个和蔼可亲的家庭的交流轻松了很多，海斯在离他家很近的地方——瓦西里－奥斯特罗岛的附近找了一家旅馆让我住了下来。

圣彼得堡以其宏伟的建筑、宽阔的街道和大广场给我留下了深刻的印象，尤其是有多条支流、宽阔无比的涅瓦河。稀奇古怪的民间生活，宽阔的街道两边高大宫殿与很多小木房子的独特混合，使这种印象更加深刻。冬天的街道上到处都是飞驰的雪橇，几乎没有马车，这给第一次来圣彼得堡的外国人带来非常特别的感觉。语言不通，连街角、商铺上的标牌都看不懂，这会让人感到孤独又处处依赖。相比之下，圣彼得堡的外国人聚居区家庭的热情好客让我倍感温暖，就是那些德国人——精英阶层中来自波罗的海省的人完完全全地保留了他们的德意志民族传统。当时，圣彼得堡的高级管理职位主要由来自波罗的海省的德国人所占据。这使得来圣彼得堡的德国人在社交和商业上取得成功变得非常容易。对我尤其有用的是，经柏林方面的推荐，这里自然科学的学者圈对我敞开了大门。我得到了德国－俄罗斯自然科学最著名人士的友好接待，其中有院士库普弗（Kupffer）、伦茨（Lenz）、雅可比和贝尔（Baer）。

不幸的是，这种愉快的有利于我的商业活动的生活被中断了。一天，我感到很不舒服，我试图通过俄罗斯浴和自己开的药方来恢复，最后还服用了自己搞到的催吐剂，然而都无济于事。幸运的是，在经历了难以言喻的、痛苦难熬的一夜后，我的朋友海斯前来拜访，他发现我的病情很严重，于是派他的医生来看我。原来，我染上了当时在圣彼得堡很猖獗的麻疹，之后又得了严重肾炎。我在病床上躺了几个月，痛苦难当。除却个人遭遇的不幸，我这次旅行对业务的发展是非常有利的。我们接到了建设一条从圣彼得堡到奥拉宁鲍姆的地下线路的订单，并且将这一线路的电缆连接到喀琅施塔得。

1852 年夏天，为了喀琅施塔得线路的建设，以及在俄罗斯另设代理处，我再一次来到了圣彼得堡。在那里，我在优秀的德国商人中找到了卡菲尔（Kapherr）先生——一位非常合适的代理，他的工作和才干为我们在俄罗斯事业的成功做出了巨大贡献。同时，我还与交通和通信部建立了极为可贵的密切联系，该部负责电报线路的建设和运营。

1852 年 10 月 1 日，我与玛蒂尔德·德鲁曼在柯尼斯堡举办了婚礼。在柏林短暂停留后，我们来到莱茵河，接着是巴黎，我的弟弟威廉和卡尔恰好也在那里。经历了多年的忧虑和艰苦，我终于充分享受了新婚的幸福，与兄弟们的密切交往更是增强了这种幸福。我的妻子由于多年照顾病床上她心爱的姐姐，内心备受煎熬。新的幸福一天天唤起了她先前的青春活力，也让我倍感欣慰。我也恢复了健康，过度工作导致的旧疾都消失不见了。

不幸的是，这种幸福的时光在我的生命中并没有持续多久。在生完第二个孩子之后一个月，玛蒂尔德就开

维尔纳·冯·西门子和他的第一任妻子玛蒂尔德，以及他们的儿子威廉（左）和阿诺德（右）

始生病了。可怕的病菌让她的病情恶化，她姐姐就是死于这一种病菌，她很可能是在长期照顾她姐姐的过程中感染的。在赖辛哈尔（Reichenhall）、美兰（Meran）和其他浴场待了一年半后，她好像恢复了活力。结婚13年来，她给我生了两个儿子和两个女儿，在长期病痛折磨之后，她去世了。

1853年春，华沙到普鲁士边境的铁路电报工程委托给了我们。我们向我的弟弟卡尔提了一个建议。他在巴黎的项目失败后于年初回到伦敦，所以我们建议由他来负责这一工程以及后续，并监管在俄罗斯的下一步工作。卡尔表示愿意接受，后来非常令人满意地解决了一些极其棘手的问题，出色地完成了任务。因此我们很庆幸把如此重要的工作交付给他，尽管他很年轻。我们非常感激他的能力和勤勉，正是他让俄罗斯业务发展得如此迅速和辉煌。

当时尼古拉一世统治着俄罗斯帝国，在他的统治下最有权势的人是交通部和通信部部长克莱因米歇尔伯爵（Graf Kleinmichel）。到目前为止，我还没有与这位备受俄罗斯人畏惧的人有过接触，因为谈判是由我之前提到的私人朋友冯·吕德斯上校进行的。1853 年春天，当他病倒，而不得不在德国温泉疗养，我正准备迎接即将到来的卡尔并陪同他前往华沙时，克莱因米歇尔伯爵邀请我去圣彼得堡讨论电报设备问题。像往常一样，我通过俄罗斯驻柏林大使馆申请办理签证。令我惊讶的是，尽管我一再催促，仍然没有拿到签证。当我向大使反映这件事时，他告诉我，按照圣彼得堡秘密警察的命令，不能给我发放签证。因为大使没有告诉我拒绝签证的理由，我所能做的就是写信给克莱因米歇尔伯爵，告诉他我无法按照他的要求前去会谈，因为我的旅行签证被拒绝了。接下来，只用了柏林和圣彼得堡之间信件往来的时间，大使馆的官员就给我送来了办完签证的护照，他多次向我道歉，解释说这是个误会。

几天后，当我在前往华沙的途中到达俄罗斯边境检查站时，我很快发现，尽管说是误会，但我仍然被视为是嫌疑人。在所有旅客办理完手续后，他们对我随身物品的搜查程度远远超出了我的想象。每一张纸，无论是有字的还是空白的，都被没收了。最后向我解释说，鉴于先前搜查的结果良好，如果我交出所有信件，并确保没有携带任何出版物或书面文字，就不会对我进行彻底的身体搜查。当我解释说我想回家，因为我不喜欢这种待遇时，我被告知现在必须带着我的个人物品前往华沙，并在那里等待下一步的决定。我成了俄罗斯帝国的囚犯！

到达华沙后，我把自己的遭遇向奥雷焦（Aureggio）将军诉说了。奥雷焦将军作为华沙－维也纳铁路的负责人，与我的公司签订了铁路电报建设合同。将军答应我通过当时的波兰总督帕斯凯维奇亲王（Fürsten Paskewitsch）来协调这件事。当他问我是否做过、写过或说过什么在政治上受到怀疑的事情时，我只能说，一位俄罗斯国务官员曾多次表示要授予我俄罗斯服务奖章，我回答他说：与奖章相比我更关心的是为俄罗斯建造更多电报线路的任务。当将军告诉总督我的“罪行”时，总督哈哈大笑，并告诉我，他如果在我的位置上，也会有同样的想法。我立即收到了所有个人物品和前往圣彼得堡的护照。与随后到达华沙的卡尔短暂团聚之后，我继续自己的旅程。经过6天极其痛苦的邮车旅程后，我来到了圣彼得堡，然后立即去找克莱因米歇尔伯爵。正如我在华沙听说的那样，他个人担责亲自下令将我的护照归还给我。伯爵非常友好地听取了我的汇报，并查看了我呈交的关于我们迄今为止所有工作的报告。他对我的遭遇非常愤慨，他发现柏林警察局局长欣克尔迪（Hinkeldey）通过我们铺设的警察电报线所发出的证词对我非常有利，这份证词可以得出我在政治上完全可信的结论。他让我把这个证词交给秘密警察局局长杜贝尔特（Dubbelt）将军，“告诉将军，”他说，“我让他看看这份证词，然后您把它带回来给我，我要将它出示给沙皇！”

这个命令让我非常不安。幸运的是，我在华沙的一位生意上的朋友向我推荐了可怕的圣彼得堡秘密警察局的一位高级官员。所以我先去找他，问他我应该怎么做才能既执行伯爵的命令，又不得罪人。我从他那里得知，哥本哈根的一份报告把我描述为一个与基尔的民主教授来往密切的“危险分子”。因此，他们拒绝向我发放护照。显然，丹麦人虽然对我在基尔港布设地雷和建造埃肯福德炮台表示理解，但这些东西让他们感到不舒服。秘密警察局局长在隆重的会见中不仅接受了我的证词，还向我释放了十足的善意，甚至始终愿意为我的事业提供帮助，而且克莱因米歇尔伯爵本人对这一解释也完全满意。

我之所以如此详细地描述我在俄罗斯生活中的这一有趣事件，是因为它很好地反映了当时俄罗斯的状况和权力关系，这对我们的业务活动大有裨益。那时克莱因米歇尔伯爵的权力是如此之大，只要尼古拉一世活着，就没有人敢反抗他。我赢得了伯爵的信任，后来他又同样信任我的弟弟卡尔。如果没有他强大的保护，我们根本不可能顺利地完成他委托给我们的宏大工程。

克莱因米歇尔伯爵毫不掩饰地希望我留在俄罗斯，执行他的进一步计划，但是我无法答应他的这一要求。1853 年 7 月底在我离开时，告诉他我的弟弟很快要来，他在线路建设方面经验丰富，能比我更好地执行他的命令。卡尔在我离开几天后抵达圣彼得堡，他向伯爵介绍自己时，伯爵被卡尔年轻的外表惊呆了。伯爵非常不悦，给了卡尔一个任务，让他提出建议：如何让正在建设中的通往奥拉宁鲍姆和喀琅施塔得的电报线路引入冬宫塔楼，那里一直是通往华沙的光学电报的终点，而不对沙皇的住宅建筑造成任何破坏。

卡尔仔细观察了这座带有尖塔的宏伟宫殿，里面设有光学电报办公室。他发现塔的一个角没有泄水道，而其他的角都有泄水道。带着这个发现，他立即返回伯爵身边，伯爵被他无谓的折腾激怒了，没好气地问他还要什么。于是卡尔向他提出了在没有泄水道的塔角安装与其他塔角完全相同的管道的计划，绝缘电报线就铺在管道里面，这一计划让伯爵很是佩服。他对那些只知道在砖石上敲出凹槽的军官责骂道："现在，一个没长胡子的年轻人来了，一眼就看到这个任务有多么简单！"所以卡尔在第一次露面时就成功地赢得了伯爵的支持，从那一刻起，伯爵就认可了卡尔的权威，给予他和我一样的、无条件的信任。这一点伯爵确实没错。

1853 年秋，卡尔完成了喀琅施塔得电缆线路的铺设，克莱因米歇尔伯爵对此非常满意。这是世界上第一条可供长期使用的海底电报线。它使用的铁丝加固的古特胶线的绝缘表现优异。在铺设线路的同时，线路维护也交给了我们，即所谓的"补偿"。整个工程为期 6 年，在这期间，这条线路只被船锚严重损坏过一次。6 年后它被完好无损地移交给了政府。直到最近，它仍在运行，因此也证明了精心制造的海底电缆的耐用性。

1854 年春，克里米亚战争爆发。我们接到一个订单，要尽快沿着华沙到圣彼得堡架设一条地上电报线，或者更确切地说是到加特契纳的快捷线路，因为已经有一条地下线路与圣彼得堡相连。因此，我于 1854 年 4 月前往华沙，在那里组织了一队工人，他们在贝利茨上尉的指挥下开始铺设从华沙开始的线路。贝利茨上尉是我以前的战友，他也加入了我们公司。然后我去了圣彼得堡，在那里和卡尔一起组织了第二队工人。在他的指挥下从加特契纳开始铺设与贝利茨的工程队相向的线路。这条长约 1100 俄里的线路在几个月内就完工了，令不习惯高效迅速工作的俄罗斯人大为震惊。当两队工人在杜纳堡相遇的时候，在克服了一些困难后，那里的中转站开始正常工作，卡尔得以向克莱因米歇尔伯爵报告线路建设可以在约定的时间完成。伯爵对这个消息非常震惊，不敢相信这是真的。他立即前往冬宫电报塔站的办公室，亲自向华沙站长询问，很快得到答复，他的疑虑终于烟消云散，他非常高兴地将这个好消息报告给了沙皇。

华沙－圣彼得堡线路的成功，坚定了俄罗斯政府用电报网络贯穿整个帝国的决心。我们受委托快速建设了一条从莫斯科到基辅的线路，如前所述，已经有一条从圣彼得堡通往莫斯科的地下线路。然后，我们接连得到了从基辅到敖德萨、从圣彼得堡到雷维尔、从科夫诺到普鲁士边境、从圣彼得堡到赫尔辛基的电报线路工程。这些线路在 1854—1855 年全部完成，期间我们克服了难以形容的困难，为当时处于激烈的克里米亚战争中的俄罗斯带来巨大的帮助。通过电报，俄罗斯得以与柏林和西欧以最快的速度建立联系。在俄罗斯内部，军队和物资的调配可以借助电报来实现，中央政府可以对其进行整体优化和规范。

对于铺设这些线路的困难，人们只要考虑到下面的情况就会一清二楚：除了在俄罗斯采购木制电线杆，其他所有材料都必须从柏林和德国西部运来。而从普鲁士边境到华沙和从圣彼得堡到莫斯科的铁路，俄罗斯当时没有其他铁路，所有道路和交通工具都因战争运输而格外繁忙。此外，从德国港口到俄罗斯港口的重型材料海上运输因为俄罗斯被封锁而困难重重。满载铁丝的船只从吕贝克驶往俄罗斯港口，费了很大的劲才摆脱英国巡洋舰的追逐，逃往梅梅尔 *，从那里通过陆路继续运输货物。

柏林公司忙于采购材料、制造设备和组织运输，因此能为卡尔提供的直接支持很少，铺设线路的全部重担都落在他的肩上。卡尔执行这项工作的主要助手是我以前的勤务兵亨普（Hemp）（他跟着我在石勒苏益格－荷尔斯泰因州服役时非常勇猛）和上尉贝利茨。在柏林，铁路建设不间断地进行，我无法脱身，我不得不多次前往圣彼得堡进行组织干预，并保持我们业务中心之间的正常联系。

1855 年春，我陪着朋友威廉·迈耶（他放弃了当时在普鲁士国家电报局的职位，并已成为西门子－哈尔斯克公司的总工程师和代表）来到圣彼得堡，在这里他停留了较长时间，并组建了建筑管理机构以适应业务的快速增长。我们已经差不多完成任务，当正式考虑返程的时候，一天半夜突然有人来找我，然后暴力地将我带到克莱因米歇尔伯爵的助手冯·盖尔哈特（Von Guerhardt）将军那里。他告诉我，沙皇已下令尽快修建

* 现为立陶宛的城市克拉佩达。——译者注

一条克里米亚到塞瓦斯托波尔的电报线，伯爵希望在第二天早上 7 点之前，我能给他提交费用报价单和完工日期。我担心的是通过从柏林到佩雷科普和塞瓦斯托波尔的唯一开放的陆路路线采购和运输材料的困难，而且也不可能建造一条通往战区的线路，因为所有道路和运输工具都被军队占用了。所有这些困难都被一句压倒性的俄罗斯式话语“这是沙皇想要的！”解决了。事实上，这一次这句神奇的话又证明了自己的效力，线路被建成了。

彻夜工作之后，我早上 7 点整去见将军，发现他 2 个小时前被伯爵叫去，还没回来。8 点过后不久，他回来告诉我，克莱因米歇尔伯爵已经告诉沙皇（沙皇让他在 6 点汇报）：我将在 6 周内把电报线路从尼古拉耶夫铺设到佩雷科普，10 天内完成从佩雷科普到塞瓦斯托波尔的铺设，所需费用与基辅到敖德萨线路的相同。我说这两项任务都不可能完成，在被军事运输阻碍的道路上，仅将电线和设备从柏林运到尼古拉耶夫就至少需要 2 个月。成本自然也会高很多，而且平民尤其是外国人几乎不可能在战区工作。但这些话毫无用处，根本没人听，因为沙皇金口已开！当天，我收到一封官方信函，到目前为止沙皇感谢我们在俄罗斯困难情况下提供的服务，并感谢我们提出迅速建立通往战区必需的电报线路的建议，但鉴于当时正处于战争的困难时期，他希望我们的建设费用能比之前的线路便宜一些。

这对我们来说异乎寻常的艰难，夏天已经过半，在秋天到来之前不可能在当地获得新的材料，并且没有较重的跨河导线，就不可能跨越宽阔而泥泞的第聂伯河。然而，无论如何，沙皇的命令必须尽可能地执行。把电报导线铺设到佩雷科普（它位于连接克里米亚和大陆的海角上）的唯一办法是把其他已经完工线路的剩余材料收集起来，送到尼古拉耶夫，电报线路绕行约 30 俄里到别列斯瓦夫，那里有一座横跨第聂伯河的桥，使得在没有较重跨河导线的情况下也能跨过第聂伯河。在我收到这一消息的那个晚上，我们通过电报与所有俄罗斯电报站通信，并请贝利茨上尉（幸运的是他在尼古拉耶夫）到该电报站搞清楚是否有可能购买到导线杆。贝利茨回答说，他要先问一下犹太木杆商人。于是，他派信差把木杆商人带到电报站。然后一次特别的木杆谈判就此展开。贝利茨报告说，一个犹太人愿意承接木杆的交付，但每根要价 15 卢布。贝利茨答道：“把他赶出去！”

那边回答："是！"另一个人要价 10 卢布。贝利茨回答："把他也赶出去！"那边回答："是！"一群人要价 6 卢布，与他们的谈判继续进行。最终达成了一个可接受的报价，从而确保了木杆的及时交付。

事实表明，现在手头储备的材料几乎能够满足到佩雷科普线路的铺设。而且敖德萨的线路看来是临时的，可以使用细铁丝，这样可以在最基本的层面实现沙皇的意愿。"鉴于俄罗斯目前的困境"，线路铺设所需费用也要降低，我们的办法是绕道贝雷斯瓦夫的必需费用由我们承担。总之，无往不胜的御令这一次也被很好地贯彻完成。到佩雷科普的线路要想按时完成，到塞瓦斯托波尔的线路就要提前完成，以便在预期情况下要塞可以从那里通过电报向圣彼得堡报告。

沿着一条被军队行军和军事物质占据弄得一团糟的道路铺设到被围困的要塞的一条长约 200 千米的线路，这是一项艰巨的工作。我的弟弟卡尔和他的助手完成了这项工作，因此获得了很高的赞誉。当然，在财务上，它花费了建设其他俄罗斯电报线路所赚得的相当一部分利润。

1855 年 7 月，按照沙皇的命令，我尽可能做好了铺设通往战区线路的准备工作，并确信毫无问题之后，想回柏林，因为我的妻子就要第二次分娩了。令我大吃一惊的是，尽管一再要求，我还是没能从警察那里取回我的旅行护照。当我向克莱因米歇尔伯爵抱怨此事时，他向我解释说，在建设中的线路，尤其是到塞瓦斯托波尔的线路完工之前，我不能离开。我所有的抗议都没有用，伯爵不想收回他下达的不签发我护照的命令，所以我在圣彼得堡被“拘留”了一段无法预知长短的时间。

对我来说幸运的是，普鲁士王子来到圣彼得堡，据说是为了就普鲁士在克里米亚战争中的中立地位进行谈判的。我决定利用这个幸运的机会解除我陷入的半囚禁状态。我在王子下榻的彼得霍夫宫向他的第一副官戈尔茨伯爵（Grafen Goltz）陈述了我的困境，并请求王子偶有闲暇能接见我，以便俄罗斯官员看到他是我的保护人。王子以极大的善意和友好接受了我的请求，第二天我就收到了普鲁士大使馆的正式邀请前往冬宫拜见王子。大使接待了我，他带我穿过站满一排排高级将领和官员的前厅，来到王子身边，王子身边还有几位大公和身居高位的权贵。王子对我说话非常友好，内容大意是：我在从普鲁士边境到圣彼得堡的整个漫长路线上修建的电线杆让他很高兴。因为这让他确信自己与家乡紧密连接在一起，他希望对此向我表示感谢。这次会见的效果超出了我的预期。同一天，一名警察来找我，给了我护照，并为他们所犯的错误道歉。在签订线路建设合同的同时，俄罗斯政府还与我们签订了 6 ～ 12 年的线路维护合同，这就需要一个大型的管理部门来保证完成合同。因此，我们将圣彼得堡建设办公室变成了一个独立的分支机构，由我的弟弟卡尔管理，我们也将他作为合伙人纳入到主要业务中。我们在瓦西里 - 奥斯特罗夫线路上购置了一座大型建筑，把与维护相关的大型管理部门搬了进去，同时设立了一个车间，以便快速进行维护。卡尔在 1855 年年底娶了前面提到的，驻圣彼得堡代表卡菲尔先生的聪明、娴雅的女儿，他们也住在那里。和他的岳父一样，卡尔现在已经成为芬兰臣民，以便能够成为第一行会的商人，并因此可以在俄罗斯开展任何类型的业务。

我必须再提及一个对我们在圣彼得堡的新业务非常重要且让我们收益丰厚的情况。克莱因米歇尔伯爵最初将电报线路的守卫工作委托给公路局，并且按俄里计算费用。然而，结果是实际上根本没有守卫或者守卫严重不足。线路出故障或被有意毁坏时通常要经过很多天才被发现，维修需要很长时间，而且维修的效果往往也不够完美，因此电报的可靠服务是永远无法被保障的。因此，伯爵要求我们把线路的守卫工作也接管下来，他愿意把眼下为止支付给公路局的100卢布支付给我们。实际上，我们不可能进行完美的守卫，这样的守卫只能通过当地人进行，他们为我们的守卫不可能超过为政府守卫时的责任心。尽管如此，我们还是接受了伯爵的提议，条件是我们可以根据自己的意愿安排线路的守卫和必要维修。

由于上面的情况，我们完全放弃了实际防护，而是建立了一个相对便宜但被证明非常有效的机械式控制系统①。每50俄里我们就会建立一个护卫亭，将电报导线引入护卫亭，护卫亭里有一个闹钟和一个电流计，它们以接入电路的方式，使得管理员可以通过电流计指针的摆动情况来判断是否有电流通过线路。如果指针静止半小时，他必须通过反复接地的简单机制向电报站报告他的护卫亭号码。断开连接的电报站把电池连接到线路和地面之间，可以收到来自连接中断的所有护卫亭的报

① 该控制检流计在俄罗斯被称为“鞑靼检流计”。

告，从而知道相应的情况。每个电报站都配备了一名线路机械师，一旦收到故障报告，他必须乘坐特快邮车前往故障地点。邮政所根据命令优先级为我们的机械师提供服务，因此故障几乎总是在几个小时内被消除。

由于这种设施，俄罗斯电报线路在我们维护时期运行非常安全，尽管线路很长，并且它们大部分经过的是荒无人烟的草原，但很少发生服务中断超过一天的情况。完全是强加给我们的电报线路维护合同反倒对我们非常有利，充分补偿了我们在某些设施上遭受的损失。

由于委托给我们的维护管理工作和正在进行的线路建设，使我们的圣彼得堡业务在俄罗斯帝国获得了极大的价值认可和非常独特的地位。我们被授予“俄罗斯帝国电报线路建设和维修承包商”的官方头衔，并有权让我们的管理人员穿着带有官阶标志的制服，这对我们成功地执行任务是绝对必要的，因为俄罗斯公众只尊重穿制服的人。为了获得这个权利，我让人在柏林设计了一系列漂亮的制服。不使用俄罗斯军官的肩章，而是在肩上佩戴不同厚度的金色肩章，其厚度随着职位的提升而增加。然后，请艺术家绘制了穿着这种制服的人的图片。这些图片被放在一个漂亮的文件夹里，让每一位朋友和制服鉴赏家都惊喜赞叹。卡尔带着这个文件夹去找克莱因米歇尔伯爵，向他解释了我们的需求，请求批准我们为管理人员设计的制服。看到这些美丽的图片，伯爵放弃了最初的反对。他留下了文件夹，并把它呈献给沙皇，沙皇立即批准了我提议设计的制服。在这一点上，我认为我有责任反驳人们经常表达的观点，即我们只能通过贿赂才能在俄罗斯完成这些大型且普遍有益的事业。我可以向你保证，事实并非如此。或许这可以通过以下事实来解释：我们总是直接与国家最高当局进行交涉，政治局势迫切需要迅速建立必要的电报联系。这并不是说，在线路建设中我们没有以该国习惯的方式向低级官员为我们提供的服务表示感谢。

第6章

铺设海底电缆

1890年6月，哈尔茨堡

用古特胶压制的铜线在地下线路上取得成功，显然这种做法也可以用于海底电报线。基尔港水雷使用的绝缘导线两年后仍然没有任何变化，证明海水对古特胶没有不利影响。

早在1850年，布雷特（Brett）先生首次尝试用古特胶线路连接两个海岸，他获得了多佛尔和加来之间铺设海底电报线的特许权。正如预料的那样，他铺设的没有保护的线路维持的时间不长，让人怀疑它是否真的可用。次年，这条线路就被纽沃尔（Newall）和戈登（Gordon）先生用铁丝加固线的电缆替换了，在很长一段时间内运行良好。这是海底电报技术的起点，它很快发展成为最重要的通信工具。

凭借英国人做事不达目的不罢休的特点，在第一次圆满成功之后，甚至在科学和技术基础尚未牢固时，他们就开始计划一系列其他电缆的铺设，并着手进行。因此，失败就是理所当然的了。在北海浅水区的铺设本身没有任何困难。绝缘电线的制造在英国由古特胶公司负责，该公司可以免费使用我的包覆成型方法，因为我没有为我的发明申请专利保护。由于这家公司一直能够使用英国市场上最优质的古特胶，如果他们像我们一样关注电气测试和生产控制，它将能够生产出绝缘良好的电缆。但当时的英国工业界仍然缺乏科学知识和方法，不像我们这里，他们还只满足于查证电流通过线路时电报仪器是否安安静静地运行。甚至很久以后，我系统地测试线路的方法被英国同行宣布为“科学骗术”。然而，在 1854 年克里米亚战争期间，纽沃尔 - 考公司成功地铺设了一条从克里米亚的瓦尔纳到巴拉克拉瓦的未加固的、仅用古特胶绝缘的电缆线。他们很幸运，在 1855 年 9 月争夺塞瓦斯托波尔之前，它已经使用了大约一年。

在这条不超过 600 千米的线路上，由于线路上的电荷积存，通信已经很困难，尽管我在 1850 年发表了相关论文，但英国人还不知道这一点。当英国使用的针式电报机在线路上无法正常工作时，纽沃尔－考公司向我的公司订购了很好用的发报机。一个惊人的巧合是，在塞瓦斯托波尔和巴拉克拉瓦这两个敌军阵营中，使用着有连续编号的柏林设备。与此同时，1855 年 9 月，布雷特先生受地中海延展电报公司委托，尝试在撒丁岛和阿尔及尔的博纳城之间铺设一条四芯电缆。他使用了与在北海铺设时相同的设备，然而厄运来了，当进入深水区时，他的制动设备不够强大，结果整根电缆毫无阻挡地滚入了深海。由于 1856 年的第二次尝试同样失败后，他放弃了这一业务，之后此事由纽沃尔－考公司接手。他们与我的公司签订了电气设备供应合同，并要求我在铺设期间和铺设后进行电气测试。

第一次深海电缆的铺设既有趣又对我很有启发。1857 年 9 月初，我与一名助手带着必要的电气设备在热那亚登上了一艘撒丁岛轻型巡洋舰。这艘巡洋舰带我们前往博纳，满载着电缆的轮船在那里等着我们。巡洋舰上的人员很有意思，除了英国承包商、电缆制造商纽沃尔先生和利德尔（Liddell）先生，还有几位意大利学者、电报员和海军军官，其中有博学的拉马尔莫拉

（Lamarmora）上将。他是一位非常和蔼可亲、知识渊博的军官，是著名的拉马尔莫拉将军的兄弟。此外，还有几位法国电报官员代表他们的政府观摩铺设电缆，其中包括著名的工程师德拉马什（Delamarche）。

在前往撒丁岛的航程中，受美好而平静的天气的鼓舞，该委员会讨论了铺设时应使用的方法，以避免先前的失败。纽沃尔先生和利德尔先生解释说，在铺设通往克里米亚的线路时，他们发现只需快速前进，让电缆在没有阻力的情况下放完，然后它就会在没有张力的情况下慢慢沉入海底。作为预防措施他们会安装一个强大的制动装置来固定电缆，但当船高速行驶时，这几乎没有必要。利德尔先生的这一想法遭到了德拉马什先生的坚决反对，他目睹了布雷特先生铺设时的失败尝试，并接受了下面的理论：电缆在深水中一定会形成悬链线，并且会断裂。

我原本并没有打算参与铺设的机械部分，但是按照纽沃尔先生和利德尔先生的意图，在从撒丁岛到博纳的线路上，要铺设一根在水中每米至少重 2 千克的重电缆穿过 3000 多米的深水，在我看来这是完全不可能的，我对此强烈反对。此外，我无法认同德拉马什先生的担忧，因此我与利德尔先生和德拉马什先生之间发生了激烈的争论。由此我发展出了后来被普遍采用的铺设理论，这一理论包括：通过制动装置将电缆固定在铺设船上，制动装置的作用力相当于垂直于水底伸展开的一根电缆的重量。如果船均速前进，电缆则会以一条直线下沉，一直沉到海水深处，其倾斜角度取决于船速和水平电缆的下沉速度。如果下沉的电缆没有被制动力完全平衡，电缆将同时沿它自己形成的斜面下滑。因此人们可以通过制动力的大小来调节必需的电缆长度余量，从而克服海底不平时电缆所产生的拉伸力。

这一简单理论得到了轮船上人的一致认可，纽沃尔先生最终也同意了我的意见，并请我应用这一理论帮助他铺设电缆，但这很难一蹴而就。我们到达博纳后，发现在已经到达的电缆船上的制动装置的制动力太弱了，无法在更深的地方平衡电缆的重量。此外，船的蒸汽动力太弱，无法克服电缆沿斜坡下滑时产生的巨大力量。最后，我们没有可以测量这个力的设备，并由此确定所需制动力的大小。我首先让一个木匠做了一个简单的测力计，可以根据由两个滑轮限制的一根电缆的偏转幅度来确定电缆的瞬时张力，这根电缆受到一个负载的中间滑轮的压力。我还尽可能地加固了刹车轮，并配备了强大的水冷系统。最后我让军舰的舰长把军舰开到电缆船前面牵拉它，以获得必要的力来防止电缆船后退。

有了必需的设备，晚上[①]我们从博纳开始铺设。只要是浅水区，一切都很顺利，人们认为我的预防措施是多此一举。几个小时后，当开始进入深水区时，牵拉的制动力很明显开始不足了。我们投放了太多的电缆，到黎明时投放的电缆已经超过全部电缆的 1/3，但只铺设了全部路程的 1/5。如果从现在起电缆不再超额投放，那么我们还有可能将电缆的末端连接到撒丁岛附近浅水区的一个地方。应纽沃尔先生的请求，我答应试一试，条件是把电缆铺设完全放手给我指挥。我现在用船上能找到的所有重物来加载制动装置，甚至连厨房里装满水的容器也用上了。最后负载足够了，无须制动了。我们现在根据测量的长度铺设，正如英国人所说的那样，电缆没有“松弛”，即使用的电缆的长度没有超过海底所对应的距离。电缆接近断裂的临界点，其中一根粗包线断了好几处，这对电缆造成了很大的风险，但是迅速铺设总能防止电缆断裂。当太阳下山时，船中的电缆快要

---

① 1857 年 9 月 7 日。

用完了，幸运的是我的测力计显示这里是浅水区，我们实现了目标！我们全体人员都被这巨大的喜悦震撼了，连利德尔先生也祝贺我取得了成功。

这是第一条成功穿过深水区的电缆，而且是 1000 多英寻[①]的深海。后来这种带有许多导线的重电缆不再用于深水区，因为铺设难度太大，并且长导线紧密排列会通过感应相互干扰。这次电缆铺设对我来说更有启发性、令人兴奋，但也让人疲惫，无论白天还是黑夜，我几乎没有休息。深水区总是很危险，电缆必须从船上的柜中取下来，它被精心绕在中间轴固定的锥体上，绕过制动轮，在测力计滚子的压力下向海中投放。投放过程中的任何不畅都会使其处于极大的危险之中，因为前进的船只不能迅速制动。制动力与海洋深度及船舶在海上前进的速度之间的比例必须始终小心调节，不然的话，要么会产生大量不必要的额外电缆消耗，要么海底的电缆有张力过大的风险。此外，必须连续测量绝缘导线的电气特性，以便在新的电线部分连续浸入海中时可以很容易地检测到故障。在这种情况下，必须立即中断铺设，并且收回最后铺设的电缆，来排除故障。

① 1 英寻 =1.828 米。

这种持续的精神紧张和每一个错误都可能导致整条电缆报废的情况，使得铺设深海电缆对于相关人员来说是一项非常艰苦的工作，对项目负责人来说尤其如此。到了铺设的最后关头，我不能有片刻的休息和放松，只能靠频繁喝浓黑咖啡来维持状态，之后用了好几天的时间我才恢复体力。

这次铺设电缆第一次把我带到了欧洲南部地区，整个行程中一直都有好天气，我充分感受到了地中海的魅力，那里有深蓝色的海水、耀眼的白色海浪和令人永远呼吸不够的清新空气，从热那亚到卡利亚里，从卡利亚里到阿尔及利亚的博纳都是如此。卡利亚里高大坚固的城堡被刚刚开花的高大芦荟完全包裹起来，让人感觉非常震撼。因为发烧，我们没有留在港口，在巡洋舰舰长的友好建议下，我留宿在城堡一个废弃的院子里。在波涛汹涌的海水上方的星星点缀下的意大利的夜空非常明亮，岸边的岩石笼罩在月光下，这个景象让我永远无法忘记。铺设期间进行的电气测试表明，电缆的所有绝缘导体都有缺陷，但是在线路完工后的 3 年内能够满足合同条款，其要求电流损耗不超过一定百分比即可。第四根导线存在重大缺陷，因此不能使用。但是，通过适当的电气处理——仅使用正电流连续运行——可以降低误差，电缆就可以使用了。

1874年，在我提交给柏林科学院的一篇题为《海底电报线铺设和研究的理论》的论文中发表了我这个时候形成的电缆铺设理论。我的档案中保存了一封信的副本，我在铺设电缆回来后，写信给上面提到的纽沃尔－考公司的合伙人戈登先生解释我的理论。我想把这封信的内容放在这里，因为它是我对电缆铺设理论的第一个详细说明。

1857年9月26日，柏林

亲爱的戈登！

昨天我旅行归来，看到了你于17日的来信。

首先，我想告诉你一些关于今天从博纳回来的工程师维赫尔曼（Viechelmann）所做报告的内容。

毫无疑问，1号电缆已损坏，损坏点位于非洲海岸附近，并且电缆在水下漏电。故障很可能在海岸端连接到较细电缆的位置，无法确定准确故障位置，因为不知道与水连接的线路的电阻大小。但是，这个故障位置距离陆地不超过4德里，也很可能更近。

通过金属回路中电荷的多少和电阻的大小，我们可以

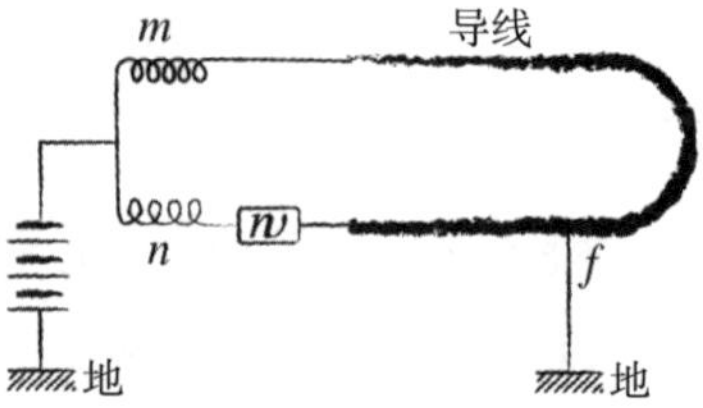

电报回路示意图

确定故障位置，只要做下面的实验：把从博纳接过来的导线接入，*m* 和 *n* 是一个差分检流计的两个绕组，*w* 是一个变阻器，调节电阻，直到通过两个绕组 *m* 和 *n* 的电流相同，并且指针为零。那么故障点 *f*（电缆的）在中间，人们可以计算出故障点距离海岸的距离。

如果是绝缘良好的电缆，就可以以完美的精确度完成，在电缆（例如博纳电缆）绝缘不良的情况下，至少具有近似的精度。维赫尔曼先生将设备留在马赛海关处理。电报局里有一封维赫尔曼写给纽沃尔的信，里面有交付清单。关于电缆理论[①]，我的看法可以见海水中电缆受力示意图。

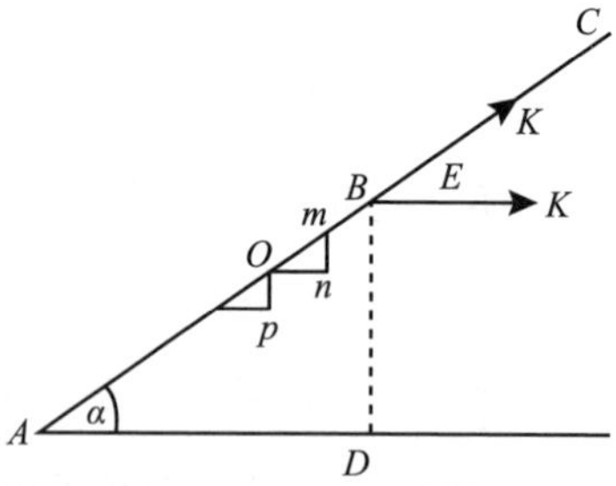

海水中电缆受力示意图

如果 *AB* 表示一段柔性电缆，通过失重线 *BC* 连接到上面，则该电缆会下落到地

① 电缆铺设原理。

面，不会偏离悬挂部分的直线，因为它的每个点都以同样的速度下降，所以 mn、op 长度相等。每个点都以相同的速度下降，新的连接线 np 必定再次成为直线。坠落过程中作用在线 BC 上的力为 $K=Q\times\sin\alpha$，其中 Q 是悬挂在水中的电缆受到的重力，或垂直悬挂的一段电缆 BD 的重量，因为 $AB\times\sin\alpha=BD$。如果 K 小于平衡所需的力，则电缆滑向 A，并且当水中的摩擦力等于缺失的力时达到最终速度。相反，如果 K 大于必要的力，则电缆会获得一个朝向 B 的速度，因此会出现损耗减小，即 AB 和 AD 之间的长度差变小，并且电缆垂直，海底损耗为零。由此，倾角 α 完全与力的大小无关，它只是表明下降速度和船的航行速度之间的比例。如果电缆末端 B 被绕到滑轮上而不是连接失重线 BC，当电缆下降高度为 mn 时，滑轮随船从 B 移动到 E，最后以同一个力 K 牵拉电缆，则平衡条件没有任何改变。如果制动器向后拖拽电缆，达到力的平衡，即 $K=Q\times\sin\alpha$，则电缆根本没有垂直方向的速度，它将垂直下落，会产生与角度相对应的损耗。如果 K 较大，那么损耗很小或没有损耗；如果 K 较小，则损耗可能非常大。在后一种情况下，船的速度越快，AB 变得越长，因此在水中的摩擦力越大，损耗就会越小。相反，如果 K 大于平衡所需的力，则很容易再次出现损耗，然后电缆形成悬链线。如果快速变换，那么超过平衡状态的制动器施加的力让电缆在 AB 方向上获得的最终速度会撕裂电缆。考虑到悬吊电缆质量很大，很明显，电缆的这些轴向速度很容易导致电缆断裂，唯一明确的线索是船速与电缆速度的比率。此外，必须要特别考虑当时的洋流，当它们呈区域性特征时更是如此。如果洋流从上到底都完全一样，只会造成更多的电缆损耗。实现了对 K 的平衡以后，电缆以平行六面体的对角线而不是以平行四边形的对角线的方式铺设，电缆的长度与穿过的距离成正比，如同平行六面体——船的运动、海深和当前的洋流速度是面——的对角线一样，还与船的速度成正比。然而，洋流的变化会对绷紧的电缆施加非常强烈的影响，因为悬链线形式的电缆必须承受水压的作用。最后，船的上下及平面移动构成了拉断电缆的大部分作用力，除非绕线装置很轻，或者通过一种平衡器可以在制动设备后面加长或缩短电缆，防止出现电缆的下抛量大量增加。我提出的用于确定和调节施加在电缆上的张力的机制计算起来很简单。

我让洛夫勒（Löffler）根据这个公式制作了一个表

$$K\cdot\sin\alpha=\frac{Q}{2};\quad K=\frac{Q}{2\sin\alpha}$$

$$\sin\alpha=\frac{h}{\overline{ab}}=\frac{h}{\sqrt{\frac{e^2}{4}+h^2}}$$

$$K=\frac{Q}{2h}\cdot\sqrt{\frac{e^2}{4}+h^2}.$$

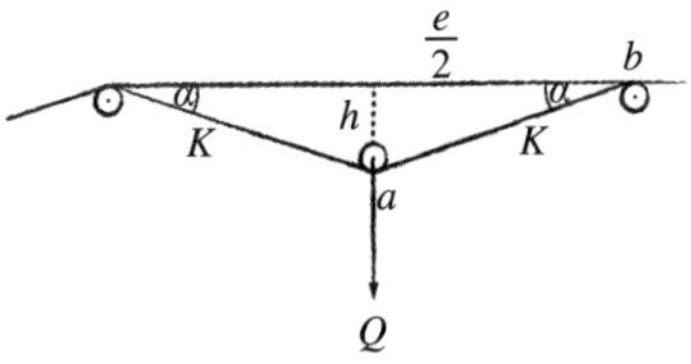

下抛电缆受力示意图

格，但它不在我手上，因为洛夫勒还在科隆。正如您所说，e 是 25 英尺，约 7.62 米。根据纽沃尔的称重人员提供的数据，Q 是 160 千克力（1 千克力≈ 9.8 牛顿）。您似乎在您的近似公式中为它取了磅作为单位，所以它大约是我记得的值的一半。该设备是在铺设前一天晚上用木头制作完成的。此前，利德尔先生对此似乎并不赞成，我也不想把我提出的建议强加于人。第一个晚上，框架因为潮湿而变形，测量高度的地方比另一个地方低大约 2 英尺。因此，在使用如此粗略和仓促制作的装配和计算设备的情况下，测量的可靠性根本无法保证。很明显，铺设开始后不久大量电缆就开始丢失。我建议在制动器上施加更重的负载，但也未能付诸实施。然而，一些时候电缆线几乎是笔直的，尽管在正常情况下有 4～5 英寸 * 的余量，这时电缆可能会断裂。另外，制动设备太脆弱了，我一直非常

* 1 英寸 = 2.54 厘米。——译者注

害怕它会在仅有的5公担负载下断裂，后来纽沃尔让我放手改进这一设备。如果制动设备坏了，电缆将无可挽回地丢失，因此允许以这种方式安装负载是一个超级大胆的决定。毫无疑问，第二天我们将电缆拉得太紧，所以铺设中电缆没有任何损失，并且可能在电缆中产生了一些链线张力。之所以这样，是因为没有人知道这艘船的速度是多少。纽沃尔和利德尔不相信我们航行的速度是5节*，而事实上速度是7.5节。由于电缆以7.5节的速度运行，我只能得出结论，电缆铺到海底的损失仍然太大，所以我不得不越来越多地增加负载；当负载达到超过6吨时，就会出现波动，而且波动很大。因为船上没有合适的、普通的计程仪，很不方便，很容易导致电缆丢失。无论如何，铺设电缆时最大的危险是单根电线的断裂。这次我们能完全避免就是一个奇迹。我不建议在没有测试整个电线所能承受最大张力的情况下，在深水区铺设电缆，并且铺设时不能超过这个最大张力。我告诉纽沃尔一个办法，很容易就可以做到这一点。那就是拉扯导线，质量差的导线焊缝就会断裂，没有断裂的就可以放心使用了。此外，测力计必须是硬铁制成的，才

* 1节=1.852千米/小时。——译者注

具有精确的刻度，并且在最大负载下至少保留1英尺的刻度余量。最好用做工精良的弹簧代替重物，这样仪器的波动才会尽可能小。此外，铁丝穿过制动器后在两个固定滑轮和一个可移动的滑轮上面，后者被重物拉住，或者更好的被非常强力的螺旋弹簧拉住，使得船舶的上下波动不造成坏的影响。

1857年9月28日

由于洛夫勒还没有回来，我不能给你任何关于计算力的确切信息。您说得很对，我所设定的力量并不仅仅由深度来决定。我相信当电缆到达耐受深度的一半时，相当安全；到达深度1/3以上时，安全性更高。天气好的时候，到达1/5深度时，电缆损耗5%～10%；到达1/3深度时，电缆损耗10%～15%；在更深的地方，电缆损耗肯定更大。纽沃尔使用罩或伞来减缓电缆下沉的方案，原则上是错误的。考虑到洋流，电缆必须尽快下沉。在中等深度，用加大负载的方法来减少导线损失更为有利。如果深度大于电缆最大耐受深度的1/3到1/2时，则必须通过垂直固定在电缆上的圆盘对电缆的回拽尽可能地降低电缆下落速度。我认为这些圆盘最好是用铁皮制成，少量大的比许多小的更有效，人们可以很容易地以多种方式固定圆盘。然后，还必须尽可能快速地前进以保持锐角。为了测量速度，我现在制作了一个电气设备，它装在制动器旁边，带有一个大指针。测速器需要通过制动轮才能工作，这样人们能随时了解速度比和所施加的力。船上应该有很好的照明，便于布线操作，特别是在电线断裂时就能够及时被发现。幸运的是，在两次断线时我们能够及时处理而没有丢失电缆，这是极为罕见的！总的来说，我相信您完全可以对结果感到满意。我认为重新找到电缆的末端并不难，同样，我认为修复第四根损坏的电线也没有问题，如果这对您很重要的话。

鉴于此，您已经获得了铺设经验和非常节省电缆的铺设理论。利用我的建议，您一定可以很放心地进行电缆铺设，并且减少电缆损耗。使用新制动器时，您应该尝试找到拉断电缆时的最大负载。纽沃尔先生在抵达厄尔巴岛之前告诉我，他可以用他的制动器撕裂电缆，尽管在铺设当天我们已经将制动杠杆加长了一半，并且悬挂的重量增加到至少是制动杠杆和铁箍正常条件下可以承受重量的2倍，很长时间我们仍然没有达到如此大的力，只有在两次变速和首次发生事故时产生的力才能达到。不幸的是，我的实验并没有比英国那边好多少。但我已经看到，金属回路的通信肯定比半金属回路要快，并且如果线路较长，就只能通过一根简单的导线通信。因此，未来属于金属回路，这一专利必将获得回报。此外，我发现我们目前所进行的感应电报的建设工作非常好，并且安全系数很高，可以绝对安全地建立一些跨洋电报站，即从英格兰到东印度群岛可以直接通信。您的马耳他－科孚岛设备今天已经发出，我很确定它们性能很好。以我迄今为止的经验，电感器可以更小，因此可以更便宜，但有余量的电感器更安全。它们很漂亮、很结实，我们的工厂此前还从未生产过这样的产品。制造电感器最大的困难在于连接，铂在强大的初始电流下燃烧得太快，所以我们不得不在各处使用我们的金铂合金，对于这么厚的零件来说连接是非常困难的。也许使用马耳他线上的半个电感器就足够了，这将为您节省很多钱，因为用铁丝包裹的电线很是昂贵。

我希望您尽快告诉我，您在什么时候、什么地方需要机械师，一个是不是就足够了。我认为您必须高度谨慎，因为即使做了最好的准备，一个错误都可能变得非常危险。

我把这封信直接寄到伯肯黑德，我想您还在那儿，威廉想见您，我请求您让威廉也好好看一下这封信。

冬天铺设您的马耳他线不是更好吗？那里冬天的天气更平和一些，10 月的天气应该非常糟糕，大气层只会在 12 月再次平静下来。

此致

敬礼

W. 西门子

事实上，在卡利亚里和博纳之间铺设电缆的经验让我确信，只要设计得当、精心制造，海底电缆可以铺设到所有海洋深处，而且它们可以提供长期安全的服务。所以我努力解决那些仍然存在的困难，为此，有必要对电缆制造进行系统的监督，以保证存放在船舱内的整条电缆没有故障。这只能通过使用足够灵敏的检查仪器测量，并给出具体数值来表示所用古特胶的绝缘性能。如果用同样的方法确定覆盖古特胶的电线绝缘电阻，且测量结果与计算结果一致，则电线的绝缘性能就没有问题。如果成品电缆的线路电阻不大于计算结果，且绝缘电阻不小于计算值，则可以宣布电缆没有故障。

不能期望通过测量电流实现如此精确的检查，为了确定故障的位置，我早在 1850 年就已经建立了公式并公开发表，但是精度不够的电流测量无法达到这一要求。因此有必要改用电阻测量，但仍然缺乏良好、实用的测量方法，尤其是缺乏确定的电阻单位。最后，直到那时，关于莱顿瓶导线的物理特性知识，还没有充分发展，要想毫无风险地规划长的海底线路仍有失败的风险。我之所以这样命名，是因为地下导线的特性像个大型莱顿瓶。

自 1850 年以来，我一直满腔热忱地研究这些问题。我的工作是在伟大的研究者法拉第震惊学界的奠基性发现之后开始的。然而，在德国，一些与流行理论不相容的法拉第的观点，如分子感应的电分布理论，尚未得到真正的认可。这促使我在研究静电感应问题的时候没有参考现有理论，根据我以前的经验，静电感应问题对电报具有非常重要的意义。最后，对于法拉第观点的完全证实，以及它的正确性，我提供了新的证据。由于繁重的业务工作，我经常中断研究。我于 1857 年春天才完成我的实验，然后在波根多夫的《年鉴》上发表的一篇标题为《关于静电感应和莱顿瓶导线电流的延迟》的文章来说明我的研究结果。

通过这些调查，我清楚地知道，只有使用短的交变电流，才有可能在较长的电缆线路上快速通信。在1857年发表的一篇《西门子－哈尔斯克公司的感应式书写电报》的文章中，我描述了用于执行这项任务的机械辅助设备。它们大致是由一个磁极化继电器组成，其构造方式是通过短电流脉冲把继电器的电枢保持在接通触点上，直到相反方向的短电流将其推回绝缘挡位。电报电流通过电感器的初级线圈，就会在电感器的次级线圈中产生短的交变电流。

当纽沃尔－考公司在同一年（1857年）铺设从卡利亚里到马耳他和科孚岛的电缆线时，我为这条线路的电报站提供了这种感应式书写电报并在马耳他岛上设立了中转站，这使得卡利亚里和科孚岛之间的细电缆可以以令人满意的速度进行通信。为了确保这条线路及其他铺设在地中海东部的线路具有良好的绝缘性，我公司在纽沃尔－考公司位于伯肯黑德的电缆厂对绝缘线路进行了电气测试。我的助手是一位非常聪明的年轻人F.詹金（F. Jenkin）先生，他后来成为一位有名的电气专家。从苏伊士到印度库拉奇的穿越红海和印度洋的电缆线路给我带来了一项非常有趣的任务，该任务由纽沃尔 - 考公司负责该线路的执行。我公司接管了电缆铺设的电气监督，以及必要设备的交付和安装工作。迄今为止铺设的最长的电缆线是撒丁岛至科孚岛线，长约 700 海里。因此它对铺设和运营一条 3500 海里的线路（计划中的通往印度的电缆线）几乎没有什么帮助。根据那里的经验，使用 700 海里长的交变电流线路可以提供安全和合理的高效服务。这样一来，苏伊士和库拉奇之间必须设置四五个中转站，这些中间站必须配备自动中转设备，以便能够在没有繁重和烦人的手工操作的情况下工作。对于长长的海底线路，这些中转站的安装特别困难，因为如果人们不想用科孚线那种次级电流发送电报，电缆中存储的电荷就会引起干扰。使用次级电流发送电报存在实际困难，尤其是整个设备的复杂程度更高。

因此，我制作了一个新的信号设备系统，后来被称为“红海系统”。它不使用感应产生的交变电流，而是使用方向改变的电池电流。这要求在每个单词结束时，必须断开第二个消磁电池，并在电缆连接到继电器之前完成电缆的放电过程。为达到此目的，书写电报系统需要一个特别简单的设备。我于 1859 年在德国 - 奥地利的电报期刊上发表了题为《长海底线路操作设备》的文章，对此做了详尽描述。1859 年春天，我铺设的苏伊士到亚丁线路的第一段，在库塞尔 * 和萨瓦金 ** 设立了这样的中转站。它们工作得非常可靠，运行良好，因此带有放电触点的莫尔斯电报键可以像在陆地上的终端站之间一样快速通信，而如果没有中转站，1400 海里的通信速度会非常慢。

在亚丁逗留期间，我使用一种特殊的工具，实现了即使在直接连接的线路上我也能快速、可靠地通信，使中转站变得多余。通过对地下线路电气特性的研究，我意识到，消除所有使电报符号混淆的岔路电流的最佳方法是，将与电缆电容成正比的正负电荷输送到电缆的末端（输送端），并且在接收站只允许一定数量的电荷离开电缆。起初，我认为通过接入一个极化电池就能实现这一目的，这个极化电池需要有非常多的单元，而且电极面积非常小，以至于为重置电池所需的电量刚好足以推动继电器电枢。我使用了一个由 150 个铂电池组成的极化电池，但发现电池的电阻造成的损害几乎

* 埃及主要港口之一。——译者注

** 在苏丹的苏丹港附近。——译者注

抵消了利用极化电池的好处。幸运的是，剩下的大约150海里长的电缆是从亚丁铺设的，是为以后的线路铺设服务的。这是一个电容，它没有极化电池的电阻干扰，一定能实现我的预期。因此，我在铺设电缆后将电缆较远的一端做绝缘隔离，然后将电缆的另一端接地。结果出乎所有人的意料，现在不仅可以毫无困难地直接从苏伊士接收莫尔斯电码，更令我惊讶的是，它对信号发送速度没有限制。

这是电容在电缆电报中的第一次应用，没有它，就不可能像现在优秀的汤姆逊镜检流计所允许的那样，在漫长的大西洋线路上快速而可靠地通信。像今天这样使用纸电容器或云母电容器代替电缆末端绝缘，当时还没有这样的技术。

对于铺设本身，我引入了一种检查电缆电气性能的系统方法，来消除所有不确定性和误解。在铺设起点设置了一个时钟，它以一定的时间间隔自动将电缆的末端隔离，然后将其连接到地线，最后连接到电报设备。因此，船舶能够在没有陆站合作的情况下进行所有测量。陆站同样如此，陆站不断将其测量结果通报给船舶，因此它始终拥有必要的数据，能够使用我的公式来确定故障位置，进而对突发故障进行处理。这种监测方法被证明是非常必要的，因为红海的高温烤化了古特胶并经常导致故障。尽管采取了所有消除故障的方法，在到达亚丁后我发现，电缆中存在一个明显的故障（幸运的是易于检测），使得我们无法与最后一站萨瓦金通讯。来自亚丁的排查表明它非常接近曼德海峡，尽管纽沃尔先生和他的工程师对我确定的故障位置没有信心，刚好在紧挨着我所指出的位置上，电缆被捞起，并且它是被剪断的。令每个人都感到惊讶和高兴的是，发现这部分通往萨瓦金的电缆毫无问题！故障位置几乎就发生在我计算的位置，只需要接入一小段新电缆就可以排除故障。

“科学骗术”因为这一幸运结果一下子就获得了荣誉，它之所以能成功，是因为我一直在铺设中用电阻测量代替电流测量。那时还没有固定的电阻单位，雅可比曾试图推广一个完全经验性的电阻单位。他向学者和机械师寄送了一些电阻相同的铜线，推荐以这个一般电阻为电阻单位。很快证实了这个一般电阻的电阻值会发生变化，并且在复制这个电阻的时候，电阻变化还会加大。我的公司直到那时为止，一直以直径为 1 毫米的 1 德里铜线的电阻为 1 个电阻单位，并以此为单位生产电阻仪。然而，事实证明，即使铜尽可能纯净，其电阻率也明显不同，并且随着时间的推移，其电阻也会发生变化。当时的电气测量技术尚未在该单位的各种表示中达成一致，还不允许将韦伯的绝对单位作为基本单位。在这种情况下，我决定用纯水银制作可复制的电阻单位，并建议以水冰点下横截面为 1 平方毫米、长度为 1 米的水银柱的电阻作为 1 个电阻单位。在描述我的相关工作时，我还会写到这个电阻单位。在这里我只想说，我公司根据重量制造的水银电阻秤在铺设从苏伊士到亚丁的电缆时被证明非常有用，并且第一次可以确定故障位置。在红海铺设电缆对我来说也是非常有趣的个人经历。在的里雅斯特 * 登船后的第二天，也就是4月初的头几天里，我很幸运的在傍晚的天空中看到了壮丽的黄道光。对于出现这种现象的原因，当时学者们争论不休，直到现在仍在争论。一些人认为富含水蒸气的空气在赤道带加速上升，在此上方形成了一个高高在上的环，离心力的作用下把这个环进一步升高。我赞同这一观点。这个现象与物理教科书中的插图完全相符，直到完全消失，大约持续了一个小时。

* 意大利东北部港口城市。——译者注

经过愉快、安静的行程，我们在晴朗的天气抵达了科孚岛，在那里我们停留了几个小时，并有时间了解这座有趣的城市及其美丽的环境。当时，爱奥尼亚群岛仍属于英国人。几年后我再次访问科孚岛时，它已经落入希腊人的手中，这个小镇给我的印象就像过去一样，破败而贫穷。

在最美好的天气里，我们航行穿越了给我留下美好记忆的亚得里亚海和地中海，在亚历山大港附近登陆，然后乘坐刚开通的铁路前往开罗，我们在那里停留了几天，等着满载电缆的“阿伽门农”号船绕过好望角，到达苏伊士。

我利用这个机会参观了这座城市，由于其丰富的历史记忆，以及作为欧洲和亚洲之间文化的连接点，我和我的工程师对这座城市产生了极大的兴趣。当我们在 4 月 14 日参观胡夫金字塔时，我有幸在塔顶观察到一个有趣的物理现象，我刊登在波根多夫的《年鉴》上题为《刮坎辛风 * 时开罗附近胡夫金字塔上异常强电现象的描述》的文章对该现象做了说明。

---

* 坎辛风，埃及 4 ～ 6 月时刮的干燥热风，挟裹着沙子和灰尘，将城市笼罩在迷雾中；夜晚降临，沙柱上升形成很高的沙墙。——译者注

在我们从开罗骑驴前往金字塔的途中，刮起了一股异常寒冷的沙漠风，随之地平线上出现了一种奇特的微红色。在我们攀登金字塔的过程中，或者更确切地说在阿拉伯人运送我们的过程中，他们总是在吉萨金字塔附近扎营，他们总是乐意将游客抬到高出金字塔 1 米的台阶上，风狂暴有力，所以人想在金字塔平坦的顶部站立变得有些困难。沙暴变得如此厚重，像白雾，将大地完全隐藏起来。雾逐渐上升，一会儿就把塔顶笼罩其中，我和我的 10 名工程师当时就在金字塔上面。奇怪的嘶嘶声传来，这不可能是风造成的。一位阿拉伯人提醒我，伸出手指，并举过头顶，就会发出如歌声般尖锐的声音，手一放下，声音就停止了。当我把自己的一根手指举过头顶，这一点得到了证实，与此同时，我的手指一阵刺痛。当一个人试图从瓶中喝酒时，会有轻微的电击的感觉，这一事实表明这是一种电现象。用湿纸包裹住装满酒的瓶子，给瓶口装上一个金属头，我就得到了一个莱顿瓶，把它高高举过头顶时会对其进行高强度充电，然后，你可以通过它产生一束约 1 厘米高的、声音响亮的火花。这明确地证实了旅行者之前观察到的沙漠风的电气特性。

在我们进一步的实验过程中，我发现了电也可以被当作一种有效的防御武器。阿拉伯人带着明显的不信任感看着我们的酒瓶爆发出的火花。他们进行了简短的协商，发出了一个信号，每 3 个人抓住我的一位向导，强行将他抬下去。我站在金字塔的最高点（一个位于平坦塔顶的石块上），一位阿拉伯部落的酋长走近我并通过我们的翻译告诉我说，部落已经决定让我们立即离开金字塔。因为他认为我们显然是在施魔法，这可能会损害他们的收入来源——金字塔。当我拒绝服从时，他抓住了我的左手，而我将右手高高举过头顶，拿着瓶子，看起来确实像在施魔法。我一直在等待这一刻，现在我慢慢地将瓶口靠近他的鼻子，当瓶子碰到他的时候，我也感到一阵强烈的冲击。由此推断，酋长一定受到了猛烈的电击，他无声无息地倒在地上，时间一秒一秒地过去，我处于极度恐惧之中。忽然，他大叫着站起来，从金字塔巨大的台阶上一跃而下。当阿拉伯人看到这儿，并听到酋长不断地喊着“魔法”时，他们丢下“猎物”，一个接一个地逃走了。几分钟后，胜负已定，我们成了金字塔的“主人”。无论如何，拿破仑的“金字塔脚下的胜利”并不像我在塔顶上那么容易！

坎辛风很快就停止了，太阳再次照亮了“极度危险”的金字塔，阿拉伯人从震惊中清醒过来，再次爬到我们身边，不想失去令人期待的小费。显然，在我们和平告别的时候，他们仍然怀疑我们有魔法。

这次铺设电缆还不乏一些海上小惊险。天气晴朗，一丝风都没有，就像红海的天气一样，很少下雨。只有炎热令人心烦意乱。我的旅行温度计在白天几乎总是显示列氏 30 度，晚上则是列氏 31 度，这个温度北欧人可以毫无困难地长时间忍受，但时间太长也是很难受的。白天，人们一直在与太阳做斗争，必须保护头和背免受阳光照射。晚上，根本没有人们所期望的凉爽。埃及的夜晚很黑，南方天空中的繁星确实令人精神愉悦，但它们并不能代替人们渴望的清凉。一天晚上，当我在“测试室”监视库塞尔和萨瓦金之间电缆的绝缘情况时，我突然听到甲板上传来响亮的尖叫声，动静很大，船头负责持续深度探测的人掉到了海里。由于整个甲板都被煤气灯照得通亮，许多在那里工作的人都能看到那个人在水中大声呼救，有人向他扔了救生圈，因为救生圈在甲板上到处都是。船停了下来，人们放小艇下水，小艇在夜色中消失了相当长一段时间。最后他们胜利了，这个男子游在水面上，并且很幸运没有被在那里嬉戏的许多鲨鱼中的任何一条攻击，据说它们特别喜欢吞食白人，而很少惊扰黑人。上船的时候他浑身发抖，手里还握着一把打开的刀。当被问及他的遭遇时，他说他被一群鲨鱼包围了，但幸运的是他能够拔出刀并用它来保护自己，直到小艇上的人来救他。我们都对他描述的危险和挣扎不寒而栗。突然，一个水手挤进人们围绕着该男子形成的圈中，向船长报告说，他找到了几个扔在那个男人身上的救生圈，奇怪的是，几个救生圈上都有刀痕。原来该男子将白色的救生圈误认为是大白鲨的腹部，众所周知，鲨鱼想要开始攻击时会仰面躺着。

鲨鱼在热带水手的生活中扮演着重要的角色，因为它破坏了船员们清爽的海水浴场。因此，如果水手成功地抓住了一条鲨鱼，就会极度憎恨它并愉快地折磨它。我目睹了两条至少 12 英尺长的强大鲨鱼是如何被一个前端挂着大块肉的小锚抓住后被拉上船的，这时千万不要靠近它们，它们仍然非常危险！它们拥有巨大的力量和非常顽强的生命力，在它们所有的内脏都被取出后，尾巴仍然在继续摇。

当我们在萨瓦金湾停泊时，严禁游泳，因为周围有大量鲨鱼。一天晚上，日落后我们坐在船的甲板上像往常一样吃“晚餐”，天很快就完全黑了，突然有人喊“鲨鱼”，同时传来求救的声音。我们放下小艇，在船上的灯光下可以清楚地看到被误认为是鲨鱼的东西。有几个人拿出他们的左轮手枪，这些左轮手枪随时备用，因为在船行驶时射击扔进水中的空汽水瓶是一项常见的运动。幸运的是，在射击开始之前，人们发现原来所谓的鲨鱼是一名水手，他违反禁令在水中游泳，当他听到战友“鲨鱼”的喊声后惊恐不已，于是发出呼救。

抵达萨瓦金，我们接待了当地最高长官土耳其帕夏*和酋长的来访。两个人形貌尊贵，举止中带着东方的威严，精于掩饰，似乎对一切都见怪不怪。我们为他们铺设了地毯，并提供了土耳其长烟管和咖啡。他们严肃地抽烟喝酒，对站在他们周围的我们毫不在意。然后，我的朋友陪同我一起探险的总工程师威廉·迈耶，说道：“看，维尔纳，那个留着漂亮白胡子的高个子多好看！你可以带他去柏林展览挣钱！”令我们惊讶的是，那个

* 帕夏是奥斯曼帝国行政系统里的高级官员，通常是总督、将军及高官。帕夏是敬语，相当于英国的勋爵。——译者注

人慢慢转向我们，用标准的柏林方言说：“咦，你们说德语？”我们回答说我们是德国人，很惊讶他会说德语，他回答说：“我来自柏林。来拜访我吧！”然后他威严地转过头，不再理会我们。第二天，迈耶拜访了他，当土耳其随从不在的时候，他完全是一个非常和蔼可亲的人。50年前，他以裁缝学徒的身份离开柏林开始闯荡，他想去印度，但在红海的萨瓦金附近遭遇海难，于是他留在那里成为一名伊斯兰教徒，最终成为该城的首领。在这个过程中，他成了一个有钱人。他向我朋友展示了他的所有财产，但他不想让人参观他妻子住的内院，尽管迈耶提出了要求，但他最终还是拒绝谈论他的妻子。

当我们在亚丁完成业务后，我想尽快与迈耶一起乘坐半岛－东方公司的下一艘轮船“阿尔玛”号返回欧洲。

纽沃尔和戈登先生也是这样计划的，然而，当轮船到达时，我们被拒绝登船，因为已经没位置了。纽沃尔先生拿到亚丁州长的命令后，我们才得以登船，当然只是作为甲板乘客，因为没有空闲的客舱。我们并没有生气，因为在红海逗留的几个月里，我们总是穿着衣服在甲板上睡觉，甲板下热得令人难以忍受。

在船上，我们发现了真正奢华的设施和极致优雅的顶级社交生活，与我们近期的生活形成鲜明对比。白天，绅士、淑女们不停更换着优雅的服装，两个乐队轮番上阵表演，以此对抗海上航行的无聊生活。我们的衣服破破烂烂，与这个精致的圈子完全不搭，女人们似乎对船上增加了一些如此不协调的人充满了疑惑。副船长把我们介绍给船客中地位最高的英国驻华公使，他非常友善地接见了我们，用我们每个人的母语与我们简短交谈，他为自己对各国语言的广泛了解感到自豪，并且乐意展示。夜幕降临后，每个人都在甲板上选了地方准备“露营”，但我们的休息被女士们打扰了，她们在甲板上待了很长时间，不愿回到炎热的休息舱。

我们才睡了几个小时，就猛地从梦中惊醒。一阵剧烈的撞击让整艘船都在颤抖，接着又是更为剧烈的两次，当我们惊恐地跳起来时，已经感觉到船向一侧倾斜了。幸好睡觉时我没有脱下靴子，只摘下帽子和眼镜。环顾四周，我注意到我的帽子已经滑向沉船一侧，于是不由自主地跟着它朝同一个方向滑去。这时四面八方传来一阵狂乱、惊恐、震耳欲聋的尖叫声，接着是一阵轰隆的响声，甲板上的所有东西都开始往下掉。每个人都本能地向甲板更高的一侧移动，大多数人都成功了。我的情况更为糟糕，因为我在寻找帽子和眼镜时浪费了时间，水已经漫过甲板边缘，提醒我要考虑自救了。几秒钟后，甲板已经倾斜到无法再爬上去的角度。但困境让人强大，我把桌子和椅子一个一个摞起来，这样我就可以伸手抓住在明亮的月光下可以看到的悬挂在甲板高处的船绳——我顺着它向上爬。

在上面，我发现几乎整艘船的人都已经聚集在那里，以惊人的平静等待着事情的发展。然后微弱的女士的呼救声打破了夜的寂静，一个声音说半淹的船舱里还有很多女人。所有人都做好了救援的准备，但却很难办到，因为船已经倾斜超过 30°，光滑的甲板没有任何支撑。现在我抓着的船的绳索发挥了很大的作用，一位熟悉船体位置的海员利用绳索将自己下降到船舱入口处，并用绳子拴住一位女士，我们把她拉了上来。救援进行得太慢，因为还有很多人在等待救援。因此，借助船上的另一条绳索，又一个“生命链”建立起来，那些颤抖的、可怜的女士们，大部分都还在她们的房间里，她们被敞开的船舱窗户流入的水吓坏了，借助这个“生命链”她们被手拉手拽起。如果某处有障碍物，“停！”的命令就会响起，每个人都必须抱着被救的人，直到向上传递重新启动。在这样一个停顿的间隙，我借着月光认出了那位被水浸透，依偎着我的女士，她就是那位高傲、年轻的克里奥尔人*，仅在几个小时前，被她美貌所吸引的仰慕者还簇拥着她，我们只能远远地欣赏。

船撞到隐藏的珊瑚礁后迅速下沉的原因可以用刚才提到的状况来解释：船舱窗户都打开了，所以水畅通无阻地进入了船舱。这艘船很快就完全倒向一侧，而现在一个生死攸关的大问题是，它是会达到一个平衡状态，还是倾覆并把我们所有人抛入深渊。我建立了一个小型观测站，通过观察船相对于一颗特别亮的星星的方位来跟踪船的倾斜程度，并且每分钟宣布一次我的观察结果。所有人都悬着心听这些结果，“静止！”迎来的是短暂而愉悦的低语，“继续下沉！”则伴随着偶尔的痛苦呼喊。终于，再也看不到船继续下沉了，人们对死亡的麻木和恐惧让位于积极的救援工作。

在月色和璀璨的星空下，我们可以清楚地看到，船正驶向一块很大的岩石，这块岩石的一个位置高出水面不少，离我们只有几百米远。克服一些困难后，我们可

* 来自中美洲和南美洲罗马式国家白人的女性后裔。——译者注

以把固定在背风侧的救生艇浮起来。而现在，根据英国海事救援的古老惯例，即首先将妇女和儿童救上岸。虽然这非常不切实际，因为这些可怜的人在岸上会陷入绝望、无助的状态，但救人原则得到了不折不扣的执行。

当轮到我们时，天已经亮了，威廉·迈耶和我发现女士们几乎无一例外地极度可怜、衣不蔽体，而且大多数都没有穿鞋。这块可能从未被人踩过的岩石表面到处布满了尖锐的珊瑚，这些没穿鞋的人的脚被划破了，这是现在最需要解决的问题。很幸运，我穿着鞋子，于是我带着我的小折刀，乘下一条救生艇回到大船的残骸，捞出一块厚实的油毡垫和另一块较薄的材料，然后在岸边开了一家凉鞋铺。我的朋友没有穿鞋，他最先收到了一双凉鞋，接着他就把凉鞋送给了蹲在地上一动不动的女士，女士对他感激不尽。多年后，他回忆起女人那双美丽的眼睛对他的这一善举所流露出的感激之情还是非常高兴。

但是现在怎么办呢？在圣灵降临节（复活节后第7个星期日）的早晨，有大约500人坐在光秃秃的约1公顷大小的珊瑚礁上，这里距离船只正常航道有8海里多。在那个美好且安静的夜晚，舵手和“瞭望员”可能已经安然入睡，我们却被困在恶名远扬的珊瑚礁上，它位于哈尼什群岛以南，所有船只对这里都避之不及。因此，无法预料救援什么时候会来，因为几乎没有饮用水，人们无法长时间的等待救援。船并没有完全沉没，我们能够打捞足够数量的各种食物，但是水箱已经灌了海水，用来蒸馏饮用水的蒸馏器我们抬不动。因此，船舱中的水是我们唯一的饮用水，如何节约地使用它，决定了我们继续为生存而斗争的时间长短。

但是，还有另一个巨大的危险。当时在苏伊士和印度之间提供服务的半岛 - 东方公司的漂亮的大型蒸汽船上，船员几乎完全由当地人组成，因为欧洲人无法长期承受红海的气候。因此，在组成“阿尔玛”号船员的大约 150 人中，除了船上的军官外，只有三四个欧洲人。当时船长病了，据说在船撞破后不久他就因为太过激动而去世了。由于船舶运营太差，这些军官失去了信誉，无法让船员继续遵守纪律。因此，他们开始骚乱，不服从命令，打开旅客的行李箱，对女士们粗暴无礼。在这种紧急情况下，一些人自愿维护秩序。最有活力的年轻人，包括一些从印度回家的英国军官，用刺刀夺取了可能更多的是为了示威而不是在船上真正使用的旧步枪，并宣布戒严。一名反抗的醉酒水手被击倒，我们在岩石顶上竖起了绞刑架，以此作为我们力量的象征。他们将所有打捞的食物都搬到这里，还搭起了一个看守帐篷，安排一名警卫巡逻。这一举措让局势平静下来，并让船员顺从。

接下来最重要的是，提供必要的防晒保护，因为每年这个时候，太阳在中午时垂直照射在岛上。因此，一项紧张的活动开始了，用船帆和帆桁搭建帐篷。此外，我们还设置了厨房，杂货尤其是水、啤酒和葡萄酒等供应品被安全运送过来。在这些行动中，铺设电缆的总工程师吉斯伯恩（Gisborne）先生表现很突出，他在岛上实行了某种形式的“独裁”。天一亮，纽沃尔先生乘坐我们可以使用的 3 艘船中的 1 艘，前往离阿拉伯海岸最近的摩卡寻求帮助。但他没有得到什么帮助，也许是因为不久前英国对吉达的轰炸，导致当地人对欧洲人的态度很不好。所以他继续前往曼德海峡，希望在那里能碰到一艘船。纽沃尔先生只凭借一艘摇摇晃晃的敞篷船开始的航行，无疑是一次勇敢的行动，我们唯一的希望就寄托在它上面了！实际上，这次航行取得成功要归功于我在慕尼黑的斯坦海尔为我这次旅行制造的一台出色的望远镜。

在我们离开亚丁几天后，英国军舰去访问中间站并接载我们驻扎在那里的工程师，清晨通过曼德海峡后，我们的工程师埃塞尔巴赫博士（Dr. Eselbach）带着我的望远镜在甲板上观察着无边无际的海面。他看到了一个白点，认为这是一艘欧洲船的帆，因为当地人只使用棕色的帆。他告诉了船上的军官，最后引起了船长本人的关注，船长通过我的望远镜确定了观察的正确性，并立即向白点方向航行。令所有人大吃一惊的是，白点变成了水手们非常熟悉的客轮小船，他们从远处就认出了纽沃尔先生他那特有的长长的白胡子。与此同时，珊瑚礁上的生活依旧如故。从早上 9 点到下午 4 点，为了更好地抵挡烈日的炙烤，又不至于引起喝太多酒的欲望，我们只好静静地躺在帐篷里面。人们自己做饭，吃得也不错，头几天每个人都得到一小瓶淡啤酒，因为水是为妇女和儿童准备的。也有葡萄酒，但没人喝，因为它让血液发热，那些试着喝它的人都生病了。前两天一切都还算顺利，但随后一种疲惫和绝望的情绪开始蔓延开了。忠诚的老仆人拒绝提供服务，即使支付金币作为回报。就连被带上珊瑚礁的羊和狗也失去了活着的勇气。它们以不可抗拒的力量挤在帐篷底下，宁愿被杀也不愿暴露在无情的阳光下。只有猪的耐力超过了人；它们绕着小岛不停地寻找着什么，直到精疲力竭倒地而死。

第三天，在太阳下山的时候，我们少数仍有余力和心怀勇气的人成功地打破了船的外壳，打开了冰室的入口。当然，里面已经没有冰了，但还有一些冰水。给妇女和儿童留了一些后，每位干活的人都得到了一杯新鲜的冰水作为奖励。即使在多年之后，当我被口渴折磨时，我还是常常万般感激地想起当时喝清爽的冰水的感觉。

第四天过去了，还是没有得救的希望，即使是最坚强的人也感到了沉闷的绝望。这时一艘汽船驶过去了，我们可以在远处看到它冒出的烟，但是它没有发现我们。第二天早上，我又听到有人喊："看到轮船了！"但这一次只唤起了我微弱的希望。但烟雾越来越近，我们已经沉睡的灵魂再次醒来。船很快就靠近了我们，又离我们远去；然后希望再次升起，它正在寻找我们。终于它似乎注意到了我们的信号，直接向"岛屿"驶来。不用怀疑，救援即将来临，这无疑让那些几乎快死的人恢复了生机。我们认出了它是铺设电缆的牵引船，甲板上还有我们的救星纽沃尔。

接下来的场景令人难忘，全船的人都在为登陆紧张地准备着，似乎没有人注意到迎接船员的几百人的欢呼声。锚嘎嘎作响地沉入水中，小船被放到水中，他们带来了成吨的水，强壮的水手将木桶放在陆地上，里面装满了水。他们从纽沃尔先生那里得知我们缺水，就想给我们解渴。所有的人立即冲向大木桶，并试图用双手将水从里面舀出来。这一切进行得很慢，人们不断挤上来，因为只要简单地低下头，就能贪婪地啜饮这“琼浆玉液”。动物们也闻到了水的味道，并不顾一切地往前冲，尽管它们已经像死了一样在帐篷下躺了好几天。一只大羊不管不顾地把头伸到一个漂亮的金发女郎和一个黑人之间的桶里，但他们谁都没有觉得受到了打扰，每个看到这一画面的人肯定会终生难忘。

大约 500 名乘客再加上船员对于这艘小型军舰来说人数太多了，船长决定将船员暂时留在岛上，并派一名军舰水手留下值班，如果船员发生骚乱，将对其进行严加管教。于是所有的乘客上船返回亚丁，我们在这艘小船的甲板上紧挨着，又回到了亚丁。再次到达亚丁，那里的人正焦急地等待着我们抵达苏伊士的电报。根据亚丁总督的命令，下一艘印度客轮尽管已人满为患，却不得不运送这次海难中的所有乘客。我们欣然接受了这一航程，尽管后来从亚历山大到马赛的航程很艰辛。感谢上天，我们没有在哈尼什群岛孤独的珊瑚礁上遭遇什么不幸。

无论是在开罗还是在亚历山大，我们都没有办法改善我们破烂兮兮的外表。几乎所有人都在沉船中丢失了自己的行李，而且大多数人也没有钱。直到巴黎，我们必须要来的地方，才有机会买了新衣服。我们不得不走途经马赛的路线，因为的里雅斯特港被法国人封锁了，并且由于伦巴第的战争，也无法通过意大利。在红海铺设电缆时，我收到了法国宣战和亚历山大·冯·洪堡（Alexander von Humboldt）去世的消息。随后发生的重大政治事件也通过电报告知我们，使我们始终对世界大事清清楚楚。

顺便说一句，我和迈耶差一点就一起留在了马耳他。法国客运轮船的船长坚定地宣称，他不允许没有护照的乘客去马赛，因此如果我们在海难中丢失了护照，就必须在马耳他重新获得护照才行。当船长把我们作为他在亚历山大利亚接收的海难人员介绍给有关领事时，其他人都顺利拿到了领事护照；只有普鲁士领事——受托担任该职务的一位常驻商人——宣布他无权这样做，因为我们无法提供任何适当的身份证明。在非常激烈的争吵之后，他才妥协，我们才在船出发前上了船。

次年，印度线路从亚丁延伸到了库拉奇*，威廉·迈耶负责电气工作。不幸的是，这条线路使用时间并不长。在印度线路的铺设过程中，红海电缆已经出现绝缘故障，通信困难。虽然我们的电工进行了维修，排除了所有重大故障，但新的问题仍不断出现，导致第二年整条线路都无法使用了，因为红海中的电缆被珊瑚卡住在海底，所以无法维修。造成这一悲惨事件的原因在于，企业家们并没有将电缆铺设在深海里，而是在中间站所在的努比亚海岸附近珊瑚丛生的浅水中，珊瑚丛在海床上的生长非常迅速。然而，当时人们还没有意识到，在海底铺设电缆，首要的不是便宜，而是质量。人们需要考虑的不是一个故障如果不能修复就会降低整条电缆的价值，而是随着时间的推移，每一个小的绝缘故障都会变成一个大问题。几乎所有早期英国人铺设的海底电

* 1840—1880 年殖民地时期的名称，即现在的巴基斯坦城市卡拉奇。——译者注

缆，包括英吉利海峡、地中海和红海的电缆，以及第一条大西洋电缆——此前一年的尝试失败后由工程师怀特豪斯（Whitehouse）于1858年夏天铺设——都崩溃了，因为在设计、生产、测试和铺设过程中都没有遵循正确的原则。

认识到这一事实后，英国政府于1859年委托我们的伦敦公司负责他们打算铺设的电缆的制造和测试。在这些测试中，首次采用了统一的、合理的测试系统，确保铜导体的导电性和绝缘涂层的绝缘电阻完全符合材料的电阻率，成品电缆就会无故障。事实证明，这些新电缆的绝缘性能是先前海底电缆的10倍以上。

1860年7月，我的弟弟威廉和我发表的题为《海底电缆导电性测试中的原则和实际程序大纲》的论文中记录了，我们向英国政府提交的关于进行这些测试，以及其中采用的方法和公式的报告，并告知了英国的协会，从而使我们的经验成为共同财富。

从那时起，我们再没有铺设过有缺陷的绝缘电缆，在没有受到局部环境或外力造成破坏的情况下，它们的持续时间是令人满意的。在地中海和黑海的浅海中铺设电缆时，在一个虫子身上发现了这种局部破坏性的原因，即木虫（Xylophaga），它对木船是非常危险的。就1858年和1859年纽沃尔－考公司在地中海东部铺设的没有铁皮的电缆而言，铺设的那一年，被用于保护古特胶绝缘导线的麻编织物的大部分被小虫子吃掉了。而且，在这个过程中，小虫子经常攻击古特胶本身，在许多地方已经被吃得只剩下铜了，完全破坏了绝缘层。即使是铁皮也不能完全防止浅水中的电缆被木虫破坏，因为铁皮的断裂处给了它可乘之机，而且保护线之间的狭窄空间适合幼虫生长，它们可以在保护线内长大，这足以对电缆造成危险。为了消除浅水区的这种危险，威廉制造了一种特殊的电缆，是用最好的大麻纵向线包在古特胶或橡胶绝缘导体上，使电缆具有必要的抗拖拽能力，同时，他用一层层的铜丝像鳞片一样相互咬合在一起保护电缆芯，防止木虫的破坏。1863年，法国政府委托我们的伦敦公司为卡塔赫纳－奥兰线*制造这种电缆，该公司当时已经在伍尔维奇附近的查尔顿建立了一个相当大的机械工作车间和自己的电缆工厂。当时法国电报系统的局长德武吉（de Vougie）先生已经多次尝试铺设一条从法国到阿尔及利亚海岸的耗资巨大的电缆，

* 卡塔赫纳是西班牙城市，奥兰是阿尔及利亚城市。——译者注

但未能实现令人满意的电报连接。他现在想以最便宜的，用一根非常轻的电缆穿过西班牙的方式来铺设，他委托我们制造卡塔赫纳和奥兰之间的铜护电缆并对其进行铺设。

法国政府保留了对这艘轮船的购置权，以及为这艘船配置帝国海军成员的权利及对他们的指挥权。我在1855年巴黎展览会上认识的局长，当时我们都担任评审团成员，他希望亲自参加铺设。威廉和我想一起接管管理工作，所以我们于1863年12月在马德里会面，我从当时住的莫斯科出发，花了5天时间几乎不间断地经过了圣彼得堡、柏林和巴黎，赶到马德里。

与此同时，我的弟弟威廉在1859年与前面已经多次提到的戈登先生的妹妹结婚了，她是一位活泼、可爱的女士。他把妻子带到了马德里，因为她希望与他共同分担铺设电缆的艰辛和危险。马德里的天气阴冷多风，令人不舒服，以至于从我离开莫斯科后，根本没有注意到天气有任何改善。我们很快就前往阿兰胡埃斯、巴伦西亚和阿利坎特，同样也没有找到更舒适的温度。西班牙的冬天异常寒冷，令人惊讶的是从阿利坎特到卡塔赫纳，一路上都能看到枣椰树和长满金色果实的橘子树上有积雪。在卡塔赫纳也是如此，在那里我们不得不等了几天电缆船，没有烟囱或火炉的房子里非常寒冷，以至于我的弟媳后来经常声称，我从俄罗斯带来的毛皮保护她在西班牙没有被冻。只有在奥兰，天气才好转。我们很快就做好了必要的准备工作，希望能够在几天内完成铺设。但是“命运之手无法逃避”——经过 4 个星期的辛勤劳作，我们在巨大的危险中幸存下来，虽然失去了电缆，但我们仍然不得不庆幸没有遭受任何生命或健康的损害。

随着岁月的流逝，客观来看，这个电缆的铺设太草率了，因为电缆、船和铺设的方法完全不合适。无论如何，我们可以给出的唯一借口是：我们想不惜一切代价铺设自己的电缆，是因为我们看到自己的发明和经验被英国企业家毫无顾忌地使用，他们甚至没有提及我们对发展海底电报的无可置疑的贡献。而且可能最主要是因为威廉发明电缆建造和铺设设备是经过深思熟虑的产物，也很新颖，我们无法接受它在车间里静静地躺着不被使用。

电缆造出来之后品质稳定，虽然保存了一段时间，但它在各个方面的性能仍然非常出色。不幸的是，我们不得不承认，虽然麻线可以通过将它们浸泡在单宁溶液中来防止“硬化”，但它的坚固性却大大降低了。尽管它的重量很轻，但它的强度还不足以保证在阿尔及利亚和西班牙海岸之间的大海深处铺设成功。更糟糕的是，我的弟弟发明了一种铺设电缆的新机制，计划第一次在这里试用。这包括将电缆缠绕在带有固定轴的大卷筒上，使用非常小型的蒸汽机收放电缆。我弟弟的这种天才设计，在我看来很值得怀疑，因为如此沉重的卷筒能够匀速旋转，尤其是在波涛汹涌的大海中，所涉及的困难程度根本无法评估，并且只有在始终准确地了解船速、海深和水流的情况下，才能正确测量因卷筒旋转而展开的电缆长度。海上风平浪静，于是我制造了一个电动测速计。该测速计将通过第一次测试，我希望它能可靠地确定船速，所以我们决定，尽管电缆的抗拖拽性能差也要试一试。

不幸的是，事实证明我的担心是有道理的。在铺设了沉重的海岸电缆之后，连接它的轻型铜电缆的铺设进行了大约一个小时而没有遇到麻烦，我认为成功的希望已经明显增加了，但是电缆突然断裂并沉到相当深的海中，具体原因我们一无所知，电缆被大的石头缠在海床上，因此无法取回。结果，我们剩余的电缆不足以铺设到卡塔赫纳，所以我们决定走较短的路线到阿尔梅里亚，先开船过去，再在那里寻找合适的登陆点。

气候宜人、水平如镜的阿尔梅里亚 * 之旅令人陶醉。这座城市被一个延伸到大海深处的多山海角所掩盖。然而，对我们来说，这个美丽的位置对铺设来说相当不利，因为这需要我们绕过这个突出的海角，有一个大的弯路，以至于从奥兰出发缩短的铺设距离几乎又被抵消了。不过，在我们上岸增加补给时，享受了当地人的热情款待，他们坚持要隆重地接待我们，并在剧院即兴举行了一场欢迎我们的晚会。这个晚会最让我们惊讶的是女性的古典美，她们的容貌无疑是摩尔人 ** 的类型，特别是一位年轻女孩引起了我们的注意，由来自西欧各国组成的我们的“船员协会”一致投票决定她为最理想的女性美。

在这个愉快的夜晚，我们不知道第二天会给我们带来什么危险，直到现在我都觉得能挺过这些危险真是太好了。

为了能够正确理解下面的内容，必须认识到我们的

* 阿尔梅里亚，西班牙南部城市。——译者注

** 摩尔人主要指伊比利亚半岛的伊斯兰征服者。——译者注

船不是为铺设电缆而建造的，而是法国政府在英国市场上临时采购的。这是一艘英国货船，之前的任务是将煤炭船拖到伦敦。这些船不是为公海建造的；它们有一个平坦的底部，没有龙骨，也没有高起的船艏来打浪。这艘制造不是很适合的船的内部空间现在大部分被一个带有直立铁轴的巨大木筒占据，整条电缆都缠绕在木筒上，因此对于大的海浪来说船的负载分配非常均衡。但天气一直很好，海面很平静。当我们从阿尔梅里亚出发后绕过海角看到开阔的大海时，情况发生了一些变化。从西南吹来的风不大不小，沿着海岸的岬角后面堆积着乌云。与此同时，我们发现，这些乌云在最近处垂下来向海面伸出了一个“长鼻子”，下面的海水剧烈地翻滚着，在持续的阳光下看起来就像一个闪闪发光的、满是裂痕的冰场。据我们估计，我们的船在这个满是泡沫的海水里航行了大约两海里，这个区域大概有半海里宽，纵深则无法估量。令人惊讶的是，“长鼻子”的上面与云迅速融合起来，下面则迅速变窄，但并没有完全接触到翻滚的海面，二者间有着明显可见的间隙；此外，在“长鼻子”下方的起泡的海面并没有特别升高，但整个水面似乎均匀地升高了，高出海平面一个房子的高度。

与此同时，“长鼻子”的末端在白色的海水上做了一个明确的圆周运动，大约每 10 分钟到 20 分钟往返一次。

遗憾的是，我们无法继续观察这个有趣的水龙卷景象了，因为它沿着海岸快速向东移动了，并且我们又被另一个奇怪的现象吸引了。船突然剧烈摇晃起来，我们艰难地保持身体直立。海浪猛而高，我们进入了所谓的“死亡之海”，显然我们正在通过水龙卷刚刚经过的区域。由于船长熟悉船的建造情况，船的剧烈摇晃让他很担心，他让船保持着朝波谷方向的航向，希望能很快的再次找到平静的水域。然后，我发现短促的重击让整艘船在每一次摇摆时都颤抖。一个念头在我脑海中闪电一样闪过：“木筒已经松了，很快就会以不可抗拒的力量将船击碎。”我下到我弟弟的船舱找他，他严重晕船；只有他确切地知道木筒的构造和固定方式，所以他也许仍然能够拯救我们。我发现他已经站了起来，脸色惨白但镇定自若。他也立即清楚了造成危险打击的原因，这足以驱散所有晕船的感觉。在货舱中，他确实看到滚筒轴上的轴承从槽里脱离了出来，另外，经过精心准备和安装的以保护轴承槽和滚筒本身的特别硬的木头工件不见了。法国木工一开始对它们的下落毫无印象，但当打击加剧，我弟弟对他们大喊，如果不立即拿来工件我们都会完蛋，他们终于想起来把工件拿到了现场。他们对这一结实的工件一无所知，只是对它们倍感惊奇，并认为它们是多余的。

然而，在剧烈的摇晃中，我们无法将工件装到原来的位置。与此同时，打击越来越剧烈，所有人都担心这艘船再也承受不住了。然后我的弟弟通过敞开的甲板舱口向我们喊道：“摇晃太大，逆风行驶！”船长立即发出适当的命令，船逆风而行。片刻之后，令我惊讶的是，我看到船头开始潜入水下，海浪已经冲刷了甲板的前部。我立刻知道了原因，船在全速前进时突然转向逆风而行，当海浪漫过船头时，把船头向下压，船处于倾斜状态，并且因为它在倾斜的水面上的速度而被推向海水深处。在这个关键时刻，我接过了指挥的位置，像船长习惯的样子，冲着附近的机房大喊了一声：“停！”幸运的是，机械师立即服从了。但船的速度只能慢慢降低。我们都站在渐渐升起的船尾甲板上，看着前甲板越来越小，海水离我们站的位置越来越近。然后它不断冲击升起的船尾甲板，水面形成了一个强大的漩涡，水从敞开的甲板舱口流入船舱，我们马上就要完蛋了。接下来，漩涡减弱了，一阵让人心焦的时刻之后，船头又跃出水面，我们重新燃起了活下去的希望，因为剧烈的摇晃和致命的打击现在已经停止了。

我弟弟在船舱里，没能看到危险步步紧逼，海水突然向他和木筒涌来，他完全惊呆了。当海水停止倾泻时，他很快就能安装好工件，从而消除了筒轴的敲击危险，这让他无比高兴。船长现在再次小心翼翼地把航线设定为奥兰。船仍然摇晃得厉害，但人们已经习惯了，并且很高兴地发现木筒没有再次移动。巨大的兴奋驱散了所有人的晕船症，天暗了下来，每个人都找到自己的船舱，很快周围的一切都安静了。

我没睡多久，甲板上响亮的命令和惊恐的叫喊声把我吵醒了；紧接着，船以一种我以前从未经历过的方式倾斜到一边，即使是到了今天我也觉得难以置信。人们被抛到床下，从大舱室完全倾斜的地板上滚到对面舱室里。船上所有可移动的东西都跟着他们移动，同时所有的灯都熄灭了，因为悬挂的灯撞击到船舱的天花板后，都碎了。然后，在一阵让人恐惧的停顿后，船又晃了回去，接着又是几个强度差不多的摇晃。在第一次摇晃后，我来到了甲板上。在半暗半明之中，我认出了船长，我向他喊话，他指着船尾甲板喊道："这是陆地！"事实上，黑暗中船尾甲板后隐约发光的是高高的岩壁。船长看到岩壁，猛地把船转向，这才引起剧烈的摇晃。他认为我们一定是偏离了航线，离狮子角的岩石很近。突然，一个声音在黑暗中喊道："陆地在动！"确实，船后高高的、隐约发光的"墙"正在逼近，带着一种奇怪的咆哮声。接着是一个非常可怕和碾压一切的时刻，几乎无法描述，巨大的洪流从四面八方向船涌来，力量很大，我只能紧紧抓住顶层甲板的铁栏杆。与此同时，我感到整艘船被海浪猛烈地、短促地冲击弄得前后颠簸。人是在水上还是在水下，已经难以区分。我们难以呼吸，吸进去的像是泡沫。这种情况持续了多久，事后没有人能说得清。那些留在船舱里的人，也在剧烈的颠簸中挣扎着晃来晃去，甲板上倾泻而下的巨浪的拍打声也把人吓得要死。这个情况大约持续了两到五分钟，然后，就像开始时一样突然一切都结束了，但那个发光的岩壁现在出现在船的前方，慢慢地离开了。

不久之后，当全船的人以新生命的勇气聚集在船甲板上，谈论他们幸存下来的恐怖和奇迹时，法国军官说，最令人难以置信的奇迹是我们的女士根本没有尖叫。我弟媳那种真正的英国式平静，随着危险的增加而增加，对于活泼的法国人来说这似乎完全不可思议。

后来听说，我们在阿尔梅里亚观察到的水龙卷已经沿着西班牙海岸向东前进，然后来到非洲海岸，我们显然经过了这条路线。我们那如此经不起风浪的、装载不当的船只居然成功挺过了这个危险，这对我来说是完全无法理解的。当水龙卷从我们头顶掠过后，海水还不停地翻滚，目光所见之处全是冒着泡沫的海浪。在那里，我们看到了最疯狂的想象力也无法想象的辉煌、壮丽的自然现象。目光所及之处，暗红色的光芒下大海泛着红光，看起来像是由熔化的炽热金属制成的。尤其是浪头的泡沫发出明亮的光，可以清楚地看到所有物体，甚至可以阅读最小的文字。这个令人毛骨悚然的美丽景象，在过去了 1/4 个世纪之后，仍然就像发生在眼前一样！当时我们所在的海域聚集着无数发光的动物。我用力摇晃盛满海水的玻璃杯，里面的水在黑暗中发出明亮的光。水龙卷下海水的猛烈漩涡让所有发光的动物都惊恐不已（在白天肉眼也能清楚地看到它们），多亏了它们全体同时发光的活动，我们才看到了这美好的景象。

我们的旅程没有受到更多干扰，几个小时后我们到达奥兰，现在我们必须考虑下一步该做什么。经过仔细计算，如果以最少的电缆损耗铺设，这是在不太平坦的海床上无张力铺设电缆的必需条件，这样我们仍然有足够的电缆可以到达卡塔赫纳。从危难中幸存下来后，我的弟弟变得更加激进，他要用现有的设备直接再次尝试。但是，我拒绝了，因为我对木筒和装载它的船失去了信心。我们最终决定将电缆盘绕起来，使用锥体和测力计以通常的方式铺设。

当完成了费力而耗时的电缆缠绕并移除了要命的木筒后，我们进行了第二次铺设尝试。天气又好了起来，铺设工作可以顺利进行。然而，海的深度比法国海图上标注的要深，我们不得不对测力计加大负载，以免电缆损耗过多。我用我的电子计程仪控制电缆的消耗量，到目前为止它一直运行良好。一切都顺顺利利，直到卡塔赫纳附近高高的海岸线清晰出现在我们眼前。突然，我的计程仪坏了，后来证明是因为它的螺旋桨被海藻缠住了。因为我上次的计算表明我们节省了电缆，并且利用结余的电缆我们能够铺设到卡塔赫纳，所以我找到威廉，让他减少测力计的负载，以便更好地防止电缆断裂。但他对现状比较满意，要先向我展示电缆投放在当前负载下有多好、多均匀，接着我们首次看到了电缆是如何突然间崩断的。刹车轮立即停止，断裂的一端消失在大海深处，对我们来讲在当时的条件下一大笔钱也消失得无影无踪了，因为铺设电缆的风险由我们承担。但目前比金钱损失更让人抓狂的是我们遭受的技术失败。几个月的工作，不仅我们自己，还有我们所有的同伴因为铺设电缆而承受的所有麻烦和危险，都因为几根硬化的麻线而无法挽回地化为乌有。被全体船员同情的不舒服的感觉，是对我们冒失行为的严厉惩罚。

当我们在电缆断裂几个小时后抵达卡塔赫纳时，已经有一个多月没有来自欧洲的消息了。在阿尔梅里亚的短暂停留期间，我们听到的只有与丹麦就石勒苏益格-荷尔斯泰因公国的问题爆发的战争。在卡塔赫纳的旅馆里，我们找到了法文和英文报纸，来自祖国上个月的所有重大政治新闻一起向我们涌来。自宣战和对受英国偏爱的丹麦的军事胜利以来，报纸上关于德国的报道发生了非常明显的转变。迄今为止，我们已经习惯于在英文和法文报纸上读到大量对德国科学、音乐和歌曲的善意赞美，以及对善良、爱空想和不切实际的德国人的怜悯评论。现在却是怒气冲冲的关于德国人的征服欲、报纸上登的好战及嗜血的文章！我必须承认，这并没有让我愤懑，反而让我很高兴。每一个这样的表述都显著提升了我作为一个德国人的自尊心。长期以来，德国人在世界历史上都是被动的。现在，第一次在《泰晤士报》上可以黑白分明地读到德国人掌握了主动权，并且让那些迄今为止认为过去德国人的被动是理所当然的人无比愤怒。在铺设电缆期间与在英国人和法国人打交道时，多次痛苦的经历让我确信德国人作为一个民族从其他民族那里得到的尊重是多么少。我与他们进行了长时间的政治辩论，结果却总是德国人既没有建立独立、统一的民族国家的权利，也没有这种能力。在对自法奥战争以来德国重新活跃起来的民族愿望进行了长时间的交谈后，陪同我们的法国电信局局长德沃吉先生（他曾经陪同拿破仑皇帝流放，声望很高）问我，"那么，德国人究竟想要什么？""一个统一的德意志帝国。"我回答。"你认为，"他又问道，"法国会容忍一个人口数量超过她的统一国家形成吗？""不，"我回答道，"我们坚信我们必须结成一体对抗法国。""多么天真的想法，"他说，"德国作为一个整体与我们作战？巴伐利亚、符腾堡、整个德国南部都将与我们一起对抗普鲁士。""这次不会了，"

我回答道,“法国的第一发炮弹将促进德国的统一，因此，我们不惧怕法国人的进攻，而是欢呼雀跃地欢迎它的到来。”德沃吉先生听了这话，摇摇头。然而，他似乎突然明白，他们的皇帝在与奥地利的战争中为意大利人打开的民族主义的潘多拉盒子最终会反噬法国。3年后，当人们关注普鲁士吞并劳恩堡，我本人在巴黎向局长报告时，他想起我们的政治谈话，从远处叫我:“喂，先生,（普鲁士）要吞并劳恩堡吗?”“是的，先生,”我回应道,“并且还要吞并更多!”这个欲望果真变得如此之大，而且真的实现了。后来，当德军打败法军，进入法国境内，德沃吉先生不得不随他的皇帝逃亡时，他肯定会想起我的预言。事实上，法国的第一发炮弹已经使整个德国统一了。

卡塔赫纳 - 奥兰线路对我们来说是不幸的。当丢失的电缆被一根新制造的、做了加固的电缆取代时，我弟弟在同年回到了奥兰。我们利用从早期铺设中获得的经验做了改进：所有的设备都非常好，新的并且足够坚固的电缆，经验丰富的操作人员，天气也很好。简而言之，这次的失败我根本不能接受。在预期的时间内，我收到了期待已久的来自卡塔赫纳的电报，说电缆铺设成功，在奥兰和巴黎之间交换发报已经实现。不幸的是，几小时后，另一个电报跟随而来，说这条电缆在西班牙海岸附近因不明原因断裂了。仔细检查后发现，断裂发生在西班牙海滨突然下降到很深的地方，穿越这些深谷及总体多山的海床总是非常危险的。当电缆在两块高出海床很多的岩石上铺设时，电缆悬在它们上方而不接触底部，它就呈现出悬链线的形式，其张力变得很大，于是就断裂了。无论如何，电缆在陡坡下方形成了这样的悬链线，因为电缆是在卡住几个小时后才撕裂的。

我们试图取回电缆，但没有成功，因为海底多是岩石、海水很深，电缆的强度不足以承受这个深度。简而言之，我们也完全失去了第二条电缆，但是我们不得不高兴的是，奥兰和巴黎之间实际上已经能够传送官方消息，这意味着我们没有义务再次尝试铺设了 *。

这些电缆铺设给我们造成的巨大损失在我们的业务关系中造成了一个小危机。我的合伙人哈尔斯克不喜欢铺设这种会带来危险和重大损失的电缆，而且还担心我弟弟威廉的进取精神可能会把我们卷入英国的宏大业务中去，这远远超出了我们的能力。因此，他要求解散我

---

* 很显然电缆铺设失败了，给公司造成了很大损失。——译者注

们的英国分公司。威廉·迈耶作为经理支持哈尔斯克的想法，虽然我不得不承认他所提出的理由很有分量，但在如此危急的情况下，我不能让自己放弃我的弟弟威廉。因此，我们同意伦敦的分公司应该与柏林的总公司完全分开，由我和威廉私人接管。后来，现在的西门子兄弟公司接管了伦敦的业务，圣彼得堡的卡尔弟兄也加入进来。现在柏林、圣彼得堡和伦敦 3 家独立公司之间签订了合同，规范了相互之间的关系。

我想在此指出，伦敦公司于 1869 年在黑海铺设的铜护电缆，其结构与卡塔赫纳－奥兰线路电缆相同，使用时间也不长。我的弟弟威廉在平行于刻赤和波季之间的河岸铺设的电缆，它作为印欧线的一部分——稍后将讨论这条线——取得了巨大的成功，但在铺设一年后许多地方同时被地震破坏了。我们试图重新启用它是不可能的，因为它大部分被瓦砾和泥土所覆盖。电报服务的中断在苏呼米－加来沿海站发生强烈地震的那一刻发生了，这提供了电缆断裂确实是由地震引起的证据。这也很容易解释，因为沉积在堤岸上的众多水道总是为海洋提供土壤和碎石；这些物质不时地滑落，嵌入其中的电缆必然会被撕裂。因为地震，这一情况在很多地点同时发生，平衡已经被新沉积物破坏。从这些类似的事件中，我们了解到海底电缆不应该铺设在陡峭的堤坝斜坡上，尤其是在流入深海或内陆湖泊的河流携带泥土和碎石的地方。

我们可以将上述电缆铺设的时间视为我们从事此类工作的实际学徒时间。它们给我们带来了许多麻烦、个人危险和巨大损失，而不是我们所希望的收益，但它们为我们伦敦公司后来伟大而愉快地开展的有线电报事业取得成功铺平了道路。稍后我将回顾我们布线的第二阶段，但只是简短的叙述，因为我个人参与的工作较少。

第 7 章

科技工作和公共活动

我现在转而继续对我早先的科学和技术工作做一个简要的概括，直到 1850 年。

在 1850 年到 1856 年期间，我与哈尔斯克一起努力改进了用于电报设备、科学和技术的电气辅助和测量仪器。我们工作的领域还是“蛮荒之地”，所以我们的工作还是很有成果的。我们的设计，通过伦敦和巴黎的世界博览会迅速传播，几乎成了后来设备的基础。如前所述，这些创新中只有少数获得了专利，其中大多数要么根本没有公开发表，要么只在后来的杂志中有所描述。虽然这使它们更容易被介绍给公众，并给我们带来了许多订单，但这也意味着我们经常失去对我们创作者身份的普遍认可。我将在这里只展示我们努力设计的一些方向。

除了手动操作的莫尔斯凸起式记录器的实际应用外，我们在这段时间里忙于把该设备发展成为我们的自动电报系统的高速记录器，该系统最初是为俄罗斯的大型线路设计的，并于 1854 年首次用于华沙－圣彼得堡线。在这个电报系统中，电报是通过所谓的三键纸带打孔机发送的，按下第一个键在纸带上打出一个圆孔，按下第二个键在纸带上打出一个双孔。纸带必须自动前进，而分隔两个单词所需的更大空间是通过第三个键来实现的。一条消息以这种方式在纸条上打孔，然后在所谓的高速编写器的帮助下，传动器拉动纸条在铂金滚筒和接触弹簧或刷子之间穿过。单孔在接收站形成一个点，双孔形成一条线。事实证明，带有铁电枢的普通磁铁工作速度不够快，我们将轻芯磁铁用于继电器和编写器，这些磁铁可以在固定的线圈中旋转，由导线束或切开的薄铁管制成，以此来达到预期的速度。

贝恩早在 1850 年就已经在他的电化学电报中使用了打孔纸带，但他缺乏一种合适的机制来快速对纸带进行打孔。1858 年，惠斯通在他的电磁高速打字机中很好地应用了我的三键纸带打孔机，尽管他没有对外说出其创造的出处。

我公司从一开始就主要从事铁路信号业务，这给我们带来了新的任务。所有德国铁路线都将设置电铃，当火车从一个车站出发时，整个路线都会听见电铃发出的信号声。机械师莱昂哈特已经为图林根铁路制造了这种电铃，但它们的运行不是很稳定，因为车站启动电铃所需的大型原电池很难保持良好状态。使用磁感应器代替电池的想法自然产生了，但先前已知的萨克斯顿和斯特勒的磁感应器不适合用于此目的。我们现在制造了一种新型的电感器，它被证明非常出色，后来完全取代了所有其他结构的电感器。我们电感器的本质是使用一个铁圆柱作为旋转电枢，该铁圆柱上有很深的、相对纵向的切口，作为容纳缠绕铜线的凹槽。该电枢因其铁截面形状而得名双 T 电枢；在英国，它以“西门子电枢”的名称而闻名。环绕着旋转圆柱体的钢磁铁末端是空的，可以彼此分开并纵向安装，因此可以发挥更强大的磁化效应并减少彼此间磁效应的弱化。这种类型的电感器现在专门用于需要通过钢磁体产生强电流的地方。

与旧装置相比，我的带有横向绕组的圆柱形电枢具有很大优势，它质量小，效果强大，尤其是在快速旋转时惯性矩低。因此，我也将它们用于制造一个非常简单且安全可靠的磁电式指针电报，快速转动曲柄，然后通过传动齿轮驱动圆柱形感应器转动，而每转动半圈通过线路发送一个交变的正负电流，导致接收设备的指针指向表盘上的一个字母。只要将曲柄接连不断地转动到电报字母对应的位置，便使它们在接收站上以相同的顺序出现。接收装置的电磁铁由一个可以绕其轴旋转的铁圆柱体组成，这个圆柱体带有两个强极性端子，在两个磁性强的马蹄形钢磁铁的磁极之间摆动。无论正电流还是负电流流过电磁体的固定绕组之后，一个或另一个磁体将吸引旋转电枢，从而转动接收装置的指针。这些快速的、可靠的磁电指针装置在铁路服务中广泛使用，近期还在经常使用。

刚刚描述的极化磁体的装置——振荡电枢或磁体有两个静止位置，这取决于是正电流还是负电流流过电磁体绕组——在应用到继电器上之后，有了更大和更普遍的意义。用短感应电流发送莫尔斯电码依赖于极化继电器的使用，因为一个电流方向启动纸带上划线，而另一个电流方向则结束它。所以生成的划线长度不依赖于电流的持续时间，但取决于两个方向交替的短电流之间的时间间隔。

我们很多电报装置都是基于这个原理，这里只提到感应式录入电报机。运行它所需的短交流电由一个独立的电磁铁产生，该电磁铁有两个导线绕组，一个是由少量粗线制成的初级绕组，另一个是由大量细线制成的次级绕组。发送莫尔斯电码所需的电流以通常的方式在初级绕组中产生。在初级线路中流动电流的开始和结束时，在连接到线路和地线的次级绕组中产生了短而强的方向交变的感应电流，在终端电报设备中产生了所需的莫尔斯电码。对于磁感应器来说，磁闭合的电磁铁要用大的铁芯，以使闭合和断开电流的电压一样大。

使用这种感应式录入电报机，利用单个丹尼尔电池在地上线路发送的电报能跨越最远距离，并且非常可靠。感应交流电也被证明对地下和海底线路很有帮助，因为它使电报传送的距离更远，速度也更快。如前所述，1857 年撒丁岛 - 马耳他 - 科孚（希腊北部的一个岛）线配备了我们的感应式录入电报机。次年铺设的第一条大西洋电缆的运行中，首席电工怀特豪斯先生同样使用了感应电流，直到绝缘层的破坏（不幸的是在铺设后不久就出现了）妨碍了它们的继续使用。后来，在长距离的海底线路上，普遍回归使用带有汤姆逊镜检流计的电池电流。

对陆地线路使用短感应电流的要求是电流必须非常强，以便能够在线路末端触发必要的机械运动。但由于维护非常大的电池既麻烦又昂贵，例如用直流电或电池交流电运行长距离线路，我和哈尔斯克尝试了用机械方式将低压电池电流转换为高压直流电。在伦敦和巴黎的世界博览会上，我们展示了几种为此目的建造的装置，但这些装置最初的缺点是获得的高压电流大小不均匀。只有我所谓的盘式机器，才能真正解决通过电流感应产生电压几乎恒定的直流电的问题。

盘式机器本质上是由大量围成一圈的电磁铁组成，磁极上头所谓的盘，其实就是一个锥形铁盘，它的尖端落在磁铁圈的中心，可以旋转。磁铁配有两个绕组，内里绕组的一半始终接入电池组——由几个大的电池单元组成——电路中，并通过适当的接触让盘旋转，触点始终领先圆盘 1/4 圆周，而外面的绕组都连接在一个独立的导电电路中。在磁极上方转动的铁盘在接入本地回路的磁体的次级绕组中产生一个方向的感应电流；反过来，磁体从本地回路断开的同时产生了相反方向的感应电流。两个感应电流相互抵消，在次级绕组电路中根本不会出现电流，除非在该电路的两个相对点能够不间断地连接起来，两个相反方向的电流就汇成一个连续的电流。这种连接是通过电刷完成的，通过铁锥的延伸轴的旋转实现转动。

1854 年我制造了这台盘式机器，并在多个世界博览会中展出，首次是在 1855 年的巴黎世界博览会。这台机器的一个样品及我们建造的许多其他设备都被收入柏林邮政博物馆，这个博物馆可能拥有世界上最完整的现存的旧电报设备。盘式机器非常有趣，因为它第一个解决了这个问题，感应产生了稳定的均衡电流，展现并遵循了 10 年后帕西诺蒂（Pacinotti）教授通过他著名的磁感应器所走的路径；作为帕西诺蒂环基础的电流分支原理已经包含在其中。因此，我的机器是具有连续电流的现代发电机的前身，同时也是变压器的前身。如果放弃盘的自行运动，而是通过带有电刷的轴的机械旋转来实现它，人们也会拥有一台有效的电动发电机，这样就会跳过双 T 电枢的应用时期，正是通过双 T 电枢最先实现了这一目的。这可以算是对手边的真理认识困难重重的一个明证。惭愧的是，在建立发电机的原理后，我并没有立即想到把盘式机器的两个反向的半个感应绕组并联起来，在几年后，通过了解帕西诺蒂的工作我才认识到这一点。

1854年,《莱比锡理工中央报》的一篇报道让电报技术人员激动不已。这个消息是，奥地利电报运营商金特尔博士（Dr. Gintl）成功地通过同一根电线连接的莫尔斯电码设备，在布拉格和维也纳之间同时相向发送了电报。情况应该是这样的：这是因为继电器配备了两个绕组，其中一个绕组上流过线路电流，另一个绕组上同时流过同样大小、方向相反的本地电流。第二个电路要通过一个特殊的开关与线路回路在同一时刻闭合。然而，金特尔博士很快就发现，这种方法并没有达成目标，因为不可能让两个开关真正同时闭合，而且每个字符结束跟随的主线路电流的中断一定会干扰来自另一边的电流。因此，金特尔放弃了这一方法，并试图用贝恩的电化学电报来解决这个问题。他的实验给出了更好的结果，让他相信两个方向相反的电流可以在同一根导线中互不干扰地通过。在我发表在波根多夫的《年鉴》上的一篇题为《论电报线同时发送》的文章中，我证明了这种观点是可行的，并发展了电报的电化学相向发送理论，但也表明这种方法不能实际推行。同时还有一种使用电磁装置相向通信的方法，完全达到了预期效果。我们公司后来的总工程师汉诺威的 C. 弗里森（C. Frischen）先生独立发现了这一方法，它今天以“弗里森和西门子的双向通信方法”的名称而闻名，至今仍被广泛使用。在上述文章的最后，我处理了两个设备在同一方向通过同一根导线通信的理论和同时双向通信的理论，并报告了解决这些问题的电流分路。

1857 年，我在波根多夫的《年鉴》上发表了一篇重要文章《论导线中的静电感应和电流延迟》，它阐述了多年来我对地下导线的物理特性的研究的最终结果。在这篇文章中，我对我在 1850 年提出的地下线路静电充电理论进行了延续和进一步发展。最初，物理学界并没有真正相信这一理论，甚至威廉・韦伯也试图通过自我感应来解释普鲁士地下线路中发生的故障。此外，还有法拉第的天才理论尚未赢得旧物理学派的大多数物理学家的认可。根据这一理论，静电分布不是由远处的直接电作用引起的，而是由一个分子到另一个分子传递的电介质分布引起的。位于两个导体之间的物质对电荷量的实际影响可以通过电量或多或少地进入绝缘体，以及由此导致的两个导线上的电量之间的距离减小来解释。因此，我决定不借助任何现有理论对实际存在的条件进行实验调查。当时的调查手段和方法发展的还很不完善，我的调查很是困难，但是让我完全证实了法拉第的分子分布理论。这表明，导体中的热和电的运动定律也适用于静电感应，因此电流的欧姆定律形式也适用于它们。这样，在法拉第理论的帮助下，我得到了物体表面电荷密度的泊松公式，并且实验能够证明在任何情况下法拉第理论都足以解释这些现象。当时我在几个方向上进一步发展了这个理论，并在它的帮助下解决了问题，例如，计算由任意数量的不同电容的莱顿瓶串联而成的电池的电容，这是一项此前无法以其他方式解决的任务。不幸的是，直到 1857 年春天，我才找到空闲时间完成我的作品。与此同时，著名的英国物理学家威廉·汤姆森爵士和麦克斯韦爵士已经分别给出了我的一些科学成果，特别是汤姆森给出了瓶线电容和电流延迟的公式，而我的公式是以一种完全不同的、更基本的方式得到的。在麦克斯韦不朽的著作中，他以严格的数学方式研究法拉第的理论，并证明它无处不在，完全符合势能理论。因此，我们完全有理由将法拉第的电荷分布视为从分子到分子传播的效应，但不能同时作为直接的、远距离的效应，因为这些过程只有一个可以实际存在。

在刚刚说过的工作结束时，我描述了以西门子臭氧管为名的装置，并发展了它的工作原理。有了它，我成功地将氧气电解转化为臭氧。这种设备前景很好，因为它可以电解气体。这使它们进入所谓的活性状态，使它们能够直接与其他气体发生反应产生化合物，否则只能以非常迂回的方式实现。

前面我已经提到，在19世纪中叶，阻碍自然科学特别是物理技术发展的最大障碍之一就是缺乏固定的标准。在科学著作中，尽管米和克相当普遍地用作长度和质量的单位，但技术仍然有着令人无法容忍的分裂和不确定性。毕竟，米和克至少形成了所有测量值都可以比对的固定参照物。但是，对于电气测量，完全没有这样一个参照物。诚然，威廉·韦伯和高斯（Gauβ）在理论上已经开发了令人赞叹的绝对电磁单位系统，并且还大大改进了精确测量的方法和所需的仪器，但是却没有真正代表绝对单位并且每个人都可以使用的测量标尺。结果，每个物理学家都习惯于为自己的工作建立独特的电阻单位，这导致了他的结果有着无法与其他人相比的缺陷。圣彼得堡的雅可比随后提出建议，他通过一名莱比锡技工存放的随机的一根铜线作为普遍接受的电阻单位，但是，这种尝试失败了，因为电线的电阻随着时间的推移而变化，并且寄送的铜线复制样本的电阻值差异高达 10%。哈尔斯克和我最初是使用直径为 1 毫米的 1 德里长的铜线的电阻作为一个单位，在德国和其他国家相当普遍地用于实际电报，这种做法也被证明只是一时的权宜之计。我很快就说服自己，像雅可比那样建立一个经验标准很不合适，因为电阻不像长度和质量那样是物体的固定和可控的属性，说服全世界接受一种存放于某地的电阻标准件是毫无希望的。

考虑到这些情况，剩下的就是我要在韦伯的绝对电阻单位和在任何地方都可以最高精度复制的经验电阻单位之间做出选择。人们接受绝对的电阻单位在当时还是不可想象的，因为它很难复制，威廉·韦伯告诉我，绝对电阻单位存在百分之几的偏差是不可避免的。因此，我决定使用唯一一种在常温下呈液态的金属汞作为可复制的电阻，它的电阻值不会随分子间变化而改变，并且与固体金属相比，用金属汞制作的电阻受温度变化的影响更小。1860 年，我的工作取得了进展。我公开提议把 0 摄氏度时长 1 米、横截面为 1 平方毫米的水银柱的电阻作为一个电阻单位，并将制作水银电阻单位的方法发表在波根多夫的《年鉴》中，文章题目为《对可复制电阻单位的建议》。

尽管伦敦的马蒂埃森先生强烈反对采纳我的电阻单位，他推荐了一个近似韦伯电阻单位的金银合金导线作为经验单位，但我的建议很快被普遍接受。在 1868 年的维也纳国际电报会议上宣布采用水银电阻单位作为电报系统的法定电阻单位。尽管如此，英国物理学家们仍继续努力把英国协会采用的，由威廉·汤姆森勋爵（开尔文勋爵）提出的厘米 - 克 - 秒（c.g.s.）电阻单位（韦伯绝对单位电阻的 10 倍）作为国际电阻单位。英国协会成立了一个特别委员会，威廉·汤姆森勋爵和我的弟弟威廉都在这个委员会里，这个委员会为普遍接受英国协会的电阻单位进行了激烈的鼓动，尽管它不是真正准确的表征。人们寄希望于电测量方法的预期进步，并发现采用基于理论确定以力学基础测量为基础的电阻单位让电力计算更为简单。尽管绝大多数使用电阻的计算属于几何学而不是力学领域，我提出的具有几何基础的可复制单位同样也可以称为绝对单位，就像基于力学基础的韦伯单位或其修改版英方提出的电阻单位一样，后来原则上采用了 c.g.s. 电阻单位作为国际电阻计量单位。下面我还会再次谈到这一点。

英国政府委托我和我的弟弟威廉来控制由他们补贴的电缆生产，这促使我们对海底电缆的特性进行了非常详细的实验，特别是制定了一种合理的电气测试方法。马耳他－亚历山大里亚电缆是有史以来第一个在整个制造过程中接受系统测试和控制的电缆，因此，铺设完成后它就被证明是完全可靠的良好电缆，并且能够一直保持这种状态。这种合理的测试是通过上述精确的电阻测量和与我们设定的电阻量度对应的重量砝码——它能以汞为单位快速表示任何所需的电阻，我们对调查和测量仪器的方法的改进也让测试大为改进。为了研究在深海普遍存在的高压强对电缆的影响，我们建造了可封闭的钢水罐，用来在强压力下测量电缆的绝缘情况。这证实了我们在红海铺设电缆期间已经观察到的事实，即古特胶的绝缘能力由于水压增大而增加，从而证实了在最深处铺设海底线路的可能性。我们还设计了一些表格，用于说明古特胶、橡胶和其他绝缘材料的绝缘能力随温度升高而降低的量，以及这些绝缘体的分布性（特定感应的能力）。我们的实验表明，在这些方面，天然橡胶及其混合物远远优于古特胶，这一情况促使我们进行了广泛的实验，用橡胶包覆导线来获得良好的绝缘效果，但这些尝试并没有完全达到预期的实用效果。

1860 年，我们向英国协会提交了题为《检查海底电报线路状态的原则和实际程序大纲》的论文，其中总结了我们调查的主要结果，为后来普遍采用的电缆测试系统和故障检测奠定了基础。这篇论文是以英文发表的。而 1850 年我提交给法国科学院的报告，其中原则上已经包含了我的故障检测方法，它是以法文发表的。但是，后来的作者和发明家在极少的情况下会提及它们，里面给出的方法在稍做修改后被当作新的发现来公布、发表。在这里我有意指出这一点，以免电气工程的发展史被长时间歪曲、篡改。最近出版的一本由 E. 温施多夫（E. Wünschendorff）精心编写的《海底电缆原理》（*Traité de télégraphié sousmarine*）让我有了这样的评论。就在这本书的开头，将电报的第一发明者德国苏默林（Soemmerring）博士称为“俄罗斯教授”，他在圣彼得堡和 1845 年在巴黎附近铺设水下线路，从而成为海底电报的发明者。这是这一作品明显的历史性错误，它把后来去圣彼得堡的德国人雅可比教授误认为德国人苏默林博士。我们还应该注意的是，这条线路及 1847 年之前的其他海底线路项目只能被视为幻想游戏，无法成为可用地下线路。只有我用古特胶无缝压制的线路，解决了地下和海底线路的制造问题，并且于 1848 年为基尔港的水雷铺设线路和于 1850 年春天穿过科隆附近莱茵河的铁箍电缆线路成了海底电报的事实。法国人温施多夫的德文名字可能是整个作品对德国成就漠视的原因。

在我上面描述的那一时期中，还有两个对我来说至关重要的公共活动。

1855 年我被选为柏林商会的理事会成员，这个商会同时还是勃兰登堡地区的商会。选举以所有商业和贸易公司的名义进行投票，因此被认为是一种特殊的荣誉。通过它我获得了与柏林工业家进行更密切的个人接触的便利。

1860 年，在柏林大学成立 50 周年之际，我获得了哲学系的荣誉博士学位。在我的家乡柏林被授予荣誉博士是最让我高兴的，我认为这是对我科学成就的认可，它使我与我的科学家朋友们建立了一种友好关系。

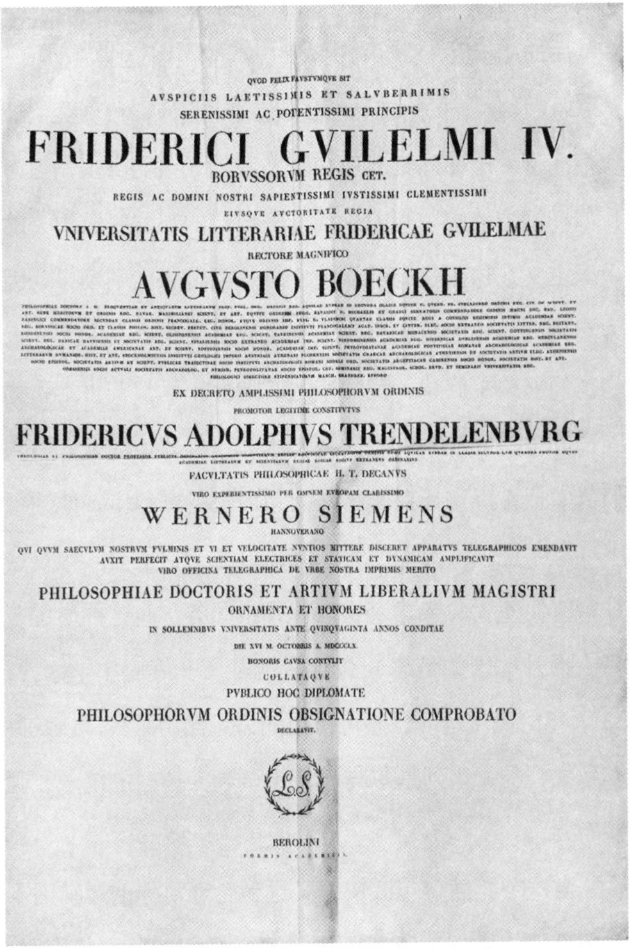
QVOD FELIX FAVSTVMQVE SIT
AVSPICIIS LAETISSIMIS ET SALVBERRIMIS
SERENISSIMI AC POTENTISSIMI PRINCIPIS
FRIDERICI GVILELMI IV.
BORVSSORVM REGIS CET.
REGIS AC DOMINI NOSTRI SAPIENTISSIMI IVSTISSIMI CLEMENTISSIMI
EIVSQVE AVCTORITATE REGIA
VNIVERSITATIS LITTERARIAE FRIDERICAE GVILELMAE
RECTORE MAGNIFICO
AVGVSTO BOECKH
EX DECRETO AMPLISSIMI PHILOSOPHORVM ORDINIS
PROMOTOR LEGITIME CONSTITVTVS
FRIDERICVS ADOLPHVS TRENDELENBVRG
FACVLTATIS PHILOSOPHICAE H. T. DECANVS
VIRO EXPERIENTISSIMO PER OMNEM EVROPAM CLARISSIMO
WERNERO SIEMENS
HANNOVERANO
QVI QVVM SAECVLVM NOSTRVM FVLMINIS ET VI ET VELOCITATE NVNTIOS MITTERE DISCERET APPARATVS TELEGRAPHICOS EMENDAVIT
AVXIT PERFECIT ATQVE SCIENTIAM ELECTRICES ET STATICAM ET DYNAMICAM AMPLIFICAVIT
VIRO OFFICINA TELEGRAPHICA DE VRBE NOSTRA IMPRIMIS MERITO
PHILOSOPHIAE DOCTORIS ET ARTIVM LIBERALIVM MAGISTRI
ORNAMENTA ET HONORES
IN SOLLEMNIBVS VNIVERSITATIS ANTE QVINQVAGINTA ANNOS CONDITAE
DIE XVI M. OCTOBRIS A. MDCCCLX.
HONORIS CAVSA CONTVLIT
COLLATAQVE
PVBLICO HOC DIPLOMATE
PHILOSOPHORVM ORDINIS OBSIGNATIONE COMPROBATO
DECLARAVIT.
L.S.
BEROLINI
FORMIS ACADEMICIS.

1860 年，柏林大学哲学系荣誉博士学位证书

1860 年 10 月，维尔纳・冯・西门子在科学和社会方面的成就得到了认可。柏林大学哲学系授予他荣誉博士学位。

在下面的文字中，我要更详细地介绍我的政治活动，在随后的几年里，我怀着更大的热情参与了这些活动。

从我很小的时候起，德意志民族的分裂和衰落就让我很痛苦。这种感觉出现在我和我的兄弟们身上，因为我们在德国的中小邦国生活，与自己的邦国联盟相关的爱国主义在这里没有肥沃的土壤，而普鲁士则不是，因为它具有辉煌的历史。此外，民族主义和自由主义一直是我们家的主旋律，我父亲尤其如此。尽管普鲁士和德国在光荣的解放战争之后陷入了悲惨的政治局势，但人们仍然把希望寄托在腓特烈大帝时期的普鲁士，他的行动唤醒了德国人对他作为未来救世主的自信心。正是这种希望促使我父亲建议我为普鲁士服务，而这种通过普鲁士提升德国的信念一直鲜活地驻留在我心中。因此，1848 年的民族运动以不可抗拒的力量俘虏了我，让我抛弃私人利益，来到基尔与普鲁士一起为德国的统一和强盛而战。

当这个充满青年激情但又远超合理目标的运动因不利条件而失败时，当德国再次陷入脆弱的分裂状态时，当普鲁士再次遭受屈辱时，所有德国爱国者都垂头丧气了。诚然，对普鲁士的希望依然还在，但人们不再相信普鲁士会为德国的统一而战，而是把所有的希望放在具有自由主义信念的德国人身上，特别是放在普鲁士人最终取得胜利的信念上。这种观念的重大转变解释了冲突时期一些现象的背后原因。

直到 1860 年，我一直忙于实际的科技工作，完全远离政治。直到普鲁士亲王摄政时期，几乎完全僵化的政治形势和悲观情绪开始缓和，自由主义的政治观点再次显现，我才加入了由本尼格森（Bennigsen）领导、受恩斯特公爵保护的科堡 - 哥达全国协会。我参加了它在科堡举行的成立大会，并从此作为忠实的盟友参与它的活动。通过我在州议会选举中的积极活动，我对自由党的主要政治家有了更好的了解。我参加了正在组建中的新自由党的大会，并参与了对其纲领和名称的审议。大多数人倾向于投票支持"民主党"这个名称，而舒尔茨 - 德里奇（Schulze-Delitzsch）则想将其命名为"德意志党"。我建议选择"进步党"这个名称，因为党的名称似乎更适合用来表示活动方向，而不是态度。最后决定将我的提议与舒尔茨 - 德里奇的提议结合起来，新党被称为"德国进步党"。

我一再拒绝被选为议员，1862 年在我没有申请的情况下被选为伦内普－索林根区议员[①]，我认为自己有义务接受这一职位。政府提议的军队重组成了当时政党站队的重大议题，这个问题的核心在于，根据政府计划普鲁士军队的规模将增加一倍，军事预算也相应增加。现在的舆论是，这种军事负担的增加要以人民的完全贫困为代价。事实上，即使在那时，普鲁士的繁荣也明显落后于其他邦国，因为即使在解放战争之后，德国军事力量的重担仍主要落在普鲁士肩上。军队重组的负担如此之重，如果不强制其他邦国也相应地参与，普鲁士必将越来越落后，最终将无法承受这一负担。众所周知，威廉国王早在作为普鲁士亲王摄政的时候，就深信有必要将腓特烈大帝的国家作为德国邦国领导者的地位重新提升到与它历史地位相称的水平，人们丝毫不怀疑这一促进他对王室的爱戴和尊崇的努力是真诚的，只是对他计划的可行性表示怀疑。人们已经放弃了普鲁士统一德国的历史使命和普鲁士吉星高照的信念。即使是最热衷于德国统一和未来强盛的狂热分子，甚至是超乎寻常的普鲁士爱国者，对于普鲁士背负这一新的、看来无法承担的军事负担的义务也是众说纷纭。虽然大多数议会代表心

① 原文是 Soligen-Remscheid，有误，应该是 Lennep-Solingen。

情沉重，但还是否决了政府关于军队改组的议案，而在多次解散议会的情况下，人民在新的选举中确认了这一投票。

就我个人而言，投票反对政府法案对我来说特别困难，因为在我的内心深处，我仍然保持着普鲁士国家使命的旧信念，而且对我而言，反对君主的意志似乎是忘恩负义的，他曾经亲自证明过他的仁慈。此外，俾斯麦（Bismarck）部长和冯·鲁恩（Von Roon）部长在议会厅中的行为，以及我在激烈辩论中观察到的许多姿态和言语使我深信不疑：这是严肃的事情，必须扩大军队。但我的政治朋友让我冷静下来，他们说建立普鲁士领导下统一德国的积极行动必然会导致与奥地利的战争，并违背弗里德里希·威廉三世留给他儿子们的遗嘱："紧紧抱住奥地利！"由此形成一个不可逾越的障碍。

这种内心的冲突让我在朱利叶斯·斯普林格出版社出版的一本《关于军事问题》的匿名小册子中讨论了一个问题，即在战争中军队人数增加一倍是否有不同于政府建议的解决方案，可以在不让国家承担政府草案所要求的巨大成本负担的情况下实现这一目标。与此同时，战争部部长冯·鲁恩本人已经进行了军队重组，在没有考虑议会斗争的情况下，并且幸运的是，在 1866 年春天因为石勒苏益格－荷尔斯泰因与奥地利决裂时，重组已经完成。尽管有军备和战争威胁，但只有少数人相信这种冲突会真实发生并导致战争。因此，1866 年 6 月 14 日清晨，传来对奥地利和德意志联邦宣战的消息，宣战宣言已经贴在布告柱上，大家惊骇万分。事实上，从夏洛滕堡匆忙步行到柏林之后，我发现离我最近的这些布告柱被密密麻麻的人群包围了。反应经常变幻莫测的人群在面对这一重大事件时所表现出的冷静、严肃的态度让我极为震惊。在我们身边的人被要求反复宣读这份认真而庄重的声明，没有人提出任何批评。每个人，无论是工人还是有身份的人，都感受到了“这是战争！”。虽然这一事实的分量巨大，但似乎没有人因此而沮丧，人人都以自觉的平静的态度接受了它。在此，我非常清楚，在一个有着辉煌历史的民族究竟蕴含着什么样的力量。在危难之际，它增强了自信心，驱赶了懦弱，唤醒了每个人的斗志，像他们的先辈一样，为渡过难关尽自己的一份力。整个柏林，实际上是整个邦国，至少在普鲁士的旧领地，看起来就和我在波茨坦门的布告柱附近看到的情形完全一样。所有政治问题都被遗忘或推迟，每个人都只想尽自己的职责。这种情绪支配着所有阶层的人民，在宣战当天由私人召集的一次会议上清楚地表明了这一点，该会议旨在成立一个伤员护理协会。当一个政界人士开始抱怨政府，要求其为战争负责时，我只回答了一句话就把他驳倒了：战争已经成为事实，现在我们只有为胜利做好一切准备工作和尽可能减轻战争的痛苦。下面我的观点引起了大家一致的掌声：停止继续讨论，一致决定成立战地陆军援助会。后来这个援助会取得了巨大成功。

几周后，随着奥地利和与它结盟的德意志邦国的失败，战争结束了，此时的世界看起来已经完全不同了。弱小而深受屈辱的普鲁士现在作为一个骄傲的胜利者站在德意志邦国的顶端，几乎没有对手。在智慧的德国人民的精神认知中，不可避免的内战不过是实现渴望德国统一的手段；对战败国，如果完全吞并它们，对于普鲁士的强大无关紧要，威廉国王和他的首席部长给他们提供了异乎寻常的、仁厚的和平条件；国王和将军们以胜利者的身份回到驻地，要求议员赦免他们因国家紧急状态而被迫违反宪法的行为，并且重建了邦国间的和平。通过这些方式，他们为世界提供了一个独特的自我约束的正义典范。当然，在王室的智慧和伟大得到充分认可和赞同之前，它仍然需要在议会进行一些“斗争”。

由于议会与政府多年的斗争和多次解散，使其形成了一种斗争形式，即赋予领导人在投票上超乎寻常的影响力。坚定的民主派领袖瓦尔德克（Waldeck）获得了巨大的权力，他的朋友们鄙视所有的妥协，并坚持在实现他们的目标和保证议会尊严的情况下才予以赦免，这是一个非常困难的条件。在当时的政治形势下，这是一个极其危险的开端，不仅严重威胁了国内和平，还会危及普鲁士军队取得的辉煌胜利的所有成果。在议会开会之前，合约签订后不久，我在巴黎逗留了一段时间，有机会了解到民众和决策层的情绪。一个大的问题是：法国不能容忍在没有非常大的补偿的情况下，普鲁士赢得德国北部的首脑和整个德意志领袖的权力地位，如果有必要，必须采取武力阻止。我从一个来源非常可靠的消息中了解到，法国迄今为止表现出的态度好，唯一的原因是墨西哥战争削弱了其军队，特别是清空了弹药库，但他们正在忙于军备，一度打算让普鲁士的内部斗争继续下去。

当我回到柏林时，发现议会已经开始了，各党派正在激烈地辩论赦免问题。不幸的是，大部分不属于“瓦尔德克党”的议会领导人，坚信他们不可能在进步党中取得胜利，于是宣布退出进步党，并决定组建一个新党——“民族自由党”。原则上，我本人永远不会在议会发表重要讲话，因为我认为我的政治活动只是暂时的，并决定不再接受议会席位。另外，我一直积极参加党的集会，对大多数议员的情绪可能比议会领导人更了解。我相信进步党的绝大多数党员支持与王室和平相处，他们只需要一个有力推动就会表达这种和平情绪。事实上，我在党的集会上生动地描述了与拒绝赦免有关的许多危险，所以产生了很好的效果。在我的要求下，拉斯克（Lasker）撤回了他的辞职声明，直到议会小组会议被推迟后，拉斯克在一次雄辩的演讲中对我的陈述做了确认和进一步扩展。随后进步党以压倒性票数宣布支持无限制地批准赦免，尽管瓦尔德克本人以最大的决心主张坚持法律立场，拒绝赦免声明。等到议会自己做出了赦免的决定，国内也和平了，我退出了政坛，从此把领导公司之外的空闲时间投入到科学工作中。

在 3 年的议会活动中，我一直积极参与委员会和党的会议，参与讨论了 3 项法案——通过与政府和上议院达成协议，它们都成了法律。我是法德贸易协定“金属和硬件”部分的专门报告人，相信我为最终接受由我详细准备的这部分协议做出了不可忽视的贡献。不幸的是，这一报告使我与我的选区发生了冲突。他们向议会派出一个特别代表团，提出禁止商品使用外国制造商的名称和商标的条款。伦内普－索林根的工业家宣称，通常来说，由英国制造商和贸易商提供的优质商品，根据他们的规格带有英国工厂的标志是传统和普遍的做法，如果不这样做，他们的业务运营将受到严重损害；这种禁令的后果是，他们更好的商品不仅会失去英国市场，还会失去德国市场，因为英国商品在德国也很受青睐。

尽管进行了长时间的辩论，但我们之间没有达成任何共识。该代表团承认，他们要求德国工业把优质商品作为外国商品投放市场，而将较差的商品作为自己工厂的商品投放市场是一种自杀行为，但他们却把原因归咎于购买人群。因此，我们陷入分歧。我相信此时如果我重新参选议员的话，就不会再次当选了。除此以外，这一禁令效果很好，但遗憾的是它没有被全力执行。从那以后，在那个古老而著名的工业区，如同在整个德国技术领域一样，产生了一种制造商的自豪感，即只交付优质商品。人们也意识到，一个国家的产品有好名声比高关税对产品的保护更有效。

只有在像美国这样的国家才能实施一个有效的保护性关税制度，涵盖所有的气候条件并能生产其工业所需的所有原材料，以确保工业满足自己国家的消费需求。这样的国家虽然可以阻止进口，但同时也降低了出口能力。对于欧洲来说，幸运的是，美国通过其禁止性的保护关税制度，抑制了其工业威胁性的快速发展，并降低了其出口能力。被高保护性关税壁垒撕裂的欧洲由此获得了时间并认识到其处境的危险，如果它不及时把自己变成世界贸易的一部分，这将使它无法在世界市场上与免税的美国竞争。旧世界与新世界在生活的各个领域的斗争，显然将是下个世纪的重大问题。如果欧洲想要保持其在世界上的主导地位，或者至少保持与美国旗鼓相当，它必须及时为这场战斗做好准备。这只能通过尽可能消除所有限制销售区域使生产成本更加昂贵，以及降低在世界市场上的竞争力的欧洲内部关税壁垒来实现。此外，欧洲必须培养与世界其他地区团结的感情，由此把欧洲内部的权力和利益问题导向更宏大的目标。

第 8 章

印度线和高加索线

在我从事政治活动期间，我仍然热情致力于将自己所开创的大型项目进一步发展。与此同时，普鲁士国家电报局的管理发生了调整，这使我和我的公司重新与他们建立了更密切的联系。以前的枢密官诺特博姆无法原谅我在一份手册中将普鲁士地下线路系统的彻底失败归咎于其的真正原因，即技术管理机构的不完善。接替他的是一个非常聪明的人——工程师军官冯·肖万（Von Chauvin）上校，他被任命为普鲁士国家电报局局长。他重新建立了普鲁士国家电报局与我公司已经彻底断绝多年的关系，并利用他们在电报领域的丰富经验，改进了国家电报局一直停滞不前的运行设备。与此同时，我的老朋友兼恩人冯·吕德斯上校在长期患病后再次担任俄罗斯国家电报局的局长，因此我构思了一个大胆的计划，即在英国和印度之间建立一条通过普鲁士、俄罗斯和波斯的特别电报线路——印欧线路呼之欲出。

英国试图在地中海、小亚细亚和波斯建立一条线路，我的弟弟威廉积极参与了这条线路的铺设。这个计划已经通过这一线路的努力得到了很好的准备。1862年，英国政府铺设了一条从波斯布希尔到印度库拉奇的电缆，不幸的是我们的电工博士埃塞尔巴赫在铺设中身亡。在英国的指导下，土耳其和波斯政府也建立了通过小亚细亚和波斯连接电缆的陆地线路，从而有效地开通了通往印度的陆上电报线路。然而，人们很快就发现，以这种方式完成任务实际是不可能的。线路通常是无法联通的，即使有时候一切就绪，发送电报往往也需要数周时间，最后到达目的地的是一个完全难以理解、残缺不全的东西。理论上，通过普鲁士和俄罗斯政府的线路还有第二条陆路连接，但事实证明，对于用英语传达政府和商业消息的需求，这些线路几乎与通过土耳其的专线一样毫无用处。

经历了这些之后，很明显，英国和印度之间对快速可靠的电报通信的巨大需求只有一条穿过普鲁士、俄罗斯和波斯统一布局和管理的线路才能满足。在我与我的弟弟威廉和查尔斯仔细考虑这条线路的可行性之后，威廉通过他的朋友贝特曼－尚佩恩（Bateman-Champain）上校（穿过小亚细亚陆地线路的建设者）确保了英国政府的慷慨支持，肖万上校也向普鲁士政府提供了同样保证，我们在柏林、伦敦和圣彼得堡的 3 个公司着手执行该计划。

执行该计划最大的困难在于，说服俄罗斯政府允许一家外国公司在俄罗斯建立和运营自己的电报线路。这需要经过漫长的谈判才可以成功。对我们有利的是，此前我们作为技术人员和可靠的企业家所做的贡献让我们在俄罗斯享有盛誉。最终我们获得特许权，授予我们铺设和运营一条从普鲁士边境经基辅、敖德萨、刻赤通过部分海底到高加索的海港苏库姆－卡莱，再经第比利斯到波斯边境的双线的权利。普鲁士承诺铺设一条从波兰边境经柏林到埃姆登的双线，并由我们组建的公司运营这条线。在波斯，除了我的弟弟沃尔特，我们还委托了一位年轻的亲戚，现任柏林德意志银行的第一任董事，当时的评估员格奥尔格·西门子签订合同，波斯给了我们与俄罗斯类似的授权，来建立一条我们自己的从俄罗斯边境到德黑兰的线路。从德黑兰到印度的线路——已经部分建成——的完成由英国政府负责。

我们获得许可，将授予我们的特许权转让给一家在英国注册的公司，条件是把整条线路的建造和维护委托给我们公司，并且我们要一直保持对该公司 1/5 的投资。然后，我们成立了一家英德合资公司，注册地位于伦敦。必须承认这是我们公司在公众中享有盛誉的标志，即建造线路所需的大量资金是我们直接筹集了，而无须伦敦和柏林的银行的中间参与。我在这里要说的是，这条穿过地中海和红海的印欧线路至今仍保持不变，还在定期向其股东支付利润可观的股息，尽管面临着英国承包商建造的一条新海底线路的激烈竞争。

我们公司内对于这条线路的铺设做了如下分配，柏林公司与圣彼得堡公司共同接管了陆地建设的管理，而伦敦公司则受托负责黑海海底电缆的制造和线路建设材料的提供，必需的电报设备的设计和制造留给了柏林公司。尽管存在重大且有时意想不到的障碍，但该线路的铺设还是于 1869 年年底完成。不幸的是：已经提到沿着高加索海岸的电缆因地震而遭到破坏，并且更换一条陆上线路用时不菲，这样一来，次年实现全线真正的电报服务就根本不可能了。

根据我们制订的运行计划，在中间站点将不进行任何人工操作，即以纯机械方式将电报从伦敦发送到加尔各答，以防止电报传送过程中浪费时间和信息畸变。为此，我为印欧线路制造了一套专门的设备系统，彻底解决了这个问题。这在英格兰引起了不小的轰动，在第一次官方尝试中，伦敦和加尔各答之间一条超过 10000 千米的线路的电报应答与两个相邻的英国电报站之间的应答一样快速、可靠。

一个意想不到的困难出现了，即两条线路会相互干扰，尤其是天气干燥时。这个问题首先出现在波斯，柏林公司的总工程师弗里森先生在那里着手建立电报业务。当地天气普遍非常干燥，两条线路彼此完全绝缘，并且与地面完全绝缘，但是任意一条线路上发出电报，两台远程站都会收到正确的莫尔斯电码。由于第二条线路发送站点的设备发生了回写，因此干扰的原因一定是相邻线路的静电荷充电，因为它的动态感应电流会在第二条线路的两端产生回写。弗里森先生根据我的电报指示在德黑兰进行的一系列实验证明了这一点。

一旦确定了故障原因，采取适当的预防措施就可以把危害消除。

我想借此机会指出，相邻线路中产生感应电流的双重原因会导致电报运行中的许多干扰，这些干扰迄今尚未完全解决，仍需要详细研究。后来我公司在铺设 7 芯陆地电报电缆时，有机会对这种现象进行了有益的实验。经德国电报管理局许可，从达姆施塔特到斯特拉斯堡的 7 根用古特胶绝缘的导线中有 1 根用锡箔套包裹，而其他 6 根导线则没有包裹锡箔套。铺设后进行的测试发现，包裹锡箔套的导线完全消除了与其他导线之间的静电荷，而它们之间的电动感应保持不变。不幸的是，无法使用完全绝缘的锡箔进行测试，因为无法实现这种绝缘。

在印欧线路铺设之前，我们的圣彼得堡公司就已受俄罗斯政府委托，对俄罗斯高加索地区的多条电报线路进行铺设和维修，为此我们在第比利斯设立了分公司，由我的弟弟沃尔特负责。当政府工程完工后，公司业务量不足，1864 年沃尔特建议在高加索地区的伊丽莎白波尔附近的凯达贝格购买一个富铜矿。由于采矿业务不符合我们公司的业务框架，我和弟弟卡尔只能私下给他购买和运营所需的资金，虽然这笔资金并不多。

凯达贝格铜矿是一个古老的铜矿，甚至有人声称它是最古老的铜矿，早在史前时代就可以提取铜。从它的位置就可以看出：它靠近大湖戈克查和在湖西岸高耸的亚拉腊山，这个位置通常被认为是人类诞生的摇篮。甚至有传说提道：矿山林区的沙姆霍尔河谷是《圣经》中的天堂。无论如何，很多旧采矿场分布在矿山的山顶，固体铜的出现及最后在凯达贝格附近发现的大量史前墓地——鲁道夫·菲尔绍（Rudolf Virchow）对此产生了极大的调查兴趣——证实了采矿作业的历史。该矿拥有天堂般的环境，气候温和；它高出高加索大草原约 800 米，从而被称为戈克查链的小高加索山支脉，其山脚延伸到里海。当沃尔特接手时，开采露天矿石的老矿坑无法继续挖掘，公司运营落在了希腊人手中，他们修建了向下的楼梯式斜井，把矿石和水背出来。沃尔特接手的时候，这一方式还在继续使用。在年轻的普鲁士矿业和冶金学家伯努利博士（Dr. Bernoulli）带领下，根据现代的原则，在这种情况下采取的措施让我们对于采矿非常乐观。但是情况很快表明，我们必须克服重重困难并花费大量资金才能使工厂实现盈利。这其实不难解释，可以想象一下，工厂距黑海约 600 千米，当时既没有铁路也没有普通公路与黑海相连，从矿山和铜冶炼厂建设所需的所有材料到高加索地区根本没有的耐火砖都必须从欧洲获得，以及欧洲殖民者在荒漠中所需的东西——洞穴在这里被作为住所——所有的文明设施都要从头开始建设。

毫不奇怪，矿山吞噬的钱如此之多，我们兄弟很快就面临着是继续投入还是放弃的问题。为了做出决定，我在 1865 年秋天亲自前往高加索地区，通过考察把情况搞清楚。这次高加索之旅是我一生中最愉快的回忆。我一直对人类文化的原始遗址有一种与生俱来的向往。博登斯泰特对茂盛的高加索自然的热情描述引发了我对高加索地区的向往，并且让我去了解它的愿望更加强烈。支持这次旅行的另一个理由是，我心爱的妻子去世了，这使我的精神和身体都备受打击，我迫切需要调整身心。

所以在 1865 年 10 月上旬，我经佩斯 * 前往巴西亚斯 **，在那里我登上了一艘漂亮的多瑙河蒸汽船前往切

* 1873 年和布达结为一个城市，布达佩斯，成为奥匈帝国的第二个首都。——译者注

** 罗马尼亚地名。——译者注

尔纳沃德 *，然后从那里乘船经康斯坦察前往君士坦丁堡。在船上，让我兴奋的是与著名的奥马尔帕夏（Omer Pascha）相遇，他当时是土耳其的军事统帅。因为爱聊天，我们很快就相互熟悉了。他喜欢我的哈瓦那雪茄，我喜欢他的长烟枪，他让奴隶不断地给我添烟。奥马尔帕夏以前是奥地利军队的一名中士，后来投奔土耳其人，接受了他们的信仰，并在与俄罗斯的战争中迅速升迁。攻占黑山——在此之前这被认为是无法实现的——最终使他成为土耳其军队的领袖。他刚从维也纳和巴黎的长途旅行中回来。我试图让他讲述一些他的战争事迹，不幸的是，他总是避免回忆这些。与回忆自己的战争经历相比，他更乐于回忆在维也纳和巴黎看到的芭蕾舞和歌剧女演员。

他只是评论了未来东方对西欧的战争，并且态度非常乐观。他相信，一支强大的土耳其骑兵部队会像早期那样善战，将西方淹没，并击退任何抵抗。

出自土耳其最高统帅的这种观点让我觉得有些幼稚。正如我们经历的一次旅行小故事所揭示的那样，他似乎非常看重土耳其的大众舆论。我们船的机器在通过

* 罗马尼亚城市，位于多瑙河畔。——译者注

铁门时遭到损坏，我们被迫在奥尔索瓦*过夜，以便修理机器。结果，我们到达康斯坦察的时间略微滞后，我们惊恐地得知每周两次从这里开往君士坦丁堡的轮船没有等我们乘坐的火车到达就离开了。我们所有人都不愿意在这个不吉利的地方再待上几天，尤其是军事统帅。于是，在我的带领下，旅行人士的代表去找他，请他安排汽船公司现有的小汽船把我们送上已经离开的轮船。然而，他用一个完全不可理解的理由拒绝了我们。但后来他亲口告诉我，由于他的职位，他不能那样做，因为如果轮船公司不听他的要求，整个土耳其王国的帕夏都会说："哈哈！奥马尔下了命令，但没有人服从，哈哈！"他无法承受这些嘲笑。

博斯普鲁斯海峡、马尔马拉海、甜美的水、美的无与伦比的君士坦丁堡，所有这些都经常被我完美地描述和虔诚地阅读，我就不多说了。尽管其君临天下和卓越不凡的位置，使人们看一眼就会知道它位于一个天定统治世界的地方，但与海对面的佩拉相比，君士坦丁堡并没有给人特别友好或令人振奋的印象。没有人会说："我看到了君士坦丁堡，现在死而无憾了！"这里到处都是

* 罗马尼亚港口。——译者注

幽暗的柏树，非常显眼，通常在房屋之间成片地出现，土耳其人用它装饰他们的墓地，让这座庄严富丽的城市似乎散发出忧郁的气息，也许这是这座城市幽暗历史的精神写照，或者是预示着围绕君士坦丁堡的争斗会再一次让欧洲燃起战火。总之，君士坦丁堡的景象让我们很是惊叹，但它不像那不勒斯或其他一些位置优越的城市那样让人着迷。那些杰出的建筑，例如金角湾上的苏丹老宫殿，甚至圣索菲亚大教堂，即使它们的规模令人印象深刻，但无法让人心潮澎湃或身心愉悦。古老的索菲亚教堂的圆顶耸立在房屋海洋之中，但从远处您只能看到圆顶和外观毫无特征的、朴素的柱子。

索菲亚大教堂的美是一种全然不顾及外观只考虑内部的美。但她内部的这种美超越了所有伟大和崇高的理念。几乎没有任何建筑物或艺术品，没有任何美妙的自然美景，能像从内部看索菲亚圆顶一样给我留下如此深刻的印象。当你看着她时，你完全忘记了跨越下方宽阔的方形空间的天花板的重量，并且有一种感觉：圆顶是一块盖在宽阔的、上部开放空间的、呈略微拱形蕾丝布的、无重量飘着的、用细长尖齿碰触着的圆顶。这种错觉是由于圆顶位于许多细而窄的柱子上，刺眼的光线照在柱子之间，让柱子底部看起来像山峰。我无法抵御这个飘动的天花板对我施加的魔力，不得不承认，后来带有沉重底座和高度对称性的、高拱顶的圣彼得大教堂没有给我留下特别印象。人们惊叹于圣彼得大教堂，因为真实的它比看起来要高大得多，而圣索菲亚大教堂则相反，它看起来比实际上更高大，让观众叹服于这种崇高而绝无压迫的宏大。

在君士坦丁堡逗留期间，我很高兴见到了几位曾在弗里德里希·威廉三世手下任职的教官，他们被派到这里重组土耳其军队。我发现其中一个人是我从军时就认识的。这些军官无一例外的都是基督徒和优秀的德国人，而与他们一起前往君士坦丁堡的部分士官已成为伊斯兰教徒，因此被提升为更高级别的军官。我在特拉布宗遇到了这样一个改教的人，在那里我乘坐开往波季的轮船继续前进，在君士坦丁堡只逗留了几天。在那里，我拜访了普鲁士领事冯·赫尔福德（Von Herford）先生，我们在柏林就已经很熟了。他认为我应该去拜访那里的帕夏，这个人被赋予了修建通往波斯的公路的特殊使命。当被问及帕夏是否愿意接待我们时，得到的回答是，他目前正在后院检查别人为他买的女奴，一个小时后他会在马术场接待我们。当领事在那儿把我介绍给他时，我觉得这个有着修长身材、金发、正值壮年的男人好像有些眼熟。帕夏和我的感觉一定是一样的，他打量了我很久，然后问我以前是否是普鲁士军官，是否曾在马格德堡驻军？当我对他说了两个“是”后，他问我是否记得约 20 年前我检查位于防御工事火药库避雷针的事，他是带我去那里的工兵中士。我对这件事只有模糊的记忆，但不得不佩服帕夏对他人外貌的记忆力。当领事提到帕夏要完成的重大技术工程时，帕夏建议我们和他一起到新公路上骑马，就用别人为他刚买的阿拉伯马，对此我欣然同意了。这是一次美好的骑行，我们骑着骏马飞奔。首先是在海边，然后是在一个迷人的山谷中，最后在一条风景秀丽的公路上。大约一个小时过去了，山谷变窄，公路似乎也跟着一个转弯。然后帕夏让马放慢步伐，说天已经很晚了，他必须返回，因为还有工作要做。“也许购买奴隶还没有完全结束”，领事低声对我说。但我很想知道山谷转弯后的情景，我向帕夏喊道：“我想看看拐角处，因为我对美丽的风景很感兴趣。”当我全速疾驰到这个拐角时，我非常惊讶地发现路就在那儿结束了。当然，我立即折回，几分钟后就遇到了返回的同伴。帕夏看我的眼神明显透露着猜疑，当我告诉他看到的美丽景色让我很是满足时，他也就放心了，并以老熟人的身份与我非常友好地告别。后来领事问我有没有看到路的尽头，据说帕夏把铺设后面路的工程款贪污了！

特拉布宗位于亚美尼亚高原脚下，这个高原沿整个海岸陡然下降并断裂开来。植物异常茂盛增强了周围美景的整体特色，让它更加与众不同。然而，如果不是博登斯泰特的热情描述让我对这座城市抱有过高的期望，或许我会更加陶醉于这座城市。从特拉布宗出发，第二天在最美丽的天气里沿着陡峭的、美丽的海岸继续前进。我们驱车经过著名的樱桃城塞拉松特，色诺芬 * 的一万名士兵在此高处看到了汹涌的大海，并称它们为“塔拉塔”。在巴统，我们的船到达了航行的最终目的地；从那里我们乘坐一艘沿海小轮船被带到没有港口的波季。

巴统有一个小而安全的港口，即使在恶劣的天气下也很容易到达，而且港口位置非常好，腹地多山，树木繁茂，而波季位于里奥尼河——古代的帕西斯河——的

* 色诺芬（Xenophon），古希腊将领，历史学家。——译者注

河口，位于一个广阔的沼泽地带，没有任何遮挡，只有一片芦苇丛，大风天气里因为水浅，船只不得不避开。俄罗斯帝国已经三度进行了花费高昂的尝试，在海中建一个防波堤，为船只提供一些保护，但所有这些尝试都徒劳无功。当地流传着这样的说法：蛀虫吃掉了木头做的第一个坝，海水吃掉了水泥做的第二个坝，将军吃掉了花岗岩做的第三个坝。后一种说法只是一个恶劣的玩笑，因为实际上石坝的巨额费用阻碍了它的进一步建设。那么反复失败说明俄罗斯获得沿海唯一可用港口巴塔米的必要性，因为整个高加索人的文化发展取决于它。对于俄罗斯来说，获得巴统就足以抵消上一次土耳其战争的成本。

我的弟弟沃尔特在波季接到了我，在他的陪同下我继续第比利斯的旅程，这次旅行和3年后我第二次前往凯达贝格时都遇到了很大的麻烦。接着，我们乘坐一艘蒸汽轮船从里奥尼河驶往奥尔皮里，那里是一个完全由俄罗斯无须男人构成的教派居住的地方，俄罗斯帝国各地的无须男人都被集中到这里了。撇开船上人们由不同国籍和语言造成的有趣的混乱，航行到里奥尼河能提供的仅有景观就是河两岸的实际无法穿过的沼泽丛林。

我们从奥尔皮里前往库塔伊西，也就是古代的科尔基斯，它位于连接大高加索和小高加索山脉的山坡上，在里奥尼平原的边缘，这里环境优美、气候宜人。库塔伊西的高处耸立着著名的哥拉特修道院，它被认为是基督教最古老的修道院，据说建于早在史前时期就神圣无比的地方。第二次旅行时，我参观了它，发现自己辛苦骑行来到海拔约 1000 英尺的修道院的回报是无比丰厚的。修道院现在大部分已经是一片废墟，坐落的位置视野无比开阔，一个建在 4 根花岗岩柱子上的小神庙让这个修道院闻名遐迩，每根柱子都具有自己独特的建筑风格。据说这座神庙来自一个古老的年代，因为高加索地区许多建筑遗迹的年代不像欧洲那样以世纪为单位，而是以千年为单位。即使经常被夸大，但人们所看到和听到的一切都表明，在高加索地区，人们就处于人类文明的发源地之中。

今天，库塔伊西是一个火车站，人们一天之内可以轻松地从波季或巴统前往第比利斯。那时人们很幸运，至少有一条穿越苏拉姆山脉的新道路，这使得以前非常困难的旅程变得容易。穿越苏拉姆山脉是非常浪漫和令人陶醉的。杜鹃花在森林矮木丛中和林中开阔地到处绽放，还有一种像乔木一样开黄花的高加索杜鹃花。这两种植物开花时都非常迷人，空气中弥漫着令人心醉的香气。想象一下数百米高的陡峭的岩壁，几乎垂直耸立在地面，从下到上布满了粗壮的古老常青藤，你就会了解这里景色的魅力。然而，穿越苏拉姆山脉之后到达格鲁西尼亚高原，在这里通向第比利斯的道路继续延伸，几乎是一直沿着库尔河前进的，这个高原没有什么特别的景色；它多岩石，通常崎岖不平且缺乏植被。但是，大高加索地区的一连串白雪皑皑的山峰一再出现，不仅在海上看非常壮美，还中和了贫瘠的环境。

库尔河深切的河床从第比利斯穿过，城市的北面是陡峭的山形成的“墙”，这可能是这个城市夏季炎热难耐的主要原因。因此，为了挨过炎热，第比利斯的每一位居民如果有可能，都会拥有另一套位于海拔 1000 英尺高的住宅，他们只在到城里办事时才离开。实际上，第比利斯由两个完全不同的城市组成，上面的是欧洲的城市，下面的是亚洲的城市，鲜明的界线把它们分割开来。欧洲化的第比利斯人喜欢自豪地称这里为“亚洲巴黎”，也许对于这一称号它仅仅排在加尔各答之后。事实上，它看起来很欧洲，主要由俄罗斯人和西欧人居住；这部分是皇帝的宫殿、剧院和政府所在地。就名声和人口而言，毗邻的城市确实是纯粹的亚洲城市。第比利斯之所以成为古老的文化圣地之一，大概是因为在这里有著名的温泉——它对于东方人要比西方人重要得多。

从第比利斯出发，我们继续沿着一条相当通畅的道路前往阿克斯塔法，经过伊丽莎白波尔通往巴库的道路与通往戈克查湖和波斯的道路在那里分开，一直延伸到里海的大草原由这里开始。由于高温，我们想一大早就从那里继续我们的旅程，并在凌晨 3 点订购了马匹。然而，对此邮政所所长极力反对，因为一伙强盗使该地区变得不安全。直到今天，俄罗斯政府也没有彻底根除高加索地区的抢劫行为。草原和邻近山区的鞑靼人尽管受到了严厉的惩罚，但也没有放弃抢劫。即使是现在，1890 年夏天，当我准备带着我的妻子和最小的女儿第三次前往凯达贝格时，我收到消息说，一伙强盗在我们矿井附近捣乱，政府对他们采取了逮捕措施。

这种不断出现的高加索抢劫更深层次的原因在于人们的生活习惯和观念。在这个国家，携带武器仍然是一个男人的骄傲。在那里，抢劫被认为是一种不被允许的体育运动，而不是一种可耻的犯罪行为。就像中世纪的骑士认为在乡间街道上从商贩那里偷东西、洗劫城市居民是他们尊严的一部分；就像自由人骑着快马在森林和草原上漫游并用暴力解决一切阻碍。在凯达贝格，经常发生这样的事，鞑靼人是最好和最可靠的工人，多年来矿工辛勤工作没有星期天，一年只有一个宗教节日，当他们攒够钱买武器和马匹后就会突然消失了。有时他们会在很长一段时间后回来，众所周知，在此期间他们一直在抢劫，但这并不妨碍他们在抢劫时由于运气不佳或对抢劫失去兴趣时再次成为好工人。

来自阿克斯塔法邮政所所长的警告并不能阻止我们骑着快马继续在这凉爽的、繁星满天的夜晚旅行，我们更相信制造精良的左轮手枪，随时准备开火。

但我的弟弟沃尔特已经不再像我一样对新奇的情况保持警觉了，他无法长时间抵抗疲劳，很快就进入了梦乡。突然，我们矮矮的、没有弹簧的马车座驾上突然传来一声响亮的叫喊，“强盗！”我弟弟的仆人和车夫正坐在座驾上面。

同时我看到半明半暗之中一个白色的人影正朝我们飞奔而来，我的弟弟被尖叫声惊醒，想也没想就用左轮手枪朝那个已经冲到我们马车前并且大声尖叫的人开了枪，幸好没有击中他。结果我们很快发现，这不是一个劫匪，而是一个亚美尼亚人，他认为自己被劫匪追踪了，为了寻求保护，于是向我们冲了过来。在高加索地区，亚美尼亚人通常被认为是非常精明、能干的商人，但他们缺乏勇气，也许正因为如此，他们喜欢在旅行时尽可能选择好的装备。看来吓坏了我们这位亚美尼亚人的强盗团伙只是他自己的想象。但他的轻率很容易让他臭名远扬，这完全是他自己的错，因为在这个国家，谨慎的预防措施是永远不要快速接近你遇到的旅行者。在这一惊心动魄的事件发生后不久，一种奇怪的自然现象让我们兴奋不已。猛然间，眼前一望无际的草原的地平线上出现了一道耀眼的光芒；它闪耀着绚丽的五彩光芒，但与流星不同的是，它在天空中一动不动。我们对产生这种现象的原因很是困惑，只能将它比作带有降落伞的、喷着彩色火焰的火箭。然而，它很快就变弱了，在很短的时间内缩小到一颗亮星的大小。那是正在升起的金星，它被草原的薄雾和黑暗笼罩着——甚至在日出之前，黑暗仍然笼罩着这些南方地区——看起来明显的大，色彩绚烂。

我们在安南费尔德的施瓦本殖民地过夜，这个殖民地坐落在，或者更确切地说，曾经坐落在通往凯达贝格矿的陡峭山坡下的一片非常肥沃但不适宜居住的地方，靠近库尔河，后来移民离开了这地方，殖民地又向上移动了大约 500 英尺，在山坡上建了一个新的村庄。高加索地区有很多这样的施瓦本殖民地，我想有六七个，第比利斯也是其中之一。这要归功于来自施瓦本的虔诚路德教教徒，他们在 19 世纪的前几十年乘坐各种车辆离开自己的祖国，想穿过奥地利和俄罗斯通过陆路的方式前往应许之地。他们的领导人说，在那里，俗世和天堂的欢乐正等待着他们。不过当时俄罗斯政府对于把能干的德国农民移民到高加索地区颇为重视，于是拦住了移民队伍，让他们派出一个委员会，在他们的护送下前往耶路撒冷，首先调查一下是否真的有适合他们拥有的土地。长时间等待之后，委员会返回了，给出的建议是不要继续前往应许之地，而且由于俄罗斯政府慷慨地将大片肥沃的土地交给他们，施瓦本人留在了那里，一直保留着他们移民过来时的样子。在这些施瓦本定居点，你会惊讶地发现纯粹的旧施瓦本习俗和语言。看到这些殖民地的房屋、街道和居民的样子，你以为你突然被送到一个黑森林村庄。我理解他们的语音也有困难，因为我没有学过，与一个施瓦本女人结婚 20 年后也是如此。我从一个真正的施瓦本人那里听说他理解这一语言也有困难，因为它是 19 世纪初的方言，而不是今天由于时间的影响已经发生了很大变化的方言。就像语言一样，人们保留了他们移民时的所有风俗习惯。他们就像被石化了一样，强烈抵制任何变化。

但似乎这种民俗和语言的不变性是高加索地区的普遍特征，呈现出一个真实的多民族拼图。除了较大的、界线分明的民族之外，还有一些非常小的民族，他们居住在难以通行的山谷中，并忠实地保留着自古以来就截然不同的语言和习俗。此外，高加索地区还有许多俄罗斯殖民地，这些殖民地是由许多教派组成的。由于所追求的国家信仰统一，他们从俄罗斯各地被运送到这里，在一些个别的定居点这些教派合为一体。即便是这些人，半个多世纪后，他们的语言、信仰和习俗也完全没有改变。这些教派中分布最广的是杜卡博尔人和马拉干人，他们与施瓦本人一样，信仰某些圣经段落的特别解释。当他们没有被狂热的情绪所控制时，他们都是好工人和体面的人。马拉干人几乎无一例外都是工匠，尤其是木匠，而杜卡博尔人则是优秀的农民和车夫。邻近杜卡尔博殖民地对于凯达贝格来说一直是无价之宝。一年中只有一个时间他们拒绝服从，因为他们的女王从一个居住地到下一个居住地巡游，与他们一起庆祝宗教节日，但这个节日似乎非常强调尘世的幸福，也许只是为了让信徒们对他们所希望的无限伟大的东西有一个模糊的概念。

一条陡峭但不怎么像样的路从安嫩南费尔德通向凯达贝格。在海拔约 1000 米处，它到达了一个起伏不断的、肥沃但被小山分割的平原，那里曾经被美丽的圣栎树、椴树、山毛榉和其他落叶树所覆盖。波斯对该地区的统治结束以后，在广阔的灌溉系统的废墟中仍然可以看到他们的文化痕迹。这里的森林，就像大部分海拔高的平原一样，已经被彻底摧毁。因为夏天太炎热，草都枯死了，冬天的草原白雪皑皑，牧人赶着牛群到山上的树林里来喂养。他们放倒树木，让牛吃芽和树枝的尖端，以这种方式，一个牛群经常会毁坏 1 平方俄里的茂密森林。因此，我们的冶炼管理部门遇到的最大困难是，要防止这些灾难性的畜群破坏我们的森林，在缺乏硬煤或其他燃料的情况下，维持冶炼作业要完全依靠树木。

冶炼厂位于一条涧水之上。这条涧水通过一个陡峭的峡谷穿过凯达贝格下方的山脊，将凯达贝格与天堂般美丽的沙姆霍尔山谷隔开。峡谷中有一座亚美尼亚小堡垒的废墟，而沙姆霍尔山谷大约在凯达贝格的海拔高度则有一座古老的亚美尼亚修道院，当时仍有少数僧侣居住在那里。凯达贝格则是另外一幅景象，当人从山谷中爬上来，越过最后一个山坡，路过一个古老的教堂墓地时，就会被眼前的画面所震惊。这是一个浪漫的工厂城镇的欧式画面，巨大的熔炉和大型建筑，包括一座基督教祈祷室、一所学校和一座具有欧洲风格的旅馆，还有一条铺在高架桥上的铁路，将 30 千米外的卡拉肯特钢铁厂与凯达贝格和邻近的矿石山连接起来。这种在荒野中的现代文化遗址的特别景象使凯达贝格成为当地及波斯的朝圣之地。当我第一次来访时，凯达贝格完全是另外一个样子。除了高度让人震撼的木制董事会大楼外，只有少数冶金和行政大楼可见。工人的住宅只有通过山坡上的烟囱才能认出，因为它们都在坑屋中。

在东高加索地区，坑屋几乎无一例外地被用作住宅。它实际上是一个建在坑里的木屋，然后盖上一米厚的泥土，使整个屋子看起来像一个大鼹鼠窝。天花板中间是一个烟囱，让烟雾从唯一的房间中跑出来，同时它也是除入口外的唯一光线入口。顺便说一句，这样的坑屋也可以做得非常讲究。有一次，我拜访了一位邻近的，自称“伯爵”的这一地区大地主。我们（我弟弟和冶炼厂经理）被带到一个相当宽敞的大厅式房间，地上铺着非常漂亮的地毯，而内墙上挂着作为背景的波斯地毯。长沙发对面是壁炉，壁炉的上面是天花板上的开口，挂毯后面生机勃勃，不时能听到妇女和儿童的声音。“伯爵”以盛大的礼仪接待了我们，并多次让我们坐到沙发上，而他自己则坐在了对面。经过一段以东方礼貌的方式进行的、简短的翻译帮助下的谈话，我们想再次离开，却被严肃地阻止了。刚进门不久，我们就听到了一只羊的咩咩叫声，立刻怀疑它是为了招待我们而要被宰杀的。事实上，“伯爵”用很认真的表情说，我们不能在没有接受他款待的情况下就离开他的家，这会让他很失礼。为此，我们不得不耐心地等待烤肉串准备好，这种准备是在我们眼前以通常的、非常原始的方式进行的。他们把刚宰好的羊肉切成比核桃大一点的小方块，中间夹杂着肥肉，串在铁签子上。

与此同时，两块石头之间已经点燃了柴火，当只剩下发红的炭时，他们就将准备好的签子放在石头上，并经常翻转一下。几分钟后，美餐就做好了，每位客人根据需求从递给他的签子上取下加了配料的肉块。

如果羊不是太老，并且是刚屠宰的，羊肉是非常酥软可口的；羊肉始终是鞑靼和格鲁吉亚餐的主角，也就是我们晚餐中所谓的“主菜”。

就像地下的“伯爵”宫殿一样，高加索地区也建造了巨大的地下马厩。一次旅途中，我在其中一个邮政所见识了它，我脚下马匹的嘶叫和踩踏声让我意识到我正经过一个马厩。人们称赞地下住宅夏天凉爽，冬天温暖，以致凯达贝格的冶金局经理费了很大的力气才使这些亚洲工人适应住坑屋。这件事是靠妇女们的帮助才成功的，而且也因此才得以解决劳工问题。因为那里的生活必需品很少，他们没有理由辛苦工作。一方面，当他们赚到的钱足够养活自己几个星期时，他们就会停下工作，休息。另一方面，只有一种方法可以让人们习惯于需求，而且只有通过不断的工作才能满足这一需求，这就是女性与生俱来的对于舒适家庭生活的意识，以及很容易唤醒的虚荣心和对服饰的痴迷。当几间简单的工人住宅建成，几对工人夫妇被成功安置后，女人们很快就喜欢上了更舒适、更方便的住宅。这些人也对这样一个事实非常满意，即他们不再需要通过不断采取预防措施来保证屋顶的防雨性。现在只要让妇女购买各种小东西就行了，让家庭生活更舒适，让她们对丈夫更具吸引力。她们很快就喜欢上了地毯和镜子，她们梳妆打扮得更漂亮。总之，她们有了自己的需求，现在不得不满足她们，丈夫们从中也得到满足。这引起了还住在坑屋里的女人的羡慕，没过多久工人一窝蜂似的搬到了工人住宅，这就很有必要为所有长期工人建造房屋。

我只能急切地敦促我们目前定居点的建设也按照同样的方式进行。低需求的人对任何文化发展都怀有敌意，只有当他的需求被唤醒并且习惯于为满足这些需要而工作时，他才会对社会和宗教活动心怀感激，虽然从后者只会得到虚幻不实的结果。当 3 年后我再次访问凯达贝格时，我发现坑屋地区已经发展成为一个颇受人尊敬的欧洲式聚居地。当然大多数工人仍然是游牧民族，直到今天仍然如此。他们在庄稼收获后从波斯赶来，在矿井或小屋里勤奋工作，但在赚到必要的钱或满足家乡需要的时候，他们会继续迁徙。但是，有一支固定的劳动力队伍可以随时确保必要工作的进展。几乎无一例外，工厂的官员都是德国人，其中有一小部分来自俄罗斯波罗的海省份，因此，工作语言一直是德语。听到鞑靼人、波斯人和俄罗斯人结结巴巴说出残缺不全的德国设备和操作名称，以及哈茨钢铁厂常用的脏话时，还是非常滑稽的。

这座富含硫化铜矿石的山位于凯达贝格附近，并通过所谓的公路与其相连。此外，如前所述，我们建造了一条窄轨铁路，深入野生卡拉肯特河的河谷和供应木材与木炭的森林，然后到达风景优美的卡拉肯特的冶炼分厂，从那里到达沙姆霍尔的木筏场。多年来，这条山区铁路确保了我们对燃料的巨大需求，砍伐森林并根据林业部门的要求重新种植，但缺乏木材始终是冶炼厂运营的重大隐患。但是，通常困境本身就是走出困境的最佳帮手，这句话在这里非常贴切。最近，我们成功地用汽油的原料——石脑油，还有重油——石油蒸馏的残渣——取代了煤炭，我相信这在世界上是第一次。这些燃料通过第比利斯铁路从巴库运送到山脚下的沙姆霍尔站，该铁路已经存在多年。在他们的帮助下，焙烧后的矿石在直径 6 米大的圆形火焰炉中熔化并被加工成铜。

卡拉肯特的一家电精炼厂将由此获得的粗铜加工成化学纯铜，其中所含的银是产出的副产品。然而，由于在冬季和雨季时从沙姆霍尔站上山到凯达贝格沿着无法通行的道路很难运输重油和石脑油，因此现在正在建造一条由无缝曼内斯曼钢管[①]制成的管道，通过该管道重油被抽到高出平原大约 1000 米的山上。我希望今年秋天能亲眼看到这个设备。此外，现在正在制造必要的设备，使用我设计的新工艺以纯电力方式将迄今为止不值得加工的较劣矿石转化为精炼铜，而无须使用燃料。为此，必须在邻近沙姆霍尔山谷建造大型涡轮系统，该系统必须提供超过 1000 马力的动力来运行发电机，从而产生必要的电力。电流将越过凯达贝格与沙姆霍尔分开的大约 800 米高的山脊，这样就可以直接在矿山脚下精选出矿粉，然后沉淀出铜。一旦这个设备在理论细节和实践中获得成功，那么，一个在科学技术领域处于领先地位的冶金厂就会出现在荒僻的高加索。可见，在科学技术的帮助下可以改变不利的情况。

可以理解的是，由于在凯达贝格取得的成果，我们收到了各方要我们收购已发现矿床的邀约。尽管我的弟

① 维尔纳·西门子参与了“曼讷斯曼－管材公司”的创立。

弟卡尔和我一样不愿意这样做，因为凯达贝格已经让我们足够操心，但不能总是拒绝有影响力的人提供的考察矿层的邀请。在我的弟弟沃尔特去世后（他是骑马时不幸摔倒而突然身故的），我在1868年秋天第二次去凯达贝格时在大高加索地区进行了两次旅行，其中，苏呼姆－卡莱*到西贝尔达（Cibelda）的一次远程旅行非常有意思。

海拔18000英尺高的厄尔布鲁士山是欧洲最高的山峰，如果把高加索山脉的顶峰作为这片大陆的自然极限，没有几个位置能看到它的整个高度，因为它被高高的环形山脉包住了。将厄尔布鲁士山与环形山脉分开的空间只能在少数几个地方进入，并且被几条放射状的山脊分成不同的部分，人们根本无法在这些山脊间通行。其中，西贝尔达是一座天然的坚不可摧的“堡垒”，只由少数人保卫，却可以对抗一支部队。高加索的其余部分早已落入俄罗斯人手中，不愿屈服于俄罗斯枷锁的切尔克斯人早已移居土耳其，西贝尔达还没有被征服，但人口已经不足以形成一个特殊的部族。俄罗斯人通过修

* 黑海东岸港口，现在的格鲁吉亚阿布哈兹自治共和国首府苏呼米。——译者注

筑道路可以轻松进入要征服的地区，从而征服了西高加索地区所有看似坚不可摧的天然“堡垒”。西贝尔达人对通过军事道路的攻击进行了反抗，但俄罗斯政府的饥饿和诱人的提议最终使居民自愿搬离了他们的“堡垒”，他们决定搬迁到小亚细亚。

搬迁大约一年后，苏呼姆－卡莱省省长海曼将军请求我的弟弟奥托（他接替沃尔特的职务并被任命为德国领事）考察西贝尔达的一个含有铜和银的矿床。1868 年 9 月，当我、奥托和我的专家、新聘用的主管丹内伯格（Dannenberg）（我此行的主要目的是引导他开始新工作）来到苏呼姆－卡莱时，将军重申了他的愿望，并答应我们尽可能轻松、安全地前往西贝尔达。我无法抗拒进入高加索山脉心脏地带的诱惑，他们说我们是第一批到达这里的西欧人。向导是一位年轻的俄罗斯上尉，曾经带领西贝尔达人迁移，他率领一支武装小队，带领我们前往矿区。苏呼姆－卡莱（意为“苏呼姆堡垒”），坐落在环绕厄尔布鲁士山的环形山脚下的一个小的岩石海湾上。它周围的环境很美，首先是它的植被，其茂盛程度无法描述。这个地方的一条长长的垂柳大道让我非常惊讶，垂柳的高度不亚于我们最高的森林树木，茂密的枝条从圆顶垂悬到地面。不幸的是，这条美丽的林荫道成为 1877 年俄土战争的牺牲品。我们装备精良的探险马队所走的路线就在小镇的后面，小镇坐落在一座小山的河谷中，高处的树木同样郁郁葱葱。让我吃惊的是那些高大的橡树和栗子树，它们通常全身褐色，尤其是在阳光充足的地方，根本看不到绿叶。这是因为野生啤酒花将它们从最高的树枝开始包裹起来，这些树就有了啤酒花大而成熟的伞形花序。因为我知道啤酒花的巨大价值，回来后我向海曼将军建议，他应该让他的士兵收集这些啤酒花，然后先将样品送到德国进行检测。将军照我说的做了，但不幸的是，检测结果非常不利，正如我马上要说的那样。我不知道野酒花是没有苦味的物质，雌性酒花植物的伞状花序只有在所有雄性植物远离的情况下才会保留下来，当然，野酒花绝不是这种情况。

我们的马队整天在高山美丽的风景中穿梭，山上没有受到任何人类的破坏。远方白雪覆盖的高山在我们面前慢慢显露，我们脚边的大海闪闪发光像镜子一样，这些景象常常使我们精神焕发。傍晚时分，我们到达了一个小型的俄罗斯固定营地，沿着新建设的交通线前进是俄罗斯军队最终摧毁勇敢的切尔克斯人抵抗的手段。第二天早上，我们在日出时继续骑马前行，现在正在接近高山。一路上我们多次被勇敢的俄罗斯人修建的道路所震撼；很多障碍乍一看似乎难以逾越，现在都已被他们克服。我们没费太大力气就到达了被命名为西贝尔达地带的边界。它只有一个通道，沿着山中一个深深的裂谷，在它的下面有一条山间的河流在暴烈地咆哮着。这条裂谷的一侧——就是我们来的这一侧——被一面堵石墙封住了，它的高度肯定有1000多英尺，裂谷几乎是垂直的，超过1俄里长。在石墙高度的一半处有一道水平的凸起，宽度刚好足够在紧急情况下充当马道。这条路是通往西贝尔达的唯一通道，我们别无选择。军官劝我们不要往深渊里看，而要一直看着马的头，让它完全自由地走，然后他就骑马向前走了。在无尽的沉默中，我们幸运地到达了通道的中央；马道的边缘种了一些植物，挡住了人们看向裂谷深处的视线。突然间，我注意到我前面军官的马低下身来，同时我看到这个军官在岩壁一侧从马鞍上平静地跳了下来。马也很镇定，再次站起身来，继续与军官并肩而行。我下意识地认为最好和我前面的人一样，自己从马背上跳到岩壁边上。当我安全地通过军官的马被植被误导的危险地点后，我担心地回头看着跟在我后头的弟弟，看到不仅是他，还有整个马队都按照我们的样子安全通过了。就这样，我们都安全地到达了狭窄通道的尽头，在一个非常漂亮的石窟中享用了一顿美餐，使我们从所经受的艰辛和恐惧中恢复过来。这个石窟的入口朝着深而相当宽的河谷，它的窟壁和顶上都覆盖着细密的苔藓。

到达这里后，所有的路便都消失了。对我来说，我们的向导在我们必须经过的莽莽森林之中怎么找到的路是一个谜。接下来一段路程的地面非常奇特，它是一大块高地，由东向西起伏不平，应该有 700 英尺高，我们需要多次穿越。它的南坡长满了高大的树木，主要是橡树、栗子树和核桃树。它们的树冠把下面盖得严严实实，以至藤本植物和其他攀缘植物无法在树下生长。这些树木非常高大，大概它们的自然生长过程完全没有受到人类影响，苍老、枯萎的巨树旁边的绿树则是郁郁葱葱，卧在地上的粗壮树干——可能是被暴风雨吹断的——被小树木遮挡着。绕过这样一棵挡路的枯树，往往要费一番功夫，因为树冠和根系在它们的末端形成了有效的屏障。其中一些倒下的树干很粗壮，只有骑在马上的人也才勉强可以看到另一边。幸运的是，它们的下方有空隙，我们可以从它们下面穿过。

当我们越过这样一个山脊的顶部并不得不再次下到它的北坡时，一幅完全不同的景象呈现在我们面前。在这里，地面是湿的，太阳没能把地面晒干。山坡尽管很陡峭，但整个斜坡满是泥泞，以至于马蹄陷在黏稠的泥里，我们不得不几次跳下马，帮助它前行。这里还生长着无数的攀缘植物，使我们不得不绕路，而我们所寻找的地方，由于水分过多而没有攀缘植物，但却长出了像芦苇一样的植物，比马和骑手还要高。地面变得如此陡峭，以至于马无法继续前进。我不得不佩服俄罗斯人的足智多谋，他们选了一个特别陡峭又湿滑的地方，把绳子拴在马尾上，小心翼翼地把马匹一个个地放下去，而我们自己则毫无阻碍地滑下去。

在接下来的攀登中，我发现高加索山地马的尾巴在艰难的山地旅行中发挥着另一个重要作用。我们不得不徒步爬上特别陡峭的山坡，还得爱惜已经筋疲力尽的马，而且需要在日落之前到达目的地，所以很快我就发现自己已经没力气了。在我手足无措之际，我灵机一动，抓住了马的尾巴，马就在我身旁的崎岖小路上欢快地攀爬。在它看来，这是一个司空见惯的做法。它加倍努力，于是我毫不费力地到达了山顶，那里的军官看见我，赞许地喊道:“高加索式爬山!”我看了看后面的人，令我惊讶的是，我发现他们也都抓着马尾。

当太阳落山时，我们终于到达了一个狭窄的石门，它是西贝尔达实际上的天然堡垒的入口。我们穿过这道门之后，一幅壮丽的景象展现在我们面前，起初它让我非常压抑。在傍晚明亮的夕阳下，我们面前耸立着雄伟的厄尔布鲁士山，被厚厚的雪覆盖着。在它的左右，还有几座雪山，尤其是右边，形成了一道长长的链条。在我们脚下深处是一个布满岩石的河谷，仍然有部分阳光照射进来，厄尔布鲁士山的山脚也以此为界，其陡峭的、没有树木的斜坡在广阔的区域内倾斜而下，没有任何明显的中断。这景象让我想起了从格林德瓦到阳光普照的阿尔卑斯山的那幅画面，只是这里的画面中只有雄伟的厄尔布鲁士山，仿佛两座少女峰叠在一起。

欣赏了令人惊叹又无与伦比的美景后，我们穿过一片相当广阔的平原，这片平原在我们面前延伸，在平原上有一年前迁走的西贝尔达部落的奥尔（意为“村庄”）。我们在那片长满了一人高的牛蒡植物的平原上前进并不容易，在通往山口的路上走起来也很艰难。一条熊穿过灌木丛而形成的小路派上了用场；它一定来自熊的“杰作”，这可以从周围有樱桃、月桂果实的核推断出来，这些是该地区熊的流行食物。奥尔的高大木屋仍然完好无损，就像他们的居住者一年前离开时一样，只有熊觅食造成了一些破坏痕迹。

安顿下来之后，我们首先要把自己恢复成“人形”，因为在穿过奥尔曾经的花园时，几乎无法穿过的稠密牛蒡植被让我们的衣服和胡须上都挂着牛蒡，我们看起来更像棕熊而不是人类。去除牛蒡是一项极其费力且有些痛苦的工作。

住在废弃房子的那一晚，我们休息得很好，我们的矿工检查了旧铜矿，宣布其无法开采，即使它达到了铜的最高含量，因为它的位置使采矿作业无法进行。与此同时，我和我的弟弟奥托充分享受了周围令人震撼的雄壮和崇高之美。在晨光下，人们甚至可以比晚上更清楚地看到，朝向我们的极度杂乱无章的厄尔布鲁士山的冰原和冰川，从山坡上奔流而下的水流在阳光下闪闪发光，更给它增添了一种特别的魅力。我们所站的高原海拔迅速下降到把它与厄尔布鲁士山分开的河谷；在其他方向，它的四面被高山包围，在厄尔布鲁士山对面山上最茂盛的高加索植被非常醒目。在平原边缘，河流转向了，在那里的一次游览让我们看到了与以往完全不同的新景观，一种无法描述的崇高和美。

我们返回苏呼姆－卡莱的路线与前往西贝尔达的路线相同，但由于我们有先前的经验，这次旅行轻松了很多。不幸的是，我现在不得不给这个美丽无比的国家的危险气候献上“祭品”。早在我们再次留宿俄罗斯堡垒的时候，我就感到不适。陪同我们的年轻军医立即意识到我感染了该地区的危险热病，并立即对我进行了常规治疗。在发烧完全发作之前，我服用了大量的奎宁，这导致我出现了严重的耳鸣和其他不舒服的感觉，但发烧减轻了，让我可以完成旅程。在苏呼姆－卡莱地区我发烧 3 天；所以在第二天，我接受了稍弱剂量的药；遵照医生的嘱咐，3 天后服用更少剂量的药。至此，我确实退烧了，但在接下来的一段时间里，正如医生所预料的那样，我的脾脏经常出现难以忍受的疼痛。

早些年，我曾多次间歇性发热，连续数月必须每天服用小剂量奎宁，这严重损害了我的健康。在高加索地区，气候性疟疾反复出现且形式多样，用如上所描述的治疗方法总能得到最好的结果。当然，那里也有恶性疟疾，第一次发作就会导致人死亡。虽然热病地区通常是覆盖着茂密植被的沼泽地，但海拔高而干燥的草地也常常被认为是不健康的。在旅行中，我观察到这些地区通常带有古老的、高度发达的文化的痕迹，例如在罗马附近和在古代被称为罗马粮仓的多布罗加（Dobrudscha），当土地被翻动时，这些地区的疟疾就会特别流行。疟疾寄生虫必须在多产、施肥良好的土壤中缓慢滋生，之后的几个世纪，土地一直没有被耕种，并且被草地封住了空气通道，疟疾就是大自然对人们中断土地耕种的惩罚。当时高加索的疟疾治疗方法让我确信：气候性疟疾是由生活在血液中的微生物引起的，其生命周期是发作之间的时间间隔。

这些蜂拥而至的微生物的下一代芽体在袭击我们身体前就被强剂量的奎宁杀死了。还有一个值得注意的事实是，在疟疾地区生活了很长时间的人大多不会发病，但是在没有疟疾的地区生活了几年后就失去了这种免疫力。我想我可以通过下面的假设找到原因：在疟疾病菌源源不断地供给人体时，那些以这些病菌为生的生物也在人体内生成。如果食物病菌长期断绝，这些抗体生物就会死亡。当然，这只是一个未经证实的假设，我将这一假设告诉了当时受过医学训练的朋友，比如杜·博伊斯－雷蒙德，对此他给出了很高的评价。然而，令我高兴的是，近年来细菌学研究大师们正向着我在 25 年前指出的方向前进。

我们对大高加索地区的第二次访问是为了调查一个非常难以到达的地区的矿床，该矿床属于格鲁尼亚侯爵家族。我们首先从第比利斯前往查尔斯基－科洛奇（Tzarskie-Kolodzy）。我们的第比利斯分公司在那里经营了一家石油厂，在第比利斯－巴库铁路建成后，工厂被再次关闭。从那里我们前往葡萄酒之乡卡赫季，以烈性的卡赫季葡萄酒而闻名。它位于阿拉赞河谷，被一条深入干草原的山脊与库尔河谷隔开。从这个山脊的顶部，我们可以看到高加索地区的壮丽景色，那里有一条不间断的白色山峰链，从黑海一直延伸到里海。

卡赫季被认为是葡萄酒文化的发源地，该地的主要城镇都会举行古老的感恩节，这让人想起罗马农神节。格鲁西尼亚各地的人们蜂拥而至，为酒神巴克斯带来丰盛的卡赫季葡萄酒作为祭酒。另外，卡赫季人也受到称赞：卡赫季葡萄酒给那些经常喝它的人带来了快乐，当地的鉴赏家希望全体第比利斯人也知道这种快乐。

我们在侯爵家族的两名男子的带领下，愉快而有趣地骑马穿过了卡赫季。他们邀请我们参观他们的矿藏。在高山脚下，老侯爵带着几个儿子和我们会合。我们过夜的一家祖宅非常了不起，它是山脚下的一块平地上的一座大木屋，建在大约 4 米高的柱子上。一个方便的梯子是进入房子的唯一途径。这是一栋真正的史前干栏式建筑，这种建筑在保守的高加索一直保持到现在。在屋子里，我们发现一个大厅，占据了整栋房子的宽度，沿着一面有很多窗户的墙，放着一张两米多宽的桌子，贯穿了整个房间。这张桌子是房间里唯一可见的家具，必须满足多样化的用途。中午吃饭的时候，沿着桌子边缘纵向铺开的毯子盖住了大约桌子宽度的一半，上面摆着菜肴和大饼。又大又薄的饼不仅可以作为食物，还可以作为桌布和餐巾，用于清洁餐具。老侯爵为我们这些客人准备了椅子；当我们坐下时，老侯爵和他的儿子们跳到桌子上，靠着面包布蹲坐在我们对面。只有我们这些客人使用刀叉，侯爵们仍然以真正东方人的方式只用手指。食物本身非常美味，尤其是西西里克烤串会在柏林最好的餐厅引起轰动。用餐时，人们不断地端起装着卡赫季葡萄酒的水牛角，餐桌上觥筹交错；唯一令人不安的是，每一个被祝福健康的人按照习俗都要喝光一牛角杯的葡萄酒。我们这些没有受过海量饮酒训练的欧洲人招架不了太久。晚上我们知道了大厅那张大桌子的第二个用途——所有人的休息之所，我们和侯爵等人都睡在上面。

第二天早上，我们很早就出发了，爬上了高加索山脉的斜坡。我们的马载着我们在崎岖的道路上疾驰，不知疲倦。当天色开始变暗时，我们已经接近目标，我们在两条汇合的山涧溪流之间的完美的山坡上扎营，或者更确切地说，是设置警卫。我们在巨大的树冠之下露营，这个位置可以清楚地看到卡赫季在我们脚下展开，还有它后面的山。侯爵的同伴们以惊人的技巧用树枝在我们的一排营地对面盖了一间小木屋，在那里可以清楚地俯视平原，让我们感到很舒适，也不可能更舒适了。然后饭很快就做好了，我们都躺着吃了饭。之后，侯爵和他们的同伴在我们对面坐下，开始一种当时盛行的喝花酒方式，喝一种由上等卡赫季葡萄制成的甜红葡萄酒，每个人都用几句让人高兴的话称赞我和我的弟弟奥托，希望我们也把角杯的酒喝光。侯爵他们只说格鲁吉亚语，翻译将他们所说的话翻译成俄语。在场的人都听不懂我们的德语回答，我顽皮的弟弟奥托冒险利用了这种情况，做了我让他答复的发言，在声音、语气和动作上都非常礼貌，但内容充满戏谑。如果人们听懂了他的话或者发现我们面带不恭之色，那么他们肯定会砍上我们几刀。

第二天早上，空气清新、凉爽，当我们在湍急的溪流流经的山上舒舒服服地睡了一觉后，我们没有任何的不适，接着我们参观了矿脉。这里的矿脉丰富但尚未开采，难以逾越的障碍是路途艰难。当我们明白了这一点后，马上就开始了回去的路。夕阳西下，我们又来到了侯爵的干栏式宫殿，在它好客的屋顶下过了一夜。第二天早上，我们告别了侯爵，骑马穿过卡赫季山谷返回，然后打算横穿草原直奔凯达贝格。由于该地区有劫匪，区长给了我们一支由被怀疑为抢劫的人组成的保安队。在他们热情好客的保护下，我们按照该国的习俗安全地旅行。

我们在穿越宽阔而水流湍急的库尔河的路上遇到了麻烦，到中午我们才到达了库尔河的左岸。我们找到了一艘只能载几个人的小船，但没有找到用于划船的桨，顺便说一句，桨在急流中用处不大。我们的同伴使用的过渡口方法非常有趣，我将其推荐给了邮政所所长，以便将其纳入对远古时代邮政的描述中。

两匹最好的马被牵入水中，直到马腿踩不到河底。然后船上的两个鞑靼人抓住了马的尾巴，让游泳的马把船和乘客拉过河。把乘客放下后，船以同样的方式被带回来，他们用其他马匹带着第二拨人过河，就这样继续下去，直到只剩下鞑靼人。最后，他们牵着马下水，拉着马尾巴过了河。我和我的兄弟还有我们有点可疑的同伴一起待在河的左岸。

我们的保护人疑心重重地蹲在一起，目光中透着对我们的不喜欢。他们骄傲地拒绝了我们提供给他们的雪茄，正如我们后来发现的那样，作为顽固的什叶派，他们不被允许从异教徒的手中接受任何东西。因此，后来我们就想向他们展示一下我们的战斗力。我们立起来一个从河里冲上岸的板作为靶子，训练有素地用左轮手枪向它射击。每次射击都能在没有长时间瞄准的情况下，远距离击中靶子。我们的同伴对此非常感兴趣，他们试图用自己精美的抛光燧发枪击中板子，但并不是每次都能打中。然后，他的酋长来找我，向我做了个手势，表示他要看一下我的左轮手枪。他让我把枪放在地上，因为他不能从我手里接东西。在这个关键时刻，在奥托的劝说下，我决定服从并放下左轮手枪。酋长把它捡起来，从各个角度看了又看，然后摇着头给他的战友们看。他用感谢的手势把它还给了我，从此我们的友谊就被确认了。如果客人怀疑他们的待客之道，情况就会很危险；反过来，他们辜负客人信任的情况极为罕见。曾经发生了这样的情况，客人受到了友好的招待，并被安全护送到边界，但随后在别人的地盘上被击杀。穿越库尔河后，我们没有遇到其他的危险就到达了凯达贝格。

在我们所有的山区旅行中，我们有机会见识到小型高加索山地马的技巧和耐力。它们不知疲倦地与骑手一起在最陡峭、最艰难的山路上爬上爬下；没有它们，那些崎岖不平的山区将很难通行。在高加索地区，通常认为进行艰难的山地旅行骑马比步行更安全。当然，这条规则也有例外，以我自己为例，我在第二次访问凯达贝格就遇到了例外。那是 12 月，一向晴朗、美好的秋天天气，出人意料地很快下起了雨，之后还飘着小雪。我们正要参观沙姆霍尔山谷，走得是有些艰难的马道，沿着桀骜不驯的卡拉肯特河直到沙姆霍尔。当雪开始下得更大时，我们认为最好返回，这样回去的路就不会让雪盖住。令人惊讶的是，我们的马能够非常确定地找到被雪厚厚盖住的山路，这条山路紧挨着深陷进去的河床，并且总能找到地上安全的支撑点。我骑着马紧跟在我弟弟奥托后面，我注意到就在河岸边缘的一个危险点——下降几米就是河——一块石头，在他的马的重量下松动了。片刻之后，我的马踩到了这块石头，它完全活动了，我随之摔倒。我只记得听到了后面骑手的叫声，我笔直地站在河床中，身旁是我的马。据我的同伴说，那匹马和我一起翻了个跟斗，然后直接站了起来。无论如何，这是一个奇妙的、幸运的结局。

在两次回家的旅程中，我都选择了途经君士坦丁堡的路线，第一次行程中经历了很多特别的事情。好天气一直持续到 12 月中旬，直到我们离开凯达贝格之后，天气才发生了变化，一场可怕的风暴降临里奥尼河。我们费了很大的劲才到了波季，但我们得知，本来应该带我们去更远地方的汽船已经走了，因为在这种天气下不可能登船。我们，也就是乘轮船抵达的全体，被迫在镇上唯一一家极其糟糕的所谓旅馆中住了一周。这可能是我一生中最不舒服的一周。

一场猛烈的风暴整夜肆虐，不光是在外面，且在我的房间里也是如此。我多次起身检查门窗，发现它们都关上了。但第二天早上，我看到房间里满是雪花，发现它们是透过地板上的大裂缝进来的。在波季，由于多是沼泽地而把房子建在桩子上，这就解释了在封闭的房间里降雪的奇观。暴风雨持续了多天没有间断，在逗留期间我特别不愉快的是，我一只眼睛的结缔组织出现了严重的炎症。

对于这种痛苦的炎症，任何医疗措施都没有什么帮助。拥挤的小旅馆里挤满了各个阶层和民族的人，糟糕的食物和不周到的服务，让那里的生活真的难以忍受。

终于，期待已久的轮船出现了，尽管海浪很大，我和其他 3 个旅客还是设法上了船。航行到博斯普鲁斯海峡入口之前风暴都很强劲，对我们的航行适应性是一个巨大的考验。我们 4 人都挺了过来，这让船长大为吃惊。船上的人员包括：一位俄罗斯将军、墨西拿领事，他是我后来了解到的一位非常可爱的姑娘的父亲。这位姑娘也是我在那不勒斯的朋友多恩教授的现任妻子；还有一位年轻的俄罗斯外交官，后来登上高位；最后一位是奇特的奥地利冶炼厂老板，除非他在吃饭或睡觉，否则一直抽着长烟斗。船长也是一个见多识广、聪明伶俐的人，尽管有风暴和海浪，使得这次海上航行异常漫长，但是我们仍然觉得这次旅程非常迅速并且愉快。

我们在特拉比松那里停泊了几个小时，我又一次从我的许多小灾小难中幸存下来。我步行到小镇的高坡，想再次欣赏那里的壮丽景色，然后沿着美丽的新公路返回小镇，这条路在陡峭的海边完全没有护栏。一大群驴子驮着粮食向我走来。我漫不经心地站在没有栏杆的海边让驴子通过。一开始还不错，但渐渐地，驴子越来越密集，最终占据了整个道路。没有阻挡，没有击打，动物们不会出于好意躲避。我试图跳上一头驴，但是没有成功，我不得不躲避驴子，因而从陡峭的石头上跌落到泥土和灌木丛中，幸运的是这缓解了高处坠落的力量。我发现自己受了轻微的伤，于是费力地从荆棘和荨麻中钻了出来，经过长时间的攀爬之后，才爬上公路。幸运的是，我在高处找到了一个小水塘，在那里把衣服和自己洗干净了。阳光依然强烈，衣服很快就晒干了，所以我能够在没有引起任何注意的情况下穿过镇子，搭上了轮船，庆幸的是轮船在等我返回。随着航行的继续，强风演变成风暴，船长担心他的旧船，于是在锡诺普港*躲避。在接下来的几天里，他两次试图继续航行，但每

* 锡诺普港，土耳其港口。——译者注

次都被赶回安全的港口。因此，我有机会亲眼验证古希腊人对黑海“不好客”的描述是否正确。

在佩拉港，我刚刚发现一艘奥地利劳埃德轮船正准备启程前往里雅斯特，新年前夜我们顺利到达那里；途中，在锡拉和科孚，我们被视为瘟疫嫌疑人，所以不得不悬挂臭名昭著的瘟疫黄旗，因为埃及霍乱猖獗。

对于这两次高加索之旅，我认为我的实际旅行时间已经结束了，因为今天乘坐舒适的、双门车厢的火车或邮车的欧洲旅行只能称为漫步。我准备第三次前往凯达贝格，这是我与高加索地区的告别，仅此而已。

1891年6月，哈尔茨堡[①]

我的脑海里仍然充满了去年秋天我与妻子和女儿按计划进行的第三次高加索之旅的新鲜和愉快的记忆，接下来我要用记述这次旅行来继续我的写作。这次旅行与我前两次前往凯达贝格形成了鲜明对比，无比的舒适，无比的便利。

9月中旬，我们从柏林来到敖德萨。我当然不能不

① 以下是维尔纳·西门子1866年12月4日所写信的前四页的复制品，信中他向在伦敦的威廉报告了他发现的电机原理，即制造了第一台发电机。

去那里的印欧线的站点，并电报联系了伦敦公司的经理安德鲁斯（Andrews）先生。长途跋涉后，这种直接的电报交流总是有一种特别振奋的感觉，我更愿意说是一种升华。它是人类精神对惰性物质的胜利：两个人真正直接的面对面沟通。

从敖德萨出发，我们开启了前往克里米亚的旅程。我以前是在敖德萨和波季之间的轮船停靠点知道这个地方的。我们决定在塞瓦斯托波尔下船，乘车去雅尔塔。一路上天气非常好，让我们可以悠闲地欣赏美丽无比的海岸景观，从克里米亚南部高地最初的陡坡一直延伸到大海。这里很多东西让我们想起了里维埃拉*，事实上我们不得不说克里米亚海岸的一些地方更好。那里有皇室的避暑行宫利瓦的亚和阿卢普卡，以及许多其他俄罗斯大人物的别墅，就像天堂一样美丽。然而，这里缺少的是里维埃拉新鲜的生命脉搏的激情，这种元素把风景和天气的魅力放大了。克里米亚南部海岸气候宜人，温度不高，因此越来越快、越来越方便的通信手段很快就会为这里带来更多的游客。但是，对于美丽和宏伟的无与伦比的高加索高原的东部海滨的气候来说，人们也不能

* 里维埃拉，法国和意大利的海滨度假区。——译者注

用同样的话来夸奖，因为那里几乎到处都在流行疟疾，医学战胜这一人类重大传染病的前景还很遥远。

一个有趣的巧合是，在我第三次到高加索这一地区旅行的时候——多年前我在这里萌生了这一理论，疟疾是由血液中小的微生物引起的——喜讯传来，通过科赫的最新发现，肺结核作为人类主要传染病之一，已经被征服。治疗方法是：在病人的血液中注入利用肺结核病菌自身制造的毒素，这一毒素是结核病菌的产物。报告的结果证明了这一方法的正确性。我们德国人自豪地听到，我们的同胞被各方称赞为人类的恩人。但科赫关于致病杆菌的生命产物是有效的、杀死病菌的毒素的假设，即使在那时也引起了我的怀疑。人们完全可以想象，这种自产的毒素阻止了细菌在它们所占据的身体部位进一步发展，这解释了并非每种传染病都会导致感染者死亡的奇妙现象。而且对我来说，不可想象的是，在另一个身体中，由有限数量的杆菌产生的最少量的这种有毒生命产物，却能产生已经被证明得如此强大的效果。只有生命过程才能做到这一点，在这个过程中，不是引入细菌的数量，而是它们产生的生存条件和它们繁殖所需的时间，对感染者影响的大小起决定性作用。这些微生物的起源问题，即产生出一种对产生它们的杆菌有敌意的生命体，在我看来，只有假设产生这种疾病的生物本身也会得传染病，传染病会影响它们的生命状态并杀死它们，才能回答这个问题。人们必须承认，这种生命物质，无论是动物性的还是植物性的，都不是我们在显微镜下看到的大小，它们与微生物和细菌的大小比例与微生物和细菌与我们人类的比例大致相同。这个假设在科学上没有反对意见，因为分子的大小远低于构建这种非常微小的生物体的极限尺度。在这种假设之下，神秘的自愈过程、得病后的免疫、将致病杆菌的生命产物引入受相同疾病影响的人的体循环中的其他无法解释的效果，显然是感染病原体本身的后果。未来的任务是引起这种感染并使其尽快发展，因为这些次级病原体本身会受到次级微生物导致迅速发展的传染病的影响。但是，如果起到治疗效果的不是生命产物，而是杆菌的次级病原体，那么杆菌必须真的生病，其自身才能起到治疗作用。也许这就是科赫氏结核菌素效果不理想的原因，而这种建议对于全人类来说非常重要，对该领域的研究助益匪浅。

在第比利斯，我们与我的弟弟卡尔汇合，他陪同我们前往凯达贝格和巴库，然后返回圣彼得堡。国会议员哈马赫博士（Dr. Hammacher）早在柏林就加入了我们行程，并且在到达圣彼得堡之前一直是我们忠实的旅行伙伴。自上次访问以来已经过去了 23 年，第比利斯在我看来虽然外观并没有多大变化，但它已经失去了昔日的魅力，再也不能吹嘘自己是“亚洲的巴黎”。过去，这座城市不仅是大公的驻地，也是格鲁吉亚本土贵族的居所，他们是第比利斯社交活动的主人，尤其是在冬季。现在都变了。第比利斯不再有大公，上层格鲁吉亚人几乎完全消失。1/4 个世纪前，这座城市仍然是格鲁吉亚式的，好的房产和城市管理权都在格鲁吉亚人手中。但即便如此，亚美尼亚主义开始传播，这片土地逐渐落入亚美尼亚人的手中。在先前的好斗时期，勇敢、强壮的格鲁吉亚人通过自己的财产和社会地位对抗聪明和精通商业的亚美尼亚人。然而，在俄罗斯的统治下，持久的和平、法律与秩序出现时，这种情况就停止了。从那时起，亚美尼亚“元素”变得不可阻挡，格鲁吉亚“元素”不得不退缩。现在几乎所有的城市财物都是亚美尼亚人的。骄傲的、紧盯着武器的格鲁吉亚人从第比利斯的街道上消失了，现在亚美尼亚人住在他们的宫殿里，统治着这座城市。

在高加索特别适合研究那些极其不同的民族和种族共同生活在战争时期与和平时期相互之间的影响，因为这里是一个各民族的大熔炉。引人注目的是，在高加索地区，犹太人并没有表现出对亚美尼亚人的排斥。那里的犹太人数量不少，但都是马车夫，一般被认为是苦力，喜欢靠超强的体力谋生，他们完全放弃了做生意。大部分俄罗斯人是精明和老练的商人，但正如他们自己承认的那样，与亚美尼亚人和古希腊人相比，他们还是略逊一筹。在高加索地区和整个东方，古希腊人在所有商业关系中都享有最老练的声誉，但当成群结队的亚美尼亚人出现时总是能击败独来独往的古希腊人。

几天后我们坐火车继续前进，我们在凯达贝格高原下发现了一个新的名为达利亚尔的火车站，从那里有一条铁路经过新的施瓦本安置点安南菲尔德，通往凯达贝格。在这里，我们看到了之前已经提到的正在建设中的管道，通过铁路从巴库运到达利亚尔的石油，由管道被泵压到 1000 米高的凯达贝格。铺设管道和泵站建设的工作进展顺利，但我们不得不放弃在冬天到来之前看到设备投入运营的希望。

我们从达利亚尔到凯达贝格的马车旅行对我的妻子和女儿来说是一场真正的东方大剧，让她们非常开心。当地的头人听说了让他们赞叹的冶金厂的老板来了，绝不放过这个机会，带领随从们举行了盛大的欢迎仪式，并护送我们前往凯达贝格。这个队伍在大约 40 千米长的路上不断聚集和扩大。他们骑着敏捷的高加索山地马围在我们的马车周围，通常在上坡和下坡时飞速疾驰。他们穿着高加索服装和盔甲光彩照人。当他们疾驰而过时，表演了最疯狂的骑术，边骑行边开枪，这样我们的队伍给人的印象像是一场遭遇战，而不是一场和平的欢迎仪式。在凯达贝格附近，当地的所有居民都成了矿井和冶炼厂的工人。在管理大楼里，我们受到了总经理博尔顿先生的夫人的接待，并以最舒适的方式安置了我们住宿。在逗留期间，我们从几周前的一次访问中受益匪浅，年轻的意大利王储在高加索地区的俄罗斯贵族的陪同下参观了我们的矿山和冶炼厂。当然，他们对这些客人的接待和食宿也做了特别的安排，特别是安排了舒适的进入矿井的设备和为我们临时准备了一节特等车厢。我们多次乘坐这列极度舒适的列车前往卡拉肯特和沙姆霍尔的周边，常常危险地在深渊上方驶过。

尽管冶炼厂经常冒出的烟雾令人讨厌，但我们在美妙的秋天中尽情享受了凯达贝格的美丽风景。特别的乐趣之一是在我们所谓的“天堂”猎熊。这是一个以沙姆霍尔河和卡拉肯特河为界的高原，地理位置优越，有许多野果树，因此得名。丰富的水果在秋季吸引了该地区的熊，我们冶炼厂的管理人员经常在每年的这个时候组织猎熊，并且收获颇丰。

我们在卡拉肯特的冶炼分部过夜，日出时在邻近的山上猎熊，我们冶炼分部的护林员已经在夜间让驱兽人把这里围了起来。这是一个美妙绝伦的早晨，狩猎者行进在幽静的小路上，怀着对熊的期待，一切都充满了诱惑力。大家在最紧张的状态下等待了很长一段时间，人们听到从远处山坡传来驱兽人的叫喊声。除此之外，在周围的一片寂静之中，人们唯一能听到的就是秋天落叶的声音，这是我之前从小说中才能听到的声音。我的位置在卡尔和哈马赫博士之间的一条狭窄的山路上。我用的是双管猎枪，一个枪管装有子弹，另一个枪管装有粗点的霰弹。同伴们的武器都不太精良。渐渐地，拍打的声音越来越近，但很长一段时间都没有熊出没的迹象。突然，护林员通过手势让我们注意前方的轻微噪声，同时朝他指示的方向开了一枪。熊没有被击中，向左跑了；哈马赫博士的射击同样没中。接着，在另一边的我弟弟的枪响了，接着开了第二枪。我以为已经没有机会射击了，突然一头大棕熊带着一只幼崽从我们的空地穿过。我向熊开了一枪，幼崽因害怕跪倒在地，这让我相信我射中了它。但熊母子俩却镇定地下了山。我们每个人自然都认为是自己射杀了熊，并且急切地在该地区搜索，以求寻找受伤的熊。人们还发现了血迹，但现在和之后都没有看到受伤了的那只熊的任何痕迹。在接下来的驱兽活动中，一头熊也没有杀死，只有一头熊现身，就在驱兽人的面前。他和熊看来都被吓到了，各自背向飞奔，驱兽人的叫声撕心裂肺，让人魂飞魄散。

在凯达贝格周边更远地区最美丽的旅行是沿着卡拉肯特村上方的卡拉肯特河谷到达山顶，这座山环绕着宽广的戈克查湖。从山口的最高点，人们可以看到壮美无比的湖泊就在眼前，而亚美尼亚高地的山脉链则是壮丽全景照的背景。我的同伴们对于到达观景点的艰苦骑行没有退缩，他们幸运地享受了这极度纯净的远眺美景，大亚拉腊山和小亚拉腊山白雪皑皑的山峰一尘不染地展现在眼前。

这几年来，我们偏远资产的巨大增长让我和卡尔非常高兴。我们的同伴经过这么长时间的骑马旅行充分领略了周围山林的魅力。接下来，我们继续前往巴库，要参观自古以来神圣的、永恒之火，并了解被大大赞美的现代火的载体——汽油的来源。我们这么做有着特定的原因，因为正是石脑油，即汽油之母，让凯达贝格充满活力和希望。

经过凯达贝格的首府伊丽莎白波尔，来到施瓦本最大的定居点海伦多夫——就位于该城附近。当诚实的施瓦本人发现我们在凯达贝格时，他们派出头领向我们发出访问海伦多夫的邀请。我们自然而然地接受了邀请，在我们到达伊丽莎白波尔后，受到农民代表的接待，并被快速送到几英里外的村庄。在那里，所有人对德国同胞，尤其是他们的施瓦本同胞都非常热情。我们不得不参观教堂、学校和供水系统，并享受古老的、真正的德国东西，地域和气候所产生的影响都不予考虑。海伦多夫是高加索地区所有施瓦本殖民地中最兴旺和最繁荣的一个，这要归功于其良好的气候和优越的地理位置——它位于美丽多山和水源充足的地区。它的居民应该将德国马车引入高加索地区。最近，该定居点转向葡萄栽培，以当地葡萄为原料，使用现在葡萄酒工艺生产出了优质葡萄酒。

穿过从伊丽莎白波尔到巴库之间的草原，火车之旅很单调，没有什么特别之处。植被非常稀疏，除了位于河道上或有人工灌溉的地方，当然，其中大部分还有先前人类存在的痕迹。在这些地区，有价值的不是土壤，而是可以灌溉它的水。随着文明的进步，人们在这方面仍然可以大有作为，但如果所有河流被迫用来灌溉，这只会使俄罗斯大草原的一小部分地区受益。这里雨水不足，从某些现象可以得出这一结论；雨水是否在这一历史时期绝对减少了，还是它的分布只是简单地改变了，这个问题直到现在也无法确定。

让我们印象深刻的是这里的大量木制瞭望塔，这些塔在一个完全平坦的区域内有 30 ～ 50 英尺高，周围却并没有值得瞭望的东西。这些瞭望塔真正的用途是，居民在疟疾最严重的时候为了避免传染会在这些塔上过夜。

在旅程的尽头是一整座相似的、更高的、看似紧挨着的高塔组成的一个市镇，给附近山峰带上了一顶王冠。通过望远镜仔细观察，发现它们是高井架，通常是为深井钻探而建造的。这里是石脑油——包含大量石油蒸馏物的新东西——丰富的源头地区，从那里通过许多管道输送到邻近的“黑城”巴库进行加工。值得注意的是，钻孔靠得很近，有的深度超过1000英尺，但是开采效果往往差别很大。通常钻孔到达含油层时，会形成一个喷泉，石油被喷射到一百多英尺的高度。然后，迅速在附近的土壤中挖一个坑收集喷出的石油。但是喷出的石油量很快就会减少；几个星期后，油井就“死”了，这时，正如他们在巴库所说的那样，石油必须从井底泵出。因此，钻塔被留下了，以便以后用作泵塔。很难解释为什么两个距离很近的钻孔，一个推动石油向上的气体的压力已经被完全释放，另一个还是新的强劲的油井，难道它们不是都对应着同一个石油岩层吗？总的来说，石油的形成历史仍然笼罩在一片迷雾之中。它是否会在人类文化领域中保持一个持久的地位还很难说。巴库的石油已经对俄罗斯的生活和工业产生了巨大的影响，从俄罗斯所有铁路上用于运输石油和重油的一排排长长的油罐车便可见一斑。由于俄罗斯的森林几乎都被砍伐殆尽，而煤炭只能在顿河大量供应，因此作为廉价且易于运输的燃料，石油和汽油迅速获得了极大的重视。大量的俄罗斯机车和蒸汽轮船已经开始烧汽油。对于俄罗斯的许多工业部门，比如我们的凯达贝格铜矿来说，石油和汽油已成为危急时刻的救命稻草了。老城巴库位于里海陡峭上升的海岸上，风景优美。除了有源源不断的石油，带着高度现代化的永恒之火，还有一些有趣的建筑提醒着人们它是波斯国王的驻地，这座城市对外国人几乎没有吸引力。但是，如果天气好的话，人们可以做“点燃里海”的消遣，乘坐铁制蒸汽船前往离海岸不远的地方，那里有可燃气体从海床升起。这些气体可以在风平浪静时被点燃，在船周围形成一片火海，可以持续很长时间。

我们的返程是陆路，经过莫斯科和圣彼得堡。穿越大高加索时，我们穿过美丽的无人山谷，来到卡兹别克山脚下的洼地。但是要想充分欣赏它的美景，不如反方向走，因为无人的特雷克谷是在山的北坡，下坡时很快，根本来不及领略它的魅力，反方向走还可以防止在快速行进时路上出现令人讨厌的急转弯——除此之外，这就是一条完美的路。从俄罗斯铁路网的起点弗拉季高加索出发，三天不间断地乘车前往莫斯科。可惜由于第一天阴天，我们错过了大高加索的美景，尤其是厄尔布鲁士山的壮观景象。道路两旁的众多石墓很有趣。它们表明，可能在高加索北坡长期有过较高的文化，不同时期滥觞欧洲的种族部落的起点和兴起之地要在这里寻找。

我压制住自己想描述莫斯科的冲动，只想强调在那里你有一种完全置身于俄罗斯的感觉，即置身于欧洲和亚洲文化的交界处。如果你从亚洲过来，就像我们这次一样，并对亚洲的生活和风貌印象深刻，这种感觉会更鲜活。这很难用语言形容。“在亚洲，”我的一位女性旅伴说，“污垢和衣衫褴褛一点也不令人讨厌，而这里却不是！”这确实是从亚洲文化向欧洲文化过渡的典型特征。尽管满身污垢、衣衫褴褛，亚洲人也总是表现出一定的男子气概，而同样情形时欧洲人则毫无男子气概。

真正的俄罗斯人，大俄罗斯人，是亚洲人和欧洲人之间的过渡阶段，因此也是欧洲文化向东方传播恰当的和成功的载体。泛斯拉夫的俄罗斯人现在经常梦想反向路径，即亚洲自然力量教训“腐烂的西方”，这几乎没有实现的希望。不可否认的是，欧洲在获取和使用其技术所赋予的力量时已成为亚洲热心的师傅，这对欧美文化的生存构成了威胁。亚洲人凭借模仿和学以致用的强大能力，并且通过技术的不断进步，利用通信手段的改进把空间距离拆分的力量联合起来，由此小小的欧洲有朝一日会受到来自亚洲的一次新的、毁灭式的文化入侵。但正如历史一再表明的那样，第一次毁灭性打击的受害者是介于两者之间的国家，即俄罗斯。顺便说一句，这种危险只有在欧洲的科学和技术进步停滞不前时才会出现，使得它的技术发展的优势地位无法让其文化受到最安全的保护，以及免受任何野蛮人入侵。

当时莫斯科已经是相当寒冷的冬天了，圣彼得堡的雪橇滑道已经开始运行，涅瓦河结了冰，所以我们没有长久逗留就回来了，仍然能够享受暖和的天气。

第 9 章

发电机和我的晚年

和过去两年一样，为了多花几个星期的时间来写回忆录，我在 6 月底来到了哈尔茨堡，在写完回忆录之前我不打算离开这里。在夏洛滕堡，我曾多次尝试继续这项已经开始的工作，但是在那里一切都在向前看，我无法长时间沉湎于过去。习惯给我们戴上了最强大的枷锁。一方面，我一直无法完全将眼下形成的想法和计划弃之不顾，这常常破坏了我对当下的享受，因为我只能暂时投入其中。另一方面，这种半梦半醒、半冥想半行动的思想生活，对我来说也是一种极大的享受。它有时甚至给我们提供了人类所能获得的最纯粹、最崇高的快乐。当一条迄今为止在头脑中模糊不清的自然规律突然从笼罩的迷雾中清晰显现出来时，当长期寻找无果的机械组合的密钥被找到时，当一连串想法中缺失的一环顺利连接时，这让发明者在精神上获得了一种无比振奋的胜利的感觉，仅此一项就充分补偿了他所有奋斗的辛劳，并在那一瞬间将他的存在层次提升了一个等级。当然，欢乐的陶醉通常不会持续很长时间。自我批评通常很快就会发现一个缺陷，让人怀疑所做发现的真实性或至少对它做了限定，它揭示了一个人被困锁在其中的谬误或者不幸，这几乎是规律，所谓的新发现不过是新瓶装旧酒。只有当严格的自我批评留下了一个健康的核心时，发明的真正的、繁重的开发和实施工作才开始，然后才是将其引入科学或技术生活的努力，在这一阶段大多数发明最终走向消亡。发现和发明让人既承受几小时最高级的享受，也让人承受长时间的巨大失望，以及辛苦工作但颗粒无收的时刻。公众通常只关注少数例子，即幸运的发明家不费吹灰之力有了一个有用的想法，并且很轻松地把它开发出来，收获了名声和财富，或者是那些商业化的发明猎人，他们将其作为自己毕生的事业，寻找那些能进行技术应用的知名东西，并通过专利保护它们。但是，为人类的发展开辟新道路，大概率会让社会走向更完美、更幸福的状态的并不是这些发明家，而是那些无论是在安静的学术工作中，还是在喧嚣的技术活动中，为了技术自身把他们的全部生命和思想都奉献给技术进步的人。发明是否通过适当评估和利用当时实际生活的一般条件而带来财富，这在很大程度上是随机的。然而，不幸的是，有幸成功的例子具有强烈的激励作用，让一群发明家成长起来。他们没有必要的知识，也不能进行自我批评，就全身心地投入到发现和发明工作之中，最终多数人一无所获。我一直认为我有责任让这些被蒙蔽的发明家避开他们踏上的危险道路，而且我为此付出了很多时间和精力。然而不幸的是，我的努力没有什么效果，只有彻底的失败和最痛苦

发电机（复制品），1866 年

发电机为现代高压电流技术奠定基础，机械能现在可以以经济可行的方式转换为电能。它是电气工程的里程碑。

的、咎由自取的困境有时才会让这些发明者意识到他们的错误。

特别是两个发明想法，误导并经常毁了无数人，其中一些人非常优秀，甚至在自己的专业领域中非常优秀。它们就是所谓的永动机，即自主提供动力的机器，以及飞行器和可操纵飞艇。人们可能认为，能量守恒定律的知识已经进入了人们的意识，以至于从无到有地输出功，与生成物质一样，都被认为是违背自然的。但是，似乎一个新的基本真理总是要经过几代人才能得到普遍承认。一旦有人陷入了一种不幸的妄想，即他已经找到了仅通过机械组合制造工作机器的方法，他就得了一种几乎无法治愈的精神疾病，即所有的指导，甚至是最痛苦的经历都不能让他们清醒。制造飞行器和可操控气球的努力也是如此。对于任何受过机械训练的头脑来说，这项任务本身并不困难。毫无疑问的是，我们可以仿照飞行动物来制造飞行机器，只要满足一个前提条件，就是我们的机器像飞行动物的运动肌肉一样轻而有力，而且也不用消耗更多的燃料。一旦发明了这样的机器，任何熟练的机械师都可以制造飞行器。发明者的出发点就是错误的，他们发现了飞行原理，却无法让它们动起来。可操控飞艇的情况更糟。原则上来说，制造这种气球的任务早就完成了，因为每个气球都可以通过安装在吊舱中的适当的运动机制在无风的天气里向任何方向缓慢移动。但这只能缓慢进行，首先，因为仍然缺乏足够轻的引擎来推动庞大的气球以足够快的速度在空气中飞行或逆风飞行。其次，即使有了这样的机器，制造气球的材料也不能承受来自空气的压力。长条形气球虽然可以更好地穿过空气，但在相同的承载体积下增加了它的重量，因此没有价值。同样无效的是使用倾斜平面，这会导致承载重量降低。

除了这两个问题之外，还有很多其他问题是让发明者浪费时间和金钱的，他们没有看到目前缺乏解决这些问题的技术手段。

在这些题外话之后，我从自己退出政治活动这个节点继续我回忆录的写作。

1866 年的战争扫除了阻碍德国统一的障碍，同时也恢复了普鲁士的内部和平。这使民族思想有了新的支撑点，德国爱国者们迄今不明确的、试探性的努力现在有了坚实的基础和明确的方向。尽管德国的主要领土仍将分为北半部和南半部，但毫无疑问，如果没有外力加固这条分界线的话，分界线的移除只是时间问题。法国看来肯定会做这种尝试，但人们越来越相信德国会顺利通过这一测试。

由于民众情绪的巨大转变，普遍的诉求是迅速巩固已经取得的成果，克服分界线的影响，加强南北之间归属感，为即将到来的战争做准备。这种高昂的情绪通过生活中各个领域活动的增加而显现出来，对我们的业务工作也有所影响。电磁雷管、电动测距仪，以及电动船舶控制装置——用于驾驶装有炸药的船只，在没有船员的情况下对抗敌舰，还有军用电报的众多改进都是这个激动人心时代的产物。

我只想在这里更详细地介绍一个属于这一时期的非军事发明，它已成为一个新的大型工业分支的基础，对几乎所有技术领域都产生了复兴和变革作用，并且还会持续影响。我指的是我发明的发电机。早在 1866 年秋天，当我试图借助我的圆筒电感器来完善电子点火装置时，我就思考是否可以通过巧妙地使用所谓的额外电流来显著增加感应电流。对我来说很清楚的是，由于绕组中产生的反向电流大大削弱了电磁机器的功率，所以这些反向电流大大降低了电池的有效功率，反过来讲，如

1879 年西门子 – 哈尔斯克电报公司的第一台电力机车

电动机的技术只有在发现电动原理后才有可能得到发展。

果通过外力让机器反方向快速转动，电池电流就会大幅增加。情况一定是这样，因为反向转动会导致感应电流的方向翻转。事实上，实验证实了这一理论，并且发现在安装适当的电磁机器的固定电磁铁中，总是有足够的磁存在，旋转时产生的电流逐渐增强，会产生令人震惊的效果。

这就是所有电动机器所依据的发电机原理的发现和首次应用。因此，实际需要解决的第一个问题是建造一种没有钢磁体的高效电点火器，这种类型的点火器今天仍然在普遍使用。1866 年 12 月，我向柏林的物理学家，其中有马格努斯、多弗、里斯和杜·博伊斯－雷蒙德展示了这样的点火器，并展示了一台没有电池和永久性磁体的小型电磁机器，可以毫不费力地以任何速度向一个方向转动，反向转动则会有几乎无法克服的阻力，并且产生很大的电流，以至于线圈会迅速发热。他们被惊呆了，马格努斯教授立即提出把我对发明的描述提交给柏林科学院，但由于当时是圣诞节假期，直到 1867 年的 1 月 17 日才提交。

当这一原理在其后续发展中显得越发重要的时候，我发现发电机原理的优先权后来受到了来自各个方面的挑战。首先，英国的惠斯通（Wheatstone）教授几乎被普遍认为是与我同时的发明者，因为在 1867 年 2 月 14 日的英国皇家学会的一次会议上，我的弟弟威廉展示了我的设备之后，他几乎同时展示了一台类似的设备，两台设备的差别仅在于它们的固定电磁铁的线圈与那些旋转的圆筒磁铁上的线圈之间比例和我的不同。其次，瓦利（Varley）先生站出来声称他已经在 1866 年初秋向一位机械师订购了这种设备，后来还提交了一份“临时说明书”。最后，我在柏林科学院的印刷品中对其原理的理论论证论文和先前的一次实际展示发挥了关键作用，我的优先权最终得到确认了。我给这个设备起的名字“直流发电机”也变得司空见惯，尽管实际上它经常变成“发电机”。

在我给柏林科学院的通报中，我已经强调过，技术上现在已经获得了通过耗费一定功率产生任何所期望的电压和电流强度的方法，这对许多工业部门来说非常重要。我的公司也立即制造出这一类大型机器，其中一台在 1867 年的巴黎世界博览会上展出，另一台在同年夏天被军方用于柏林附近的电气照明实验。尽管这些实验结果令人满意，但问题是电枢中的线圈迅速升温，以至电灯持续发光的时间很短。在巴黎展出的机器根本没有经过测试，因为分配给我公司展览的房间里没有动力设备。我是评审团成员，而评审团没有测试他们成员的展品。一个英国机械师展示了我的机器的仿制品，它不时会产生一束微弱的电光，这引起了人们更多的关注。展览结束时，授予我的荣誉军团勋章说明我已得到充分认可。

后来，发电机经过重大改进后，即引入帕西诺蒂环和冯赫夫纳的绕线系统，在技术上得到了最广泛的应用。数学家和技术人员发展了它的理论，似乎这一切是不言自明的。这几乎不能被称为一项发明，电磁机器的旋转方向偶尔反转一下就成了电动机器。与之相反，那些看似顺手拈来、具有重要意义的发现通常出现得很晚，并且走了很多冤枉路。顺便说一句，发明电动原理并不容易，因为电磁机器只有在它们具有适当的尺寸和绕组比时才会“启动”，即当它们的旋转方向翻转时，会不断地自动增加它们的电磁力。

第一辆有轨电车，1881 年

电动机彻底改变了客运。西门子－哈尔斯克公司自掏腰包在柏林郊区的大里希特菲尔德资助了第一条线路长度为 2.5 千米的有轨电车。在前 3 个月，12000 名乘客对这项发明充满了热情。

我发明的酒精量器也是在这一时期非常成功地解决了一个极其困难的问题，因此在当时引起了轰动。这个任务是制造一种设备，可以连续自动记录下流过它的烈酒中的酒精含量。我的仪器彻底解决了这个问题，它可以精确地显示日常温度下折算的酒精量，被最精确的测量证实了。近 25 年来，俄罗斯政府一直使用该设备对烈酒生产征收高额税款，许多其他欧洲国家后来也为此目的采用了它。除了我的堂兄路易斯·西门子（Louis Siemens）进行了一些重要的实际改进之外，该设备仍以其最初的形式在夏洛滕堡一家专门设立的特定工厂制造，它是这家工厂的主要产品。尽管它不受专利保护，但它的模仿品从未在任何地方获得成功。

西门子－哈尔斯克公司的业务不断增多，规模变得非常庞大，自然需要相应的管理部门和有能力的技术和行政官员的帮助。我青年时期的朋友威廉·迈耶自 1855 年以来一直担任公司总工程师和公司代表的职务，他不仅为柏林公司，而且也为其在伦敦、圣彼得堡和维也纳分公司提供了极其宝贵的服务，这要归功于他卓越的组织能力。不幸的是，在从业 11 年后，他病倒了，久病后去世了。我为失去这样一位密友和可信赖的同事悲痛不已。

此后不久，1868 年（实际是 1867 年 12 月 31 日）我的老朋友兼合伙人哈尔斯克从公司退休了。由于公司业务发展的很好，乍一看不可能相信这是促使他离开的决定性原因，但实际正是如此。原因在于哈尔斯克的特殊性格。

他对自己熟练的双手创造出来的完美无瑕的东西感到高兴，对他完全了解和掌控的所有东西感到高兴。我们的共同事业让双方都非常满意。

哈尔斯克总是很高兴地采纳我的建设性计划和方案，凭借着优秀机械师的老练，他高度清晰地理解了它们，而且通过他的创造性才能实现它们应有的价值。哈尔斯克是一位头脑清晰、谨慎的商人，公司最初几年的良好业务成果要感谢他的贡献。但随着业务的增长，这种情况发生了变化，我们两个人再也无法独立经营了。哈尔斯克认为让陌生人管理和经营公司是对心爱企业的亵渎。即使聘请一位会计也会让他很痛苦。他无法容忍组织良好的企业没有他也能运行和工作。最后，当公司的配置和运营变得如此庞大，以致他无法监管时，他很不满意，于是决定辞职，全面投入到柏林市的行政管理工作中。这一工作让他获得了个人满足感。直到他去世，哈尔斯克一直是我喜爱的、忠实的朋友，他一直对他帮助创立的公司保持着浓厚的兴趣。他唯一的儿子作为授权签字人对当前业务的管理有着浓厚的兴趣。

迈耶的继任者是汉诺威电报系统的前任负责人卡尔·弗里森先生，他在汉诺威被吞并后进入北德意志联邦服务，并在国家电报管理局担任迈耶曾任职的首席电报工程师数年。弗里森先生在该业务中获得了高超的技术能力，许多发明让他光彩夺目。此外，青年管理人员在工作中成长起来，成为精明强干的管理人员和设计师，公司因此受益匪浅。我想提及的只有冯·海夫纳－阿尔特内克（Von Hefner-Alteneck）先生，他作为我们设计办公室的负责人所取得的成就赢得了国际声誉。

在这些有能力的员工的支持下，我能够越来越多地把自己的精力局限在企业的高层管理中，高度信任地把具体工作交给管理人员。这让我有更多的空闲时间来处理我特别关心的科学和社会事务。

1869年7月13日，我再婚娶了远房亲戚安东妮·西门子（Antonie Siemens），她是斯图加特附近的霍恩海姆著名的农业技术教授卡尔·西门子（Karl Siemens）

维尔纳·冯·西门子和他的第二任妻子安东妮，以及他们的孩子赫塔（Hertha）和卡尔·弗里德里希，1878 年前后

1869 年 7 月，西门子与安东妮再婚后，使得西门子家族再次壮大。

的独生女，我的家庭生活发生了翻天覆地的变化。在宴会祝词及类似场合中，我经常开玩笑地说，与斯瓦比亚妇女结婚应被视为一种政治行为，因为必须跨越主分界线，而眼下最好是在南北部之间更多地联姻，政治联盟很快就会自行跟进。我妻子给我阴郁、忙碌的生活带来了温暖的阳光，我的爱国主义是否受到这位和蔼可亲的斯瓦比亚妇女影响，我不想在这里细谈。

1870 年 7 月 30 日，拿破仑三世在萨尔布吕肯越过德国边境，德法之间的大战开始了。当电报到达夏洛滕堡时，我的妻子为我生了一个女儿，两年后又生了一个儿子。我给我的女儿起名叫赫塔，这是被法国舰队在海上四处追逐的一艘德国军舰的名字，当时我发誓如果这艘军舰能够顺利逃脱，我就让女儿叫这个名字。当法国宣战时，我的 4 个年长的孩子正在黑尔戈兰的浴场。为了不因封锁而无法返回，他们不得不和整个浴场的人一起逃跑。我收到了当时 16 岁的长子阿诺德（Arnold）来自库克斯港的一封电报，它可以证明当时整个德国民众都陷入了彻底的、无所畏惧的亢奋之中。电报的内容是：“我一定要参军。”幸运的是，他没能去成，因为普鲁士军队不接受小于 17 岁的人。与 1866 年一样，对法国的战争很快就结束了，德国在激烈的战斗中取得了胜利。整个德国在历史上第一次像兄弟一样在同一面旗帜下战斗并取得胜利，这种欣喜的情绪使那些为了光荣胜利不得不付出的沉重代价似乎可以忍受，也减轻了深深的悲伤和战争带来的苦难。那是一个伟大的、令人振奋的时期，给所有经历过它的人留下了难忘的印象。人们对伟大领导人的感激、崇敬之情在未来几代也不会消失，正是他们结束了这个国家极其屈辱的分裂和分歧，使它变得强大起来。

尽管自 1866 年以来我完全放弃了政治活动，但我对公共事务的参与更为积极。我以前特别感兴趣的一个问题是专利问题。我早就知道，德国工业自由和独立发展的最大障碍之一就是缺乏对发明专利的保护。诚然，在普鲁士及其他较大的邦国都授予发明专利，但其授予完全取决于官方的判断，最长只能持续 3 年。即使在这么短的时间内，它们提供的防止模仿的保护也很不够，因为在所有关税同盟国家申请专利几乎没有回报，而且根本不可能。因为每个邦国都对发明专利进行了自己的审查，一些小邦国根本不授予专利。这样的结果也是理所当然的，发明者首先尝试在其他国家（如英国、法国和美国）利用他们的发明。因此，年轻的德国工业仍然完全依赖于对外国商品的模仿，从而间接地加强了德国公众对外国产品的偏爱，他们推向市场的都是仿制品，而且大多数披着外国商品的外衣。

毫无疑问，旧的普鲁士专利毫无价值。通常，申请专利只是为了得到发明被接受的证据。此外，当时执政的坚决的自由贸易党认为发明专利是旧专利垄断的残余，不符合自由贸易原则。考虑到这一点，普鲁士商务部部长于 1863 年夏天向该邦的所有商会发出通报，认为专利制度是无用的，甚至是有害的。最后他提出了一个问题：现在是不是该彻底废除它了。这促使我向柏林商会（柏林最古老的商人行会）提交了一篇备忘录，表达了与他截然相反的观点，解释了专利法对于改善国家工业的必要性和有用性，并给出了合理的专利法的基本特征。

我的观点得到了商会的认可，尽管商会完全由自由贸易者组成；该观点被商会一致同意并采纳，并同时通报至全邦其他商会。这些商会中那些尚未赞同废除专利的意见都赞成柏林商会的意见，后来废除专利的行动总算停止了。

这个有利的结果后来鼓励我在此基础上开始认真鼓动为德意志帝国引入专利法。我向一大批我认为可能对此事特别感兴趣的人发出通知，并呼吁成立“专利保护协会”，来推动合理的德国专利法。这一呼吁得到了广泛响应。不久之后，该协会就在我的主持下成立了。我很喜欢回忆这个协会中发生的那些激烈的商讨，其中还有能干的法律专家，如克罗斯特曼（Klostermann）教授、安德烈（Adnré）市长和罗森塔尔博士（Dr. Rosenthal）。商讨的最终结果是专利法草案基本上以我在1863年的意见中提出的纲领为基础。这包括对发明的新颖性进行初步调查，随后公开展示说明书，以便为反对专利申请提供机会；还授予了长达15年的专利期，专利费每年增加并全面公布已授予的专利；成立了专利法院，如果发明的专利被质疑，该法院可以随时宣布专利无效。

这些原则逐渐赢得了公众的赞誉，即使是守信、严格的自由贸易党也看到了专利在国民经济中的基础作用，即专利保护通过及时和充分地公布发明，从而使新的专利发明所基于的想法成为工业的公共财富，也可以在其他领域产生培育作用。

然而，帝国政府认为对专利立法还需要很长时间。我猜测，我作为专利保护协会主席向帝国总理提交的呈文在公布帝国专利法的决定中发挥了重要作用。在这篇呈文中，我强调了德国工业的低下地位和不堪的声誉，其产品被广泛描述为“价廉质差”，同时指出，如果帝国机构能够保护来自全邦国的成千上万工业家和工程师的知识产权——他们为之渴望已久，这将成为巩固年轻德意志帝国新的、牢固的纽带。

1876 年，德国召集了全国的工业家、行政官员和法官，审议专利保护协会的法律草案，该草案基本被保留下来。审议后的法律草案稍加修订后被帝国议会接受，后来为增强德国工业和在国内外赢得对其成就的尊重做出了非凡的贡献。从那时起，我们的工业几乎在其所有分支中，一直在摆脱勒洛（Reuleaux）教授于 1876 年在费城展览会上做出的德国工业产品“价廉质差”的评判。

现在，我将继续讲述我们已建立的业务发展情况，讲述我们伦敦公司在 1864 年西班牙和阿尔及利亚之间经历命运多舛的电缆业务之后不得不产生的变化。从那时起，从柏林业务分离出来的“西门子兄弟”公司，在威廉的领导下迅速、有序地成长起来，无论是制造还是公司业务都是如此。由于威廉在他私人经营的工程业务上也非常成功，而且他的时间和精力高度透支，因此在19世纪60年代末，他希望卡尔接管伦敦电报业务的特定管理工作。卡尔同意了，因为自从俄罗斯的维护合同到期后，他在俄罗斯就没有大的业务活动了。

与此同时，哈尔斯克决定退出柏林公司，我们兄弟3人因此决定彻底转变我们各公司之间的业务关系，建立一个包括所有业务的总公司。每个分公司保留自己的管理人员和会计，但其损益转移到总公司，我们3兄弟是所有人和仅有参与人。圣彼得堡的业务由一个勤勉的管理人员负责，同时卡尔前往英国接管伦敦公司的特定管理工作。

伦敦的公司，现在被称为西门子兄弟公司，在随后的时期发展得非常庞大，波尔（**Pole**）先生已经在关于我弟弟威廉的书中做了详细描述。因此，我把我的叙述限制在我自己和弟弟卡尔分别参与的事务上。

当卡尔于1869年搬到伦敦时，作为制造各种电气设备的机械车间，查尔顿的工厂业务已经全面展开。它附带一个电缆厂，已经生产了大量的电缆线。我在英国政府电缆测试中提出的原则，只有在制造的各个阶段都经过彻底和严格的科学测试，才能保证电缆的使用寿命，取得良好的成果。当时开发的电缆测试系统随后被证明非常出色。

我们使用这个系统为英国政府测试的马耳他－亚历山大线路的电缆的巨大成功大大提高了我们在英国的技术声誉。也许正是这个原因，当时英国唯一一家按照我的方法在导线上无缝包覆古特胶的工厂，在我们从它那里采购清洁古特胶时为难我们。因此，我们决定自己建立一家古特胶工厂，并取得了巨大的成功。这样，我们就能自己接手大型电缆铺设，从而打破当时形成的旨在垄断所有海底电报的大型电缆环。事实上，我的弟弟们设法成立了一家公司，为爱尔兰和美国的海底制造和铺设一条独立的直接连接电缆。由于竞争激烈，英国市场对我们关闭，因此我们必须在欧洲大陆募集资金。威廉设计了一个专门用于铺设电缆的大型蒸汽船，展示了他的工程才能，我们将船命名为“法拉第”号。卡尔弟弟接手了铺设电缆的领导工作。我认为卡尔特别适合这项任务，因为他头脑冷静，善于观察，决策果断。我本人急不可耐地登上了载有深海电缆的“法拉第”号，到

1874 年，电缆蒸汽船“法拉第”号

印欧电报线建成后，我们开始进行下一个重大项目。新的挑战：铺设一条 3000 千米的电报电缆，从爱尔兰经纽芬兰，从大西洋到达北美。“法拉第”号就是为此专门制造的。

达爱尔兰西海岸的巴林斯凯利格湾——这里是铺设起点——并在那里接手铺设期间陆地站点的运营。

天气相当好，一切都很顺利。我们成功克服了从爱尔兰海岸急速下降到深海的困难。根据电气测试，电缆的状况无可挑剔。然而，突然出现了一个很小的绝缘故障，小到只有我们使用那些非常敏感的仪器才能发现。根据以前的电缆铺设经验，我们不会考虑这个故障，因为它对电报字符的形成没有任何影响。但是我们想要一条完全无故障的电缆，所以我们决定将故障点的电缆捞出来。故障点应该就在船后不远。尽管海深有 18000 英尺，但起初进展顺利，因为我们不断收到船上的电报。突然，我们的检流计指针飞出刻度盘——电缆断了！从断裂处的深度看似乎根本不可能从海里捞出电缆断头。

这是一个沉重的打击，它严重威胁到我们的个人声誉和商业信用。同一时间，这个消息传遍了整个英格兰，大家的反应截然不同。没有人相信能从如此深的地方找回扯断的电缆，威廉还通过电报建议放弃已经铺设的电缆并重新开始铺设。然而，我确信卡尔不会没有尝试捞回电缆就返回。于是我平静地观察电流计数值的不断波动，通过搜索锚移动的迹象寻找电缆末端。这样的迹象老是出现，但是没有后续结果，紧张的两天过去了，船上没有任何消息。突然电流计（镜式检流计）的镜面出现剧烈抖动！铜线的末端一定发生了金属接触。几个小时后，表盘的镜像微弱而规律地颤动，由此我得出结论，电缆的末端被起锚机一次次拉起。但随后数小时的安静让希望再次落空。再一次，由于船的电缆电流导致电流计镜面出现了强烈抖动，船上的工作人员欢呼不止。难以置信的事情发生了，仅有一次操作，人们就从深度超过勃朗峰海拔高度的海底发现了电缆，更好的是，电缆完好无损。许多有利的因素必须结合在一起才能使这成为可能。地利，海底是沙地；天时，好天气；物利，搜寻和吊起电缆的便利设备，以及一艘好的容易驾驭的船；人和，一个能干的船长。这些因素顺利地相遇了，在运气和自信的帮助下，看似不可能的事情变成了可能。卡尔后来告诉我，搜索锚不间断地放下 7 个小时才到达海底，这让他直观清楚地认识了海洋的深度。他已经不抱任何希望，最后的成功带给他极度惊喜。在成功消除故障并重新建立与陆地的通信后，电缆铺设又持续了几天，没有什么干扰。然后船上报告有恶劣的天气，不久之后电缆再次出现小故障，一直延伸到纽芬兰岸的浅水区为止，人们在等天气好转时探寻这个故障并修复它。然而，再次取出电缆非常困难，因为海床多岩石，而且天气一直很糟糕。在此过程中，“法拉第”号丢失了许多电缆，不得不返回英国，添加燃煤并带上新的电缆。然而，接下来的考察也只是对故障的定位，还没有消除故障，需要第三次铺设才能完全无瑕疵地建立电缆连接。

这是我们第一次跨大西洋铺设电缆，不仅对我们极具指导意义，而且使我们对深水电缆铺设有了全面的认识和掌握。我们已经证明，即使在不利的天气和恶劣的季节，即使在很深的地方，也可以使用一艘装备精良且足够大的船来铺设和修理电缆。

卡尔弟弟将我们在维修过程中的电缆损耗归咎于电缆设计得不合理，这与第一条成功跨大西洋的电缆设计完全相同。为了减小电缆的比重，用钢丝来覆盖和保护导线，再用大麻或黄麻缠绕导线。电缆在它们的强拉力之下发生扭绞，然后在海床上形成隆起，这使得它很难甚至不可能被拾起。根据卡尔的建议，我们后来只使用了封闭的钢丝护套，从而克服了我们铺设第一条深海电缆时遇到的所有困难①。

在此我无意深入探讨这次深水中铺设电缆更多的技术改进方法。我只想声明，我在 1857 年铺设卡利亚里－博纳电缆时提出的理论已经完全得到证实。如前所述，我在提交给柏林科学院、伦敦电报工程师和电工协会的论文中进一步发展了这一理论，并对其进行了数学处理，相信这个问题已经基本解决。我们的第一条跨大西洋电缆的铺设，为我们兄弟带来了许多激动人心的时

① 首次铺设自产电缆。

刻，然而其中也有一个非常尴尬的情况让我备受打击。

1874 年①，我当选为柏林科学院院士，这是迄今为止唯一授予该学科学者的荣誉。按照规定，我需要在特定日期在科学院的仪式上做当选演讲。离开家时，我收到一封来自伦敦的电报，说是根据一个电报消息，“法拉第”号被冰山撞碎，全体船员与之一起沉没。这个可怕的消息让我非常沮丧，我用很大的自制力才能进行我无法推迟的演讲！只有几个亲密的朋友发现了我极度的沮丧。当然，我从一开始就希望这是我们的对手出于“爱心”在美国编造的一个可怕的故事，并从那里传来电报。结果是消息的来源无处可寻，在几天的焦急等待后，“法拉第”号从哈利法克斯发出了安全的消息。它在海上被浓雾长时间封困。

美洲电缆的顺利铺设使我们伦敦的公司在英国商业圈的位次有了很大提升。该领域的最高权威威廉·汤姆森爵士（Sir William Thomson）对电缆的电气特性进行了检查，结果表明它完全合格，并且具有非常好的通信能力。更重要的是，约翰·彭德爵士（Sir John Pender）建立的电缆环现在被打破了。当然，事后他们尝试将我

① 选举于 1873 年 10 月 20 日举行，并于 1874 年得到确认。

们铺设的电缆纳入来维持电缆环，这对我们有利，因为很快又出现了另一家公司（法国公司），它的“环外”电缆由我们公司铺设。不久之后，环球公司——一家电缆环组织的名称——买下了这根电缆，由此美国资本进入了电报电缆领域。1881 年，威廉收到一封电报，里面讲到著名的铁路大王古尔德先生从我们这里订购了一条通往美国的双电缆，其与我们最近铺设的一条电缆一模一样，即法国所谓的布维－魁蒂尔（Pouyer-Quertier）电缆。古尔德先生拒绝了我们派人去签订合同的提议，“因为他对我们充满信心”，而他直接支付的巨额预付款更是强化了这一点。这表明我们公司在大洋彼岸很受欢迎，享有很高的声誉。更值得注意的是，古尔德先生在美国被认为是一位非常谨慎和敏锐的商人，这笔生意价值百万。无论如何，他的期望是对的，因为他无限的信任让我们兄弟尽可能提供最有利的条件，尽可能地做好铺设工作。古尔德的电缆经过多次竞争后与环球公司合并，但美国再次打破了电缆垄断。1884 年，著名的美国人麦凯和贝内特从西门子兄弟公司订购了两条连接英国海岸和纽约的电缆。这些电缆在一年内完美地完成了制造和铺设，至今仍独立于电缆环。

这6条跨大西洋电缆均由“法拉第”号轮船铺设。事实证明这是一艘出色的电缆铺设船，因此被竞争公司当作样板。它首次使用两轴相互倾斜的双螺旋桨，赋予了这艘5000吨的大船以前无法企及的机动性。它可以在任何季节甚至在不利的天气条件下进行电缆铺设和维修工作。

在卡尔的建议下，伦敦的公司转变为家族股份公司。1880年卡尔回到了圣彼得堡。不幸的是，1883年威廉在一场意外中去世，永远离开了我们和他一直坚守的工作。我任命为我们长期服务的行政人员洛夫勒先生为伦敦公司的总经理，后来这一职位由一位年轻的家庭成员亚历山大·西门子接任。

1874年7月2日，杜·博伊斯–雷蒙德将维尔纳·西门子举荐给柏林科学院：

……你的电报线环绕着地球。你的电缆轮船在海洋中航行。在使用帐篷、弓和箭的游牧民族中，你的信息飞过他们的牧场，他们提到你的名字带着迷信的敬畏。

这为你赢得这样的生活地位和名声的成功，而没有为你打开了科学院的大门。真正让你进入科学院的，是你作为技术之王，手中握着无数组合的线索，在你的脑海中滚动着100个计划，你的内心深处仍然保持德国学者的本色，这是一种高贵的品质，尽管受教育很少；每时每刻，当业务负担允许的时候，你就会带着对现象的热爱、对实验的诚实、对理论的毫无偏见，以及真正的热情投入到纯粹科学中来；更不用说你的远见卓识，你的敏锐头脑、你的发明才智、你的观察力，在我们眼中您就是一位院士。

我当选为柏林科学院院士，这对我这个不属于专业学者阶层的人来说，不仅是莫大的荣誉，而且对我后来的生活也产生了深远的影响。我的朋友杜·博伊斯－雷蒙德以科学院首席秘书的身份回应了我的当选演讲，他正确地指出：我在科学上的天赋和爱好远远超过了工程学。科学研究是我年轻时的第一个挚爱，一直持续到高龄——我现在很难说自己很享受这个年龄。当然，与此同时，我一直有将科学成果应用于实际生活的冲动。我的演讲也体现了这一点，其中有这样一句话：科学不是为了自身而存在——是为了满足有限数量的信徒对知识的渴望，它的任务是增加人类知识和能力，从而达到更高水平的文化。让人印象深刻的是，在回应我的演讲时，我的朋友杜·博伊斯－雷蒙德最后欢迎我“加入科学院的圈子，这里是为了科学而追求科学”。事实上，科学研究绝不能成为达到目的的手段。德国学者尤其以追求科学为目的以满足他们对知识的渴求而著称，在这个意义上，我一直将自己归为学者而不是技术专家，因为实用预期对于我科学研究的选择没有影响或仅在特殊情况下有影响。因此，进入最杰出的科学家的狭窄圈子一定会很大程度地提升我的研究能力，并激励我从事科学活动。此外，科学院的章程对我施加了仁慈的强制。每个院士必须按照科学院确定的顺序做报告，之后在他们的会议记录中把它打印出来。逃避这项义务很是尴尬，这迫使我尽快完成和发表自己的研究成果。在其他情况下，我可能会把它们放在其他看起来更有趣的工作后面来做，或者根本不会完成。因此，在我被科学院接纳之前，我很少能够发表科学作品，并且我通常对通过它实现知识扩展感到满意，但后来当我的研究成果也被其他人发现并随后发表时，我会对此感到恼火。我现在必须每年完成并发表一两篇论文。也正是由于这些情况，在我的学术讲座中，我很少涉及我的专业，即电气工程，而是涉及一般科学内容的主题。一部分主题是我一生中积累的独立的思想见解，现在已经作了科学性的总结；另一部分主题是新的现象引起了我的特别兴趣，进行研究形成的。在回忆录的结尾，我将回到这些纯粹的科学出版物上来。

自从我进入科学院以来，虽然我花在与生意无关的纯科学工作的时间比以前更多，但我还会在生意上投入更多的时间。柏林公司的整体管理和相关技术工作通常占用了我所有的日常时间。由于公司业务逐渐增多，在多样性和空间扩展方面都有重大发展，因此我的工作很是繁重。即使有能力的员工为我减轻了很大一部分负担，但对我来说，这仍然是一项无休无止、繁重不已的工作。

我很早就明白了，只有实现所有员工的快乐、独立合作以促进他们的利益，才能为不断成长的公司带来令人满意的进一步发展。为了实现这一点，在我看来，有必要根据公司员工的业绩对利润分成。既然我的弟弟也都有这个想法，我们的公司就确立这个原则。1872 年秋天在柏林总公司成立 25 周年的庆祝活动中确定了这个制度。

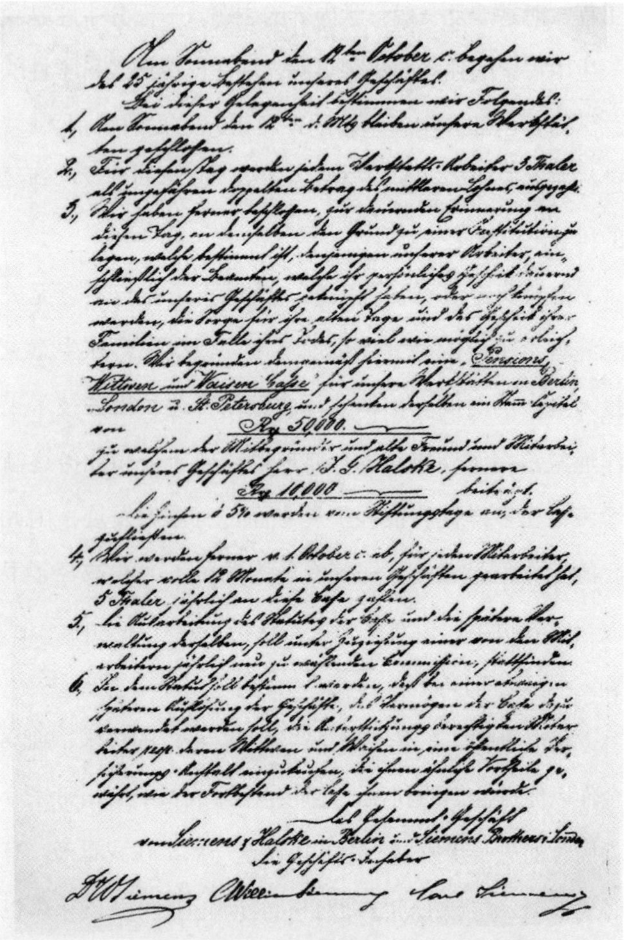

1872 年建立的养老金、寡妇和孤儿扶助金的契约原文

年轻的德意志帝国的社会冲突激烈。西门子－哈尔斯克公司是最早尝试通过为员工提供更好的基本扶助金来化解这种矛盾的公司。此外，公司希望通过社会福利加强员工与公司之间的联系。

当时我们确定每年利润的相当一部分应用于管理人员的津贴和对工人的奖金，以及用于紧急情况下的扶助金。此外，我们拨付 60000 塔勒作为公司所有员工的养老基金和残疾基金的基础资本金，如果他们在公司连续工作一年，企业有义务每年为每名工人支付 5 塔勒，为每名管理人员支付 10 塔勒。

这一制度建立并实施了近 20 年，已经证明了它的良好作用。管理人员和工人认为自己永远属于公司，将公司的利益等同于自己的利益。管理人员很少更换工作，因为他们认为，通过在公司的服务，自己的未来是有保证的。工人也愿意永久留在企业中，因为养老金金额随着连续工作年限的增加而增加。连续工作 30 年后，全额养老金达到工资的 2/3。它的实际意义在于：相当数量的养老金领取者依然健康、强壮，除了养老金，他们的工资也是全额发放的。养老金把员工与公司紧密连接在一起，与养老金相关的寡妇和孤儿扶助金则进一步强化了这一关联。人们发现，这种扶助金比伤残抚恤金更为迫切。员工死后家属就没有了生活保障，这种压力通常对员工尤为沉重。年迈的员工几乎总是热爱他的工作的，没有真正迫切的休息需要就不会停止工作。因此，尽管有员工本人可以自由使用个人养老金的规定，但个人养老金只是其资本利息和公司缴纳的养老金的一小部分，公司的养老基金大部分用来支付寡妇和孤儿的扶助金及增加基金的资本金，以及在企业发生意外时确保员工的养老金需求。

这一制度因将员工与相关工作职位联系得太紧密而受到指责，因为当员工离开时，员工就失去了所获得的权益。这一指责完全正确，虽然下面的措施减轻了它的严重程度，即当工人因岗位不足而被解雇时，每个被解雇的工人都会收到一份证明，赋予他在公司招聘新人时优先聘用的权利。当然，工人罢工的自由受到养老金条款的极大限制，因为如果他自愿离开公司，根据章程他将丧失工龄权益。然而，在公司培养一支稳定的工人骨干队伍也符合劳资双方的利益。因为只有这样公司才能在不景气时期留住工人并支付给他们足够的工资。每个大公司都应该设立这样的养老基金，工人不需要捐款，但仍然管理它，当然这是处于公司的监督下。这正是对那种严重损害公司，尤其是损害工人自身利益的狂热罢工的最好抵制。

养老基金成立契约，1872 年

10 月 12 日（星期六），我们庆祝我们的公司成立 25 周年。

在这一场合，我们确定以下内容：

1. 10 月 12 日，我们的工厂停产一天。

2. 这一天，每个车间工人的工资是 3 塔勒，大约是平均工资的两倍。

3. 作为对这一天的永久纪念，我们决定为员工（包括管理人员）设立一个机构，将他们个人命运与我们公司的命运结为一体，将来也是如此。如果他们有一天年老或去世，公司将尽可能方便地抚恤他们和家属。因此，我们在柏林、伦敦和圣彼得堡的工厂特别设立养老金、孤寡扶助金，养老金和扶助金的基础资金为 50000 塔勒，公司的联合创始人、老朋友和合伙人 J.G. 哈尔斯克先生再出资 10000 塔勒。该机构自成立之日起，5% 的利息流入基金账户。

4. 我们将从 10 月开始为每个在我们公司工作满 12 个月的员工（每年每个员工）向基金支付 5 塔勒。

5. 每年由员工选举产生的委员会将参与基金章程的制定和随后的管理。

6. 在章程中确定，在将来公司可能解散的情况下，基金的资产应用于有权获得资助的员工，或者为他们的家属购买公共保险公司的保险，给他们提供的保障与现在基金所提供的相似。

柏林西门子－哈尔斯克公司和伦敦西门子兄弟公司的总公司

企业主：W. 西门子博士、威廉·西门子、卡尔·西门子

这确实有些沉重，由于国家共同养老金的规定没有考虑已经存在或即将设立的私人养老基金，因此有关工厂不得不为退休员工支付双倍养老金。然而，由于私人养老基金对雇主和员工之间的融洽关系具有如此巨大的作用，以至于这种超支也被视为是正当的。

我所描述的这一制度所产生的团队精神使西门子－哈尔斯克公司将所有员工团结在一起，并重视他们的福祉，这在很大程度上解释了我们所取得的商业成功。

这让我想到了一个问题，即创始人家族长期持有邦内大型公司的所有权是否符合公共利益。人们会说，这些大公司阻碍了许多小公司的发展，因此是有害的。很

多情况下，确实如此。只要手工作坊有能力制造出口产品，大型竞争对手就会对它们产生不利影响。另外，只要有发展新的工业门类和为现有工业门类打开世界市场的问题，大量资本积累的大型中央集权商业组织就是必不可少的。然而，现在这种为特定目的积累资本的最容易的方式是股份公司，但这些公司只能是纯粹的商业公司，单单根据它们的章程，它们只考虑获取眼下最高的利润。因此，它们仅适用于利用现有的、经过试验和测试的工作方法和设施。而开辟新的道路几乎总是费力且伴随着巨大风险，而且还需要更丰富的特定知识和经验，大多数短命且管理层频繁变动的股票公司根本无法提供这些东西。这种资本、知识和经验只能在生命周期长、有家族传承的大企业中形成和保持。正如中世纪的大型贸易公司不仅是赚钱的机器，而且认为自己有探索新商品和新贸易路线为同胞和国家服务的使命和义务，以及这种责任感如何世代传承。在当今开放的科学时代，大型科技企业的使命就是全力以赴，确保本国工业在激烈的竞争中处于文明世界的领先地位，或者至少是达到与国家的性质和条件相称的位置。几乎在所有地方，我们的国家制度仍然是以中世纪的军事体制为基础，根据该体制，土地所有者几乎被视为国家权力的承担者和维护者。我们的时代不再承认这种定义；现在和未来，维持国家的权力并不是占有它，无论它是什么类型，而是一种精神要赋予它灵魂并滋养它。即使承认由于传统和教育的原因将土地继承权与国家连接得更紧密，也比频繁变换的地产所有者和流动性强的资本所有人更有资格成为国家的维护人。但在今天他们也不足以保护国家，使其免于贫困和衰落。它需要当今人民拥有必需的精神力量，从而坚定地合作，这种力量的保护和进一步发展是现代国家最重要的任务。

虽然我的社会地位归功于自己的工作，而且这一事实总是让我感到满足，但我一直感激地承认，我能有今天是因为加入了普鲁士军队，从而进入腓特烈大帝的国家。我认为弗里德里希·威廉三世允许我加入普鲁士军队的内阁令开辟了唯一一条适合我的道路，使我可以发挥自己的能力。在后来的生活中，我曾多次认识到我父亲的话的准确无误，即尽管当时普鲁士的神圣同盟政策让人厌恶，但普鲁士是德国唯一的支撑点，也是德国爱国者所期望的唯一落脚点。此后我把我继承的——我完全可以这么说——对德意志祖国的热爱都给予了普鲁士，我一直对她和她的5位国王心怀忠诚和感恩，在他们的统领下生活。不仅是因为我在普鲁士军校获得知识，在那里接受智力训练，使我后来的生活轻松了很多，还有作为军官在普鲁士享有的备受尊崇的社会地位，给了我很大的支持。正如我在别处指出的那样，直到19世纪中叶，普鲁士本质上仍是一个军事和官僚国家；政治权力被贵族和地产所有者所垄断。尽管像博特这样不多的开明官员来自少量发达的手工业，普鲁士还是完全没有自己的工业。此外，由于该邦的贸易非常有限，也缺乏富有、受过良好教育的中产阶级来制衡军队、官僚和地产贵族。在这种情况下，在普鲁士以军官身份进入宫廷圈子、踏进所有社交圈子绝对是一条捷径。

每位官员，包括文职官员在内，都与宫廷保持这种长期归属关系，这是普鲁士宫廷的习惯。早在1838年冬，我作为炮兵工学院的年轻军官，就奉命参加皇宫的大型庆典，从那时起，也就是半个多世纪以来，经常参加这些大型宫殿聚会——它是柏林社会的一面镜子，清晰地表明了普鲁士及整个德国在此期间所经历的巨大变化。在这些聚会上，我经常有机会接近王室成员。

如前所述，早先的时候，我有理由感谢普鲁士王子的善意，使我摆脱了在圣彼得堡的困境。我一直把这份善意铭记在心，可惜因为政治原因我不得不忤逆国王，按照我当时的信念，作为国会议员投票反对军队改组。随后真正对奥地利宣战，重组后普鲁士军队的辉煌胜利已经清楚地证明了重组强化军队是无比正确的。虽然我努力消除议会抵制军队重组的不良后果，并成功地让凯旋的摄政王提出的宽厚的事后认可通告获得议会批准，但我无法确信还能重获王室先前对我的好感。1867 年巴黎世界博览会结束后，令我更为惊喜的是，在获得法国十字勋章的同时我又被授予普鲁士王冠勋章。然而，几年后，皇帝以更加明显的方式表达了新的善意，这让我不敢相信。多年来，我一直是柏林商会委员会的成员，按照当时的惯例，在我不知情的情况下，我被委员会主席建议担任商业顾问。皇帝同意了这个建议，警察局长专程来拜访，把这个皇帝恩惠的好消息亲自告诉了我。然而，我不喜欢商业顾问的头衔，因为我认为自己更像是一个学者和技术人员，而不是一个商人。警察局长很快注意到了我的不情愿，但是他不愿接受我的理由，问我他应该怎样给皇帝回复，毕竟皇帝想对我示好。我脱口而出:“大人，荣誉哲学博士和商业顾问不能放在一口锅里炖!”警察局长终于答应我，他会请求德皇不对外公布对我的商业顾问的任命，并为我安排了一个地方，让我在那天晚上举行的宫廷舞会上等他。晚上，他一脸喜色地来到我面前，说他已经把我的担忧告诉了皇帝，皇帝对此哈哈大笑，说他自己也有这种感觉，等再见面时，我可以请求别的赏赐。

可惜的是，这对我来说是不可能的。在普鲁士没有更适合我生活方式的非官方头衔，而且我也不可能听从警察局长的建议去要求更高等的头衔，因为正如我告诉他的那样，一个人可以心怀感激地接受这些东西，但不能要求。我的拒绝让警察局长怏怏不乐，而且由于皇帝很快就从我身边经过，却没有和我说话，我想他肯定又生我的气了。然而，当警察局长告诉我，皇帝听到他报告说我并无他求之后，说道:“那就让他见见皇后吧。”这让我无比高兴，甚至有些受宠若惊。

由于出了差错，那次引见没有成功。后来我也没有通过常见的途径觐见皇后，因为我不愿意像许多人那样，主动接触高层统治者。后来我从皇后本人那里得知，她对此并非毫不知情。1873 年维也纳世界博览会期间，包括我在内的德国评委都被引见给皇后。引见结束后，她又把我叫了过来，说：“西门子先生，我还要找您算账呢，您总是回避我们，以后不要这样了。”确实，这位高贵的女士后来经常向我表示赞赏和关爱，参观我们的工厂或邀请我做电气讲座报告。

其中一个我在皇宫里做的讲座特别重要，巴登大公前一天给我提出举办讲座的要求，发给我一份由皇帝口授的清单，确定了讲座范围和内容。题目是“电的性质和原因及其在实际生活中的应用”。清单的理论部分准备起来并不容易，因为我们对电的性质还知之甚少，但列出这一清单已经显示了皇帝对自然科学的浓厚兴趣，充分认识到它们对人类文化进一步发展的重要意义。

王储一直对我们蒸蒸日上的科技发展和成果有着浓厚的兴趣，经常参观我们的工厂让我们倍感荣耀。对我最为耀眼和最真诚的认可是进入弗里德里希皇帝即位时的恩典名单中。我在没有通常的询问情况下被列入名单中，更令我惊讶的是，我最先是通过报纸才知道自己进入贵族阶层的。

尽管我忙于科学工作和商业活动，但我从未对公共生活问题失去兴趣。我是许多科学技术协会的活跃成员，参加了商业和个人的大型展览，并经常被政府召集到专门的科学技术委员会中任职。在这些多方面的活动中，我只想强调重要的几项。

当帝国专利法基本上按照我的建议完成时，我被要求担任将要成立的专利局的官员，至少要持续好几年。对此，我非常高兴，这样我就能使实施工作与公认的专利法原则保持一致。通过这种方式，我成为帝国官员，因此被俾斯麦亲王提名授予“枢密顾问官”的头衔。我接受了这一头衔，并且非常感谢，因为在普鲁士拥有头衔是一种习俗，而我的同事、科学院的院士们，大部分都有头衔。

工业促进协会由普鲁士“工业之父”博特创立，德尔布吕克部长长期担任主席，协会为促进工业发展做出了巨大贡献。我一直是它的积极会员，并多年担任副主席。

国务秘书冯·斯蒂芬博士建立电工协会，我也参与了很多工作。我与斯蒂芬之间有很多的联系。我是该协会的第一位实职会长，并通过在该协会的讲座首先发表了我的许多技术成果。柏林电工协会成立后，类似的协会在很多地方都有成立；由我的弟弟威廉创立的、曾经的伦敦电报工程师协会成就卓著，现在通过将电工技术作为协会的宗旨来扩展名称和纲领。柏林电工协会的成立被视为电工技术作为一个独立的技术分支的诞生；电工技术[①]这个名字首次出现在协会的名称中。通过我后来提出的决议："要求政府在所有技术学院设立电工技术教授职位，以便年轻的技术人员学习电工技术的专业用途。"该协会为电工技术所有分支的快速发展提供了很好的服务，因为几乎所有地方都贯彻了该决议。同样是在该协会的努力之下，产生了国际电气测量系统，这是协会的一个巨大成就。这个成就源自 1881 年在巴黎举行的国际电气展览的相关大会。大会要求法国政府通过外交渠道召开一次国际代表会议，其任务是建立科学、有序的电气工程测量系统。

维尔纳·西门子写给邮政部部长斯蒂芬的信：

部长阁下，请允许我提交《德国电工技术协会章程草案》供您审阅。

我坚信电报协会在我们中间找到足够的物质和能干

① 西门子造的词，在 1879 年 2 月 5 日维尔纳·西门子给斯蒂芬的信中提到。

的工作人员，使自己能够拥有现在英国协会一样的竞争力。因此，我认为自己必须建议阁下担任一个涵盖整个电工技术领域的德国协会的保护人。这样的一个协会已经成为一种不可避免的需要，并且可以发挥极其有益的作用。

除了电报，它已经进入了较为安静的发展阶段并代表了电气工程的保守元素，我们到处都可以看到在这一领域的野蛮竞争，对电力的不懈追求是为了在旧工业部门中获得重要地位并建立新的工业部门。主要是因为发电机可以廉价地产生强电流，未来的电力领域几乎是无限的。我只需要提及电灯、电力传输，以及最近破土动工的大型电铜精炼厂。整个冶金行业或将面临转型。我还要说新的电气化铁路安全系统将很快改变整个铁路服务。几乎在任何地方都会遇到咄咄逼人的电力先锋队！军方已经以六七种不同的形式使用它们发动战争！迄今为止，所有这些努力都缺乏一个有序的纠错中心。我相信，随着电工技术协会的成立，所有其他文明国家很快就会跟随德国的脚步，但首先到达的总是会有很大的好处！对于电气工程的发展，没有哪个国家比德国拥有更肥沃的土壤，因为没有哪个国家的科学知识如此普遍。

在您的领导之下，并以您众所周知的在儿童疾病方面所形成的能力和能量帮助协会，它将很快取得辉煌的进步，为祖国带来巨大的利益！我认为写信与拜访相比，对您滋扰更小，当然，如果阁下想与我交谈，我随时可以拜访。

致以最崇高的敬意！

您最忠诚的西门子博士

柏林，1879 年 5 月 2 日[①]

亥姆霍兹、维德曼、克劳修斯、基尔霍夫和我是德意志帝国的代表，这次会议于 1880 年在巴黎举行，原则上决定赞同威廉·韦伯（Wihelm Weber）的绝对测量系统，稍做修改。英国已经决定采用厘米 - 克 - 秒单位制系统来确定阻抗单位。但鉴于韦伯的绝对电阻单位迄今在实际中表现出来的准确度较低，所以决定以我提出的水银单位作为确定的基础，并敦促各国学者通过实验确定修改后厘米 - 克 - 秒单位与当时已经广泛使用的西门子单位的比例关系。所有测定的平均值确定该比率的值为 1.06，因此 1884 年开始的会议上决定，0℃下具有

① 原始抄本错误，写的是 1879 年 1 月 5 日。

1 平方毫米的横截面和 106 厘米长度水银的电阻作为国际一个电阻单位，名称为欧姆。同样，测量系统的其他单位也选择以杰出物理学家的名字命名。遗憾的是，这个绝对测量系统的创造者威廉·韦伯的名字没有被考虑在内，尽管人们应该最先向他致敬。对我来说，还有一个小小的胜利，瑞利勋爵用与我有些不同的方法复制了我的单位水银，与我公司发布的数据的差别不超过千分之一。

对我来说确实有些难以接受的是，我的电阻单位是我付出了这么多努力和工作才创造出来的，它首先使可比较的电气测量成为可能，然后在世界各地使用了 10 年，并被国际电报会议作为一种合法的电报通信的电阻单位，现在突然不得不在有我自己参会的情况下被废除。然而，理论创建的、贯彻性强的和普遍接受的测量系统的巨大优势决定了这种为了科学和公共利益的牺牲是必要的。

我的写作通常仅限于介绍我的科技工作，描述我所构建的机制。但是，我经常不得不对直接或间接针对我公司或我个人的攻击做出回应。由于我的公司从不做广告，而只是宣传产品的良好性能。因此，对它们的性能毫无根据的攻击可能会被直接驳斥，而这通常只有通过援引《新闻法》才能实现，因为报纸通常对广告的定期投放人有更多的同情——他们给报纸带来了丰厚收益。在这些反驳中，我只想强调 1877 年 4 月发给《埃尔伯费尔德报》的一份反驳，因为它具有普遍的意义。一位匿名作者把发电机的发明归功于巴黎的格莱姆先生，称他为发明发电机和电照明值得信赖的发明者，并高调地以正义之名要求承认他的贡献，根本没有提及德国人在这些发明上的贡献。这促使我做出反驳。在我的回复中，我首先强调了格莱姆开发的发电机的优点无可置疑，其中包括将帕西诺蒂环与电动机原理相结合，但我不可避免地扭转了要求德国人公正对待外来品的呼吁方向，指出德国人总是青睐于外国的东西、舶来品，而不是本土的东西。我解释说，这对德国工业的发展是一个很大的障碍，因为对外国制造商的偏爱往往迫使它把更好的产品打着外国的旗子推向世界市场，这就是为什么德国工业产品处处被不公平地冠以价廉质差的原因。

我早前已经指出，将较好的德国产品作为英国、法国甚至美国产品投放市场，是一种直接自杀的行为，祸害国家，极度耻辱。很难确定责任主要在德国公众还是德国企业主，但这是前者的偏见与后者的短视相互作用的结果，他们都只关心眼前的利益。自从新德意志帝国建立和随之而来的民族崛起，这方面无疑有所好转，但仍有很多不足之处。

我们的商人仍然缺乏只提供优质商品的自豪感，我们的公众也没有意识到优质商品是最便宜的，即使价格高一些。对自己产业成就的民族自豪感就是从二者的相互作用中发展而来，这也是对自己产业最好的保护。有一次我和威廉一起看到一艘船在卸货，它首次将冰块从挪威港口运到伦敦。一块块硕大的方块冰存放在岸边，购物者显然很感兴趣。我的弟弟和其中一个人聊天，夸赞冰块的美丽外观。

“哦，是的，”被搭讪的健壮的屠夫说道，“它看起来很不错，但它没有英国的品质。”即使是英国的冰也必须比外国的更冷。这种对本土商品的偏爱，每个英国人都拥有，并且总是影响着他们的选择，增强了英国工匠和制造商对其产品质量的自豪感，从而常常将偏爱变成真理。

至于我的其他普及型出版物，这里我只谈及我于1879 年的演讲《电力服务于生活》和 1886 年的演讲

《自然科学的时代》。在第一个演讲中，我讲述了当时电气工程的最新技术，并信心百倍地展望了电气技术可以预期的发展：有了发电机，电力现在也可以完成繁重的工作；而在此之前，只利用它速度快的特点，用它进行信息和信号的传输、发送和调度，繁重的工作只能由其他自然力完成。

1886年秋天，在柏林举行的自然科学家和医生协会的开幕式上[①]，我演讲了《自然科学的时代》，讨论了由于人类对自然力量的迅速掌握而引起的社会状况变化的问题。我分析说，以自然科学为基础的技术，越来越多地让人们摆脱了以往为了维持生活所必需的繁重体力劳动；让生活必需品和奢侈品可以用越来越少的体力劳动来生产，使其变得越来越便宜，因而让所有人更容易获取；另外，通过电力分配和必要的利率下调，大型工厂对个体劳动的优势将越来越小，仅仅通过科学时代的不受干扰的发展，社会民主的实际目标就会实现，而不是暴力推翻现有的体制。

我还试图在我的演讲中证明，自然科学研究的进一步发展和推广，不会让人类更野蛮，偏离对理想的追

① 学会于1822年成立，此次是第21届年会。

求，相反，会使人类对无处不在、勇往直前的智慧产生由衷的钦佩，让人类更高贵、更完美。我认为，在任何地方公开表明我的信念很有效果，因为坚定不移地相信科学时代不受干扰的发展会带来有益的后果，只有这样才能成功战胜左派和右派对所有人类文化的狂热攻击。

然而，只是让科学技术的发展没有干扰还是不够的，而是要尽可能地推动它。德国在这一方面取得了长足的进步，高度发达的科学和技术教育体系已经在众多大学和工业学院建立起来，为其配备了可以想象的最好的设施。但是，我们缺乏一个支持科学研究活动的机构，扩大我们的自然科学知识，而技术进步也依赖于此。在普鲁士，多年前人们就已经认识到需要一个研究所，该研究所的任务是为技术，特别是为精密机械提供科学支持，并且成立了一个委员会来制定方案——我也是委员会的成员——将研究所与在建的新的夏洛滕堡工业学院结合起来。然而，这并不能促进完成科学研究本身的任务。

巴黎举行的关于建立国际电学测量的会议清楚地表明，非常有必要建立一个不为教学而专门为科学研究服务的研究所。全德国竟然没有合适的场所进行艰巨的韦伯绝对电阻单位的精确测量工作。大学的实验室是根据其教学目的设立的，并且通常为此目的被完全占用。德国学者在教学之余的空闲时间使用它们，进行研究工作并取得了巨大的成就，但无论是工作场所及其设备，还是学者们自己的空闲时间，都不足以进行大规模的基础工作。我建议在计划中的技术科学支持研究所外建立第二个研究所，专门为科学研究服务，很多人表示赞同，但在当时的情况下，计划的实施被认为是不可能的。场所足够大，又不会受到车辆交通的震动影响的地方并不容易找，从普鲁士预算中获得建立和随后维护这样一个研究所的可观费用似乎也非常困难。

我已经在遗嘱中预留了一大笔钱用于推动科学研究，但这样的话，我去世之前的宝贵的时间就会被浪费，况且我可能还有很长时间才离世，那么把计划中的科学研究专门机构与原则上已经确定的科学技术研究机构结合在一起，成立一个大型的符合时代需要的研究机构的机会也会错失。因此，我决定不等我去世，就给帝国政府提供一大块完全符合需要的土地，或者相应数额的资金，前提是由帝国政府承担建设费用，并承担研究所未来的维持费用。我的提议被帝国政府接受并得到议会的确认，并在此基础上在夏洛滕堡成立了帝国物理技术研究所，在我们这个时代一流的物理学家、枢密顾问冯·亥姆霍兹的领导下，成了德国科学研究的家园。

1892 年 6 月，夏洛滕堡

我希望去年在哈尔茨堡完成这个回忆录，但由于我妻子的病和其他许多干扰因素而受阻。秋天，我得了一场严重的流感，不得不在南方过冬。在我的妻子和最小的女儿的陪同下，我在 12 月去了科孚岛 *。那里对病人没有太多好处，1 月和 2 月的气候大致相当于德国北部多雨的夏季，但城市的优越位置和美丽的环境也确保了每年这个时候非常舒适。科孚岛仍然享受着过去英国统治给该岛带来的好处。英国人修建的良好的道路，虽然部分已成废墟，但仍为岛上最重要的地点提供了良好的交通；幸运的是，从科孚镇到一个疗养场所的英国自来水管仍在运行。直到最近，科孚人仍靠岛上无数古老的橄榄树获取收入，过着老式的舒适的慵懒生活。他们甚至都懒得好好地收割橄榄，而是等到它们自己掉到地上，然后将那些还完好的收起来。然而，最近，石油已

* 科孚岛，现希腊境内。——译者注

经大大压低了橄榄油的价格，“天堂国家”的人们开始为面包担忧。因此，现在人们对葡萄栽培给予了更多的关注，尽管它的劳动密集程度更高，但收益也比种植橄榄树高。令人遗憾的是，在岛上的某些地方，古老美丽的橄榄树被放倒，为更有利可图的葡萄种植让路。唯一留在科孚岛的外国人几乎全是法国商人，他们购买了所有的葡萄。科孚的葡萄中含有大量的红色素，非常适合酿造真正的波尔多葡萄酒。早些时候，岛上葡萄酒不能出口，因为科孚人要喝他们自己酿的葡萄酒。在我们这个不能容忍一成不变的时代，老的习俗也改变了！

2月底，果树开始开花的时候，我们离开科孚岛前往那不勒斯，希望在那里能有更好的天气和更多的消遣。但是亚平宁山脉仍然覆盖着厚厚的雪，可爱的维苏威火山也披着一层薄薄的雪，那不勒斯的雨下得比科孚更持久、更猛烈。另外，我们与朋友多恩和他和蔼可亲的家人的交往很是让人愉快。四个星期后，我们去了阿马尔菲，但只有在索伦托，意大利期待已久的蔚蓝天空才终于出现。在那里，我和妻子散步时，第一次感觉到我的体力正在恢复。为了找到一个好的观景位置，我们来到了该地区的最高点——德塞托修道院。不幸的是，由于天气不好，我希望能够再次参观维苏威火山，或许能探究其不断变化的活动根源的愿望未能实现，再次看到它已经让我很高兴了，人们对于让自己心怀感激的人和东西总是万分期待。在1878年的一次登山过程中，维苏威火山通过定期重复的爆炸性喷发，向我提供了其活动原因的明确指示，大大扩展了我对地球内部的形成和活跃于其中力量的思考。

5月初，我们回到家，但不幸的是，我又两次发高烧。后来我顺利康复，希望我晚年的病痛期就此结束，我能在我所爱的人的陪伴下度过一个平静而快乐的晚年。

我前面经常提起我的兄弟姐妹，由于他们对我的生活产生的巨大影响，我觉得不得不简要描述一下他们的生活。

首先要说的是我的弟弟威廉，他不幸早逝。他在异国他乡，没有任何熟人推荐，凭着有限的资源，获得了很高的社会地位，英国的波尔先生用生花妙笔对所有这些做了清晰的描述。许多外国人在英国发了财，也包括德国人，但这大多数人的成绩是在某一方面，基于特定的运气，通常包括一项具有重大物质意义的发明。

威廉取得了更大的成就，在他还活着的时候赢得了英国公众舆论的称赞，在他去世后以重要领导人的规格举行葬礼，以感谢他通过传播和应用科学知识实现了英国技术的巨大进步。通过在高度活跃的俱乐部中的不间断活动，他在英格兰成功建立了以前缺乏的良好的技术教育，威廉以先进的自然科学知识大大提高了英国的技术水平，而且这也是英格兰的功劳，英格兰无偏见地承认了一个非英国人的优点。威廉与兄弟之间不间断的密切联系，以及与来自受人尊敬的苏格兰家庭的和蔼可亲的戈登小姐的婚姻，极大地支持了他的工作，使他更容易在英国社会生活中站稳脚跟。

1883 年 11 月 19 日，威廉死于一种发展缓慢且鲜为人知的心脏病，享年 60 岁，正处在自己生命活动的高峰期。在英国，一个学者和技术人员所能获得的所有荣誉都已经堆在威廉身上了。他多次担任最杰出的科学和技术协会的主席，包括他创立的电报工程师和电工协会的第一任主席。他获得了这些协会授予的最高荣誉和奖项，获得了剑桥大学和牛津大学的荣誉博士学位，并被英国女王封为威廉·西门子爵士。整个英格兰都把他的逝世作为全国性的损失而哀悼，所有报纸都为此感到悲痛。葬礼在威斯敏斯特教堂隆重举行。在他去世一年后，最杰出的英国博物学家和技术专家参加了一个纪念他的仪式，英国科学技术协会为纪念他向教堂捐赠了一个窗户。他悲痛欲绝的妻子已经搬到她的乡村庄园舍伍德居住，靠近滕布里奇威尔斯，在那里怀念不可复得的幸福生活。威廉对于我们兄弟，尤其是我，不仅仅是兄弟，他的意外死亡对我是一个沉重的打击，随后的十年能够减轻这种伤痛，但无法消除。

我的弟弟汉斯和费迪南德成了农民，汉斯后来转向农业技术并接管了梅克伦堡一家烈酒酿造厂。虽然他没有赚到多少钱，但他获得了坠入爱河并订婚的机会。结婚后，在我的帮助下，他在德累斯顿附近买了一个玻璃制品厂，一直经营到 1867 年去世。费迪南德仍然住在他位于东普鲁士的皮翁肯庄园。他于 1856 年再次订婚，然后结婚。他的两个女儿中的一个嫁给了我儿子威廉，几年前生了我的第一个孙子。

在 19 世纪 50 年代，我的弟弟弗里德里希积极参与了威廉改进蓄热式蒸汽机和汽化器的工作。1856 年，他有了一个奇妙的想法，即把蓄热式系统用于烟火装置，特别是火焰炉。通过一系列专利的使用——其中一些是他一个人的，一些是他与威廉一起取得的——他们完善了一些国家使用的蓄热式燃气炉的样式，为威廉和他自己的制造炉子生意奠定了基础。为了推动在德国和奥地利的生意，1864 年弗里德里希结婚后不久，他就搬到了柏林。1867 年，我们的弟弟汉斯去世后，弗里德里希接管了德累斯顿附近的玻璃瓶厂，并凭借他的技术天赋和处事干练，很快将其提升为模范玻璃厂。通过引入蓄热式燃气炉系统和后来的自由火焰控制炉操作，他在冶炼炉，特别是玻璃行业引领了划时代的变革。最近，他将德累斯顿炼铁厂和波希米亚的相关炼铁厂转移到一家股份公司，因为它们没有为他提供足够多的创造性活动的土壤。现在，他正忙于完善他的蓄热式加热工艺和钢铁制造。即使在非常偏远的地区，即燃气照明，他也通过将自动预热原理应用于燃气燃烧器的方式进行了重大改进，从而将燃气的亮度提高了很多倍。在这样的过程中，他使得电灯打败煤气灯的战斗更加艰难，但这并没有破坏我们兄弟间的团结。威廉去世后，弗里德里希接管了英国的工程业务，并取得了巨大成功。一个善良的妻子和一群可爱的孩子会让他未来的生活更加幸福，进而使他不懈地奋斗。

卡尔在俄罗斯找到了一个与他能力非常相符的活动领域，并且通过我们在俄罗斯的大型事业的成功实施，为我们业务的坚实基础和财务健康发展做出了非常重要的贡献。然而，当我们在俄罗斯的维护合同于 1867 年到期时，俄罗斯政府自己主导以后的电报系统，这家圣彼得堡公司的重要作用与先前相比似乎下降了。由于卡尔的妻子那时候生病了，而且她似乎迫切需要变换一下气候，于是卡尔将住所搬到了第比利斯，接管了在那里建立的分公司，以及我们在凯达贝格的矿山，该矿山已经发展到很大的规模。不幸的是，他妻子的病情不断恶化，在维也纳和柏林更长时间的疗养也没有恢复她的健康；1869 年她在柏林去世，卡尔带着一个儿子和两个女儿回来了。我当时建议卡尔彻底留在柏林，参与柏林公司的管理。我们当时已经计划建造一座共同的房子居住，因为我们都是鳏夫，这个时候威廉提出，希望卡尔到伦敦去。卡尔同意了这个建议，然后与威廉一起管理西门子兄弟公司的业务，直到 1880 年。在伦敦和圣彼得堡，他证明了他是一位有远见的商人和大公司的干练的组织者和管理者。在他的推动下伍尔维奇附近的查尔顿设立的工厂规模有了很大扩展，大规模扩建了电缆厂，还建立了一个独立的古特胶厂。但在英格兰待了几年后，卡尔原本一直很健康的身体开始恶化；从长远来看，他无法承受英国潮湿的气候。此外，他的孩子们对他们的出生地俄罗斯产生了无法抗拒的渴望。由于这些原因，1880 年卡尔与他们一起回到圣彼得堡，并再次接管了那里的业务，他很快将业务推向了新的高度。他的两个女儿在俄罗斯结婚；不幸的是，他患有眼疾，他的儿子为他的管理工作提供支持。离开英格兰后，卡尔的健康状况有所改善。他本人和他所领导的公司一样，现在主要从事电气照明装置和电力传输设备的安装，而且在俄罗斯享有盛誉。

我最小的弟弟沃尔特和奥托都死在第比利斯，被埋在那里的一个共同坟墓里。正如我已经说过的，沃尔特不幸从马上摔下来后死亡。他是一个英俊的、魁梧的人，很有礼貌，这让他在高加索很受欢迎；他一直对我们兄弟非常依恋。奥托一直对自己的健康关注不够，经历了几年的身体健康状况的恶化之后，他去世了。他很勇敢，很有才华，但是缺少一些必要的自制力和坚强的性格，因此经常让我们这些哥哥担心。在伦敦，他在威廉的指导下接受技术培训时，染上严重的肺病，我们让他乘坐一艘好的帆船环游世界，希望能治愈他的病。抵达澳大利亚时，他显然还很健康。但在那里他无法克制自己，加入了一支探险队，穿越大陆寻找失踪旅行者莱哈特的踪迹。由于太过辛劳，在该国的内陆沙漠他出现咯血，几近死亡。当他在经历了一系列后续的冒险回到英国后，我们将他送到了高加索地区，那里已经被证明对肺病患者常常有治疗作用。事实上，他在凯达贝格待了相当长的时间，似乎已经完全康复。沃尔特突然去世

1890 年，西门子－哈尔斯克公司夏洛滕堡工厂的工人

西门子－哈尔斯克公司最初是一家手工业企业，但随着需求的增加和大规模生产，很快就需要对生产流程进行机械化管理。

后，他接手了沃尔特的职位。在高加索总督米尔斯基公爵的家里，他遇到并爱上了米尔斯基将军（他是总督的兄弟，死于克里米亚战争）的遗孀。不幸的是，仅仅几年，这对夫妻的幸福生活就因他的去世被破坏了。

我们的姐姐玛蒂尔德——希姆利教授的妻子，1878年夏天在基尔去世，我们为之哀悼，她非常慈爱而且高度虔诚。妹妹苏菲多年前不幸失去了她的丈夫，他生前是莱比锡帝国法院的一名辩护律师。

关于我自己这几年的生活，还需要提一下。从1890年年初我就开始将西门子-哈尔斯克公司在柏林、夏洛滕堡、圣彼得堡和维也纳的业务交给前合伙人、我的弟弟卡尔和我的儿子阿诺德和威廉，现在我只是作为有限合伙人参与该公司的业务。我很高兴能够在这里证明，我的儿子们已经完全能够胜任他们那沉重而责任满满的岗位，我的离开显然给公司带来了新的、年轻的活力。更值得一提的是，我在技术管理方面的老助手弗里森先生、冯·赫夫纳和兰特先生也已经退出公司，其中弗里森因病辞世。商业机构和州政府一样，需要不时更新管理人员，以保持活力。我离开西门子-哈尔斯克公司并没有影响伦敦的业务和我的私人企业，他们还会继续把大量的技术工作交到我手上。

我第一次婚姻的孩子们都幸福地结婚了。我的长子阿诺德娶了我的朋友冯·亥姆霍兹的女儿，和他的兄弟一样，已经有了家族的两个孙子。

最后，我审视自己的人生，寻找那些使我克服一切障碍和危险，达到一个社会地位——这个社会地位让我得到了认可和内心满足，并为我提供了丰富的物质生活——的决定性原因和驱动力时，我必须首先承认很多情况下幸运的巧合在其中发挥了作用，我对此万分感谢。一个幸运的巧合是，我的人生正值自然科学快速发展的时期，我转向了非比寻常的电气工程，尤其是在电气工程还很不发达的时候，这里是发明和改进最为肥沃的土壤。

我经常不得不与生活中极不寻常的不幸做斗争。我亲爱的儿时玩伴和忠诚的战友威廉·迈耶将这种持续的斗争描述为意想不到的困难和不幸的巧合，我在事业初期常常遇到这种情况，克服它们对我来说通常非常困难，多数情况下需要大大的幸运才行，用大学生的话说就是“倒霉时撞大运”。我不得不承认这种观点的正确性，但我不相信这只是盲目的命运安排，我们的生活所走的幸运和不幸的波浪线常常使我到达自己奋斗的目标。人生的成功与失败、胜利与败退，往往完全取决于能否及时恰当地利用出现的机会。

能够在关键时刻快速地做出决定，并在不经过深思熟虑的情况下做正确选择的品质是我一生中不离不弃的朋友，尽管我经常处于有点梦幻的思考当中，几乎可以习惯性地说，是沉湎其中。在无数情况下，这种品质使我免受伤害，并在困难的情况下给我正确的指导。当然，总是需要一定的刺激来让我完全掌控自己的精神世界。我需要它们不仅是要从我的思想中解脱出来，还要保护我免受自己性格弱点的祸害。其中我认为主要是一种过分的善良，这使我很难拒绝人们对我提出的要求：不去满足一个已知的愿望，对任何人说或做任何让他们肯定不愉快或痛苦的事情。对于一个商人和领导者来说，这种品质绝对是一个麻烦，幸运的是，与其他品质形成鲜明对比的是，我很容易被激怒。当我的善意被误判或误用时，愤怒很容易就在我心中升起，对我来说这是一种救赎和解放。我经常说，任何与我交往不愉快的人能给我更大的帮助就是指出我生气的原因。顺便说一句，愤怒通常只是一种我从未失控的精神刺激。

虽然我年轻的时候朋友们给我起了个绰号——“卷毛”，暗示我的卷发和卷曲的头脑之间有某种联系，但我暴躁的愤怒从未让我做任何我以后会后悔的事情。在其他方面，我也不适合担任大公司的负责人。我缺乏良好的记忆力、秩序感和一贯的、无情的严厉。无论如何我建立了大型商业公司并带领他们取得了非凡的成功，这就能证明勤奋与能力相结合通常可以克服我们的弱点，或者至少可以减少它们的危害。

同时，我可以向自己证明，并不是贪婪促使我将工作和兴趣如此广泛地投入到技术事业中。通常情况下，一开始是对科学和技术的兴趣使我完成了一项工作。一位生意上的朋友曾经取笑说，我的工作总以它们应该带来的普遍利益为指导，但最终总能带来利润。我承认这句话在一定范围内是正确的，由于这种促进共同利益的事业是由普遍利益所支撑的，因此更有可能成功执行。与此同时，我不愿意低估这些成就，以及由此而产生的某种思想觉悟——即创造有益的事业，以维持数以千计的勤劳工人生存下去的责任感对于人类社会的巨大影响。这种满足别人的意识对我们的精神有强烈的刺激作用，并且可能是这句让人生疑的谚语的基础：“上帝给了谁职位，也给了他对职位的理解。”

我看到我们工厂迅速繁荣的一个重要原因，是因为我们制造的产品主要是基于我们自己的发明。尽管在大多数情况下，这些产品不受专利保护，但它们总是让我们比竞争对手更具优势，优势通常会减弱，但我们通过新的改进再次获得优势。然而，它产生的持久的影响就是我们的产品在全世界享有最高的可靠性和质量的声誉。

除了对我技术成就的公开承认之外，我还从欧洲大国的统治者及大学、学院、科学技术机构和社团那里获得了如此多的个人荣誉，以致我几乎不想再得到什么奖励。

我用《圣经》中的话开始我的回忆录：“我们的一生有七十年，若是强壮可到八十年。”我认为这段名言的后半部分，“其中所矜夸的，不过是劳苦愁烦”，在我生命中也应验了。因为我的生活一直很美好，它本质上是成功的劳动和有用的工作。当我终于表达了生命即将结束的悲伤时，触动我的是与亲人的分离，以及再也不能继续为科学时代的全面发展而奋斗。

维尔纳·冯·西门子年表

1816 年	在汉诺威附近的伦特出生，父亲经营农业。
1827 年	进入梅岑多夫附近的中学读书。
1832 年	进入吕贝克的一所文科中学学习，准备进入柏林建筑学院学习。
1834 年	来到柏林，加入普鲁士军队。
1835 年	进入柏林的炮兵学院学习。
1839 年	母亲去世。
1840 年	父亲去世，一个妹妹和两个最小的弟弟由亲属监护。
1841 年	因参与决斗被判监禁。
1842 年	发明的电镀金、电镀银技术获得普鲁士专利。进入马格德堡要塞监狱服刑。22 天后被国王特赦出狱，进入炮兵的烟花厂服务。

1844 年	参观巴黎举办的第一届法国工业博览会。
1845 年	发起成立技术物理学会。同年，接管 3 个弟弟的监护权，负责他们的生活和教育。
1847 年	他与约翰·乔治·哈尔斯克、约翰·格奥尔格·西门子创立了西门子－哈尔斯克公司。
1848 年	发明了指针式电报机。发明了绝缘导线，大大提高了电报线路的效率。到石勒苏益格－荷尔斯泰因的基尔，参与保护港口的活动。
1849 年	离开军队，投入私人公司业务。
1850 年	在伦敦设立了公司的第一个海外办事处，后来发展为伦敦分公司。
1851 年	西门子－哈尔斯克公司开始制造水表，同年开始在俄罗斯的电报业务。
1852 年	与第一任妻子玛蒂尔德·德鲁曼结婚，他们生育了四个孩子。
1859 年	确立电阻单位，用水银作为计量标准，担任英国红海电缆铺设科学顾问。
1860 年	获得柏林大学名誉哲学博士称号。
1862 年	当选为代表柏林伦纳普－索林根地区的普鲁士议员。
1863 年	提交关于普鲁士专利法的备忘录。
1866 年	发明自激式直流发电机，这一发明对电力工业产生了深远影响，标志着现代发电技术的开端。

1867 年 哈尔斯克退出公司。

1869 年 与远房侄女安东妮·西门子结婚，他们生育了两个孩子。

1872 年 设立公司员工的养老金制度。

1873 年 当选为普鲁士科学院院士。

1877 年 普鲁士专利法颁布，被任命为专利局官员。

1879 年 在柏林的一条街道上安装电灯。

1880 年 发明了电动机。

1881 年 在柏林的一条主要街道上安装有轨电车系统。

1887 年 物理技术帝国研究所的预算被议会通过，西门子捐赠了近 50 万马克，并积极推动研究所的建立。

1888 年 德国皇帝弗里德里希·威廉三世晋封他为贵族。

1889 年 在德国建立了第一个配电系统。

1890 年 将公司领导权移交弟弟卡尔及儿子阿诺德和威廉。

1892 年 在柏林的家中去世，享年 76 岁。

译后记

维尔纳·西门子是德国工业的标志性人物，他企业的发展、壮大时期正是德国工业由落后走向强大的过渡阶段。而他自身奇特的经历，特别是悲惨的家境和艰难的求学之路充满了传奇色彩。他铺设电缆的足迹不仅限于德国及欧洲，还包括伊朗、俄罗斯等国家，跨越了大西洋、太平洋、印度洋。

1872年，西门子公司为中国提供了第一台指针式电报机。时至今日，西门子公司在中国的发电机和地铁通信领域也发挥着一定的作用。德国产品在很多人眼里是“质量优良”的代名词。

作者在书中不仅有自己发明、发现、创办企业的经历叙述，还有对科学和技术发现的具体说明，甚至还有对疟疾病因的解释，也不乏对德国统一进程的期盼和亲身参与具体行动时的奋不顾身。作者的文笔优美，众多亲身经历的场景描述让人赞叹，像读小说一样精彩。特别是作者对于父母、兄弟姊妹的亲情和关爱，对于今天正在由传统家庭加速转型的中国当代社会的人来说感受更是颇为深切。

这本书还是一部作者个人的成长史，是他对家庭、对知识的作用、对个人发展和规划不断深入的认知，并不断做出选择的过程。

近 10 年前,《西门子自传》的德语版已经再版到 19 版，说明读者对这位发明家、企业家的兴趣还是热情不减的。

今天的中国，工业化进程还在深入展开,“中国制造”已经遍布世界的各个角落，但是中国产品如何能够建立品牌优势仍然是一个摆在我们面前的重大课题。100 多年前西门子的思考和做法或许能给我们一些启迪。

翻译是一个复杂的过程，单是要搞清楚作者文本的直接意义也并不是容易的事，尽管人们借助互联网搜索和查找的手段已经大大超越了以前。但要真正弄清作者的真实想法，不仅需要译者的辛勤查找功夫，同样不可缺少的是译者对作者意图的揣摩。翻译文本的最终呈现形式不仅是译者对原文意思的理解，还是译者语文功底的直接展示。有的译者更注重忠实、完整地表达作者的文本含义，而有的译者则选择侧重中文文本的清晰、简洁和优美，重视汉语表达的流畅。

译者在翻译过程中更多的选择是直译，将原文意思清晰直白地表达出来，而对于原文复杂的句式，也以结构简单、意思容易理解的中文句子为主。

本书篇幅虽不是卷帙浩繁，但也有十几万字，绝不能说是小事一桩，拈手可成，加之平日劳碌不堪，性亦疏懒，更多的是于夜深时笔耕，无声处沉思，故龟步蚁行，甚是迟缓。幸得编辑老师宽容，屡为宽限，且多加鞭策、鼓励，终至书成，不胜感激。

“文章千古事，得失寸心知。”杜老夫子的话让人下笔行文不敢不慎，然或学力有所不逮，智虑有所不及，或志趣相异，文有误谬，及可商榷者，唯乞海涵，并赐教之。

译者

2024 年夏初